中国教科文卫体工会全国委员会编

教育工会干部
培训教程

主　编　王晓龙
副主编　陈志标　袁茂清

中国工人出版社

图书在版编目（CIP）数据

教育工会干部培训教程 / 中国教科文卫体工会全国委员会编. —北京：中国工人出版社，2014.4

ISBN 978-7-5008-4919-3

Ⅰ. ①教… Ⅱ. ①中… Ⅲ. ①教育事业—工会工作—中国—干部培训—教材 Ⅳ. ①D412.6

中国版本图书馆CIP数据核字（2014）第038832号

教育工会干部培训教程

出版人	李庆堂
责任编辑	吕　静　王　璇
责任校对	孙迺伟
责任印制	栾征宇
出版发行	中国工人出版社
地　　址	北京市东城区鼓楼外大街45号　邮编：100120
网　　址	http://www.wp-china.com
电　　话	（010）62350006（总编室）　（010）62005039（营销出版部） （010）82075935（工会与劳动关系分社）
发行热线	（010）62004002　（010）82081553（传真）
经　　销	各地书店
印　　刷	北京睿特印刷厂
开　　本	700毫米×1000毫米　1/16
印　　张	22.5
字　　数	350千字
版　　次	2014年4月第1版　2014年7月第3次印刷
定　　价	45.00元

前言
PREFACE

万明东

针对教育系统各级工会干部缺乏专用培训教材的实际，征得全总组织部同意，中国教科文卫体工会组织精干力量，专门编写了面向各级工会干部，特别是大中小学和幼儿园工会工作者的《教育工会干部培训教程》一书。马年之初，经历时近两年的精雕细琢，本册《教程》完成编写任务，令人欣喜。

教科文卫体事业在我国全面建成小康社会、实现中华民族伟大复兴中国梦的历史进程中具有举足轻重的地位和作用。面对新形势新任务，中国教科文卫体工会作为全国唯一以知识分子为主体的特殊产业工会，责任重大，使命光荣。建设高素质的工会干部队伍，已成为牢牢把握我国工人运动时代主题、开创工会工作新局面的一项战略任务。编辑出版一套适合教科文卫体系统工会工作者的培训教材，既是解决本产业工会干部培训工作针对性和实效性不强的重要举措，也是加强各级教科文卫体工会、教育工会干部队伍建设的迫切需要。在调查研究的基础上，结合本产业工作实际和工会干部教育培训的现状，中国教科文卫体工会提出了编写全国教科文卫体系统工会干部培训教程的主要思路，拟订了面向本产业各行业的工会工作教材编写计划，成立了教材编写组织委员会和编辑委员会，将教材建设作为全会的重点任务抓紧落实。

本册《教程》以邓小平理论、“三个代表”重要思想、科学发展观为指导，贯彻落实党的十八大、十八届三中全会、习近平总书记系列重要讲话和中国工会十六大精神，吸收了最新的工会工作实践经验和理论研究成果。《教程》编委会由资深领导和专家学者组成，他们扎实的理论功底、敏锐的政治意识、深厚的学术素养、丰富的实践经验，都成功体现在《教程》的结构设计、内容编写、理论阐述和体例安排上。《教程》由绪论和12个篇章及附录组成，约35万字，内容涉及教科文卫体工会的历史和经验、工会基本知识、教育工会基本理论、工会维权工作、学校民主管理、群众性建功立业活动、教师队伍素质建设、校园文化建设、女教职工工作、教育工会组织建设、财务资产和经审监督工作、基本工作方法、工会自身改革创新等，涵盖了教育工会工作的方方面面，体现出较强的权威性、指导性、针对性和实用性。

一是权威性。党的十八大以来，习近平总书记围绕改革发展稳定、内政外交国防、治党治国治军发表了一系列重要讲话，提出了许多治国理政的新思想新观点新要求，是对党的十八大精神的深化和拓展，是对中国特色社会主义理论体系的丰富和发展，是实现“两个一百年”奋斗目标、实现中华民族伟大复兴中国梦的行动指南，也是指导教育工会工作的纲领。

《教程》以习近平总书记系列重要讲话为依据，以中国特色社会主义工会发展道路理论为主线，根据党的十八大、十八届三中全会和中国工会十六大精神，深刻阐述了中国工会的性质、职能、作用，党中央关于工会工作的最新大政方针，中国特色社会主义工会发展道路的科学内涵和精神实质，中国教育工会和中国教科文卫体工会的发展历程和主要经验，教育系统工会面临的新形势新任务新要求，融会贯通了习近平总书记系列重要讲话特别是两次关于工人阶级和工会工作的重要讲话精神，体现了党中央指明的政治方向，反映了全总提出的工作要求，出言有据，观点权威。学好《教程》，对于深入理解习近平总书记重要讲话的丰富内涵、精神实质和实践要求，进一步统一思想、凝聚共识，在新的起点上推进教育系统工会各项工作具有十分重要的意义，正所谓“不畏浮云遮望眼，只缘身在最高层”。

二是指导性。《教程》坚持高标准、高质量、少而精、真管用的原则，坚持理论与实践相结合，精心组织、精心编写，体现时代性、把握规律性、富于创造性，既是科学理论的系统化，也是工会知识的普及化；既是传播工会基本理论的重要工具，也是体现教育工会干部培训内容和要求的重要载体，力求为推动建设一支高素质教育工会干部队伍发挥积极作用。

当前，教育系统工会干部队伍整体素质是高的，但也存在个别干部理论功底不够扎实、能力素质不够过硬、业务知识不够娴熟、工作作风不够务实等现象，与党中央的要求和教职工的期盼存在一定差距，迫切需要通过系统的学习培训提高素质和能力。本册《教程》的正式出版，及时为广大教育工会干部提供系统的、高质量的、管用的学习培训教材，既是各级教育工会建设学习型、服务型、创新型工会组织的内在需要，也是各级教育工会组织更好地履行职责、在党和国家工作大局中充分发挥作用的迫切要求。

运用本册《教程》加强干部培训，有利于各级教育工会自觉贯彻习近平总书记关于工人阶级和工会工作的重要讲话精神、党的十八大和十八届三中全会精神，自觉运用中国特色社会主义工会发展道路理论的立场、观点和方法来思考、谋划、推进教育工会工作，有利于提高教育工会干部的领导力和执行力，对推动新形势下教育系统工会工作创新发展具有重要指导作用。

三是针对性。本册《教程》的鲜明特点，就是面向教育系统各级工会干部，适用于大、中、小学和幼儿园工会工作者。目前工会干部培训教材比较多，但多是面向企业工会，专门针对教育工会干部编写的系统、规范、科学的培训教材比较难找。这就造成教育工会干部培训中在培训内容设置上存在一定难度，容易形成“有什么学什么”的状况，没有做到以需求为导向，教育培训与干部需求结合不紧密，参加培训的学员因而有隔靴搔痒之感，学习热情不高，影响了培训效果。

本册《教程》适应经济社会发展、党和国家工作大局、工会工作全局的需要，汇聚了教育工会重点工作的方方面面，包含了教育工会干部应知、应懂、应会的基本理论和操作实务，是一本难得的针对教育系统工会工作者现实需要的培训教材，必将在提高教育工会干部理论素养、党性修养、业务能力和知识水平等方面发挥重要作用。

四是实用性。本册《教程》既教之以道，又授之以渔；既力求把握好中国特色社会主义理论体系、党对工会工作的方针政策、全面深化改革对工会提出的要求、工会面临的形势任务之间的关系，更注重教材体系结构的科学性和实用性，深入阐释了教育工会工作的基本方法和实务操作。比如，教育工会如何进一步自觉坚持党的领导、如何进一步在各级各类学校贯彻党的全心全意依靠工人阶级根本指导方针、如何最大限度调动广大教职工积极性为实现中国梦作贡献、如何在全面深化改革背景下更好地代表和维护职工利益体现工会组织的新作为、如何进一步处理好工会维权要讲全面更要讲重点以及维权与维稳的辩证关系、如何通过教代会制度进一步维护教职工民主政治权利和切身利益、如何进一步推进教职工队伍职业道德建设、如何进一步搞好调查研究为广大教职工说话办事、如何以改革创新精神进一步加强教育工会自身改革和建设、如何进一步贯彻党的群众路线切实转变工作作风等等问题，都可以在相应章节中找到答案。因此这是一本实用性很强的培训教材。

本册《教程》是教科文卫体系统工会干部业务培训系列教材中的第一册，编辑出版过程中得到各省、自治区、直辖市教科文卫体工会、教育工会的大力支持。之后，《卫生系统工会干部培训教程》、《科研院所工会干部培训教程》等教材也将陆续出版。

各级工会组织在培训使用中有何意见建议，欢迎及时向中国教科文卫体工会提出，以不断丰富和完善教材内容，满足各级教育工会干部培训的需要。

一套面向本产业实际、有效、管用的工会工作者培训教材，对于建设一支高素质的工会干部队伍具有至关重要的作用。本册《教程》的出版，为提高教育系统各级工会干部的理论素养、掌握扎实的业务本领、开阔视野、更新知识奠定了基础。各级教科文卫体工会和教育工会要进一步强化对干部培训工作重要性的认识，明确新时期新阶段新任务对教育工会工作者提出的新要求，以本册《教程》为基本培训教材，高度重视，加强领导，强化培训需求导向，用习近平总书记关于工人阶级和工会工作重要讲话精神、中国特色社会主义工会发展道路理论武装教育工会干部的头脑，进一步提高教育系统工会干部培训水平，努力建设一支政治坚定、业务扎实、服务职工、作风过硬的教育工会干部队伍。相信各级教育工会工作者会本着“学以致用，用以促学”的态度深入研读本册《教程》，不断提高素质和能力，为履行好肩负的职责、在党和国家工作大局中充分发挥作用而努力。

2014 年春

（作者系中国教科文卫体工会全国委员会主席）

目录
CONTENTS

绪论

前进中的中国教科文卫体工会

中国教科文卫体工会的前身是中国教育工会，成立于1950年。2002年扩建为中国教科文卫工会。2003年扩展为中国教科文卫体工会。

中国教科文卫体工会是我国唯一以知识分子为主体的特殊产业工会。其会员主体有着鲜明的群体特征：首先，主要从事脑力劳动，生产精神产品，文化素质普遍较高；其次，对事物的独立分析和判断能力较强，有强烈的爱国情怀，富于民主意识、参与意识和维权意识；其三，相应的，工会组织的工作内容、工作方式和活动方式都带有知识、文化和理性的色彩。

中国教科文卫体工会60多年的风雨历程，大体分为四个阶段。

第一阶段　1950年至1958年：开拓起步

新中国诞生伊始，包括知识分子在内的广大劳动人民以翻身做主人的心情，踊跃投入到医治战争创伤、恢复工农业生产的热潮中。党中央发文要求各地高度重视建立工会组织，把广大工人群众组织起来，认为这是搞好城市政权建设和恢复发展经济的基本环节。针对一些地方组建工会时表现出的关门主义倾向，毛泽东同志指出，工会是工人阶级的群众组织，我们要吸收一切雇佣劳动者，都让其加入工会。刘少奇同志在全国总工会召开的一次文化教育艺术工作者座谈会上，进一步阐明工会组织的发展方针："工人阶级包括体力劳动者和脑力劳动者"，"当前最大的任务就是要把全国属于工人阶级的一千多万、两千多万人都组织到工会中来"，"要按产业和职业来组织"，"建立全国性的产业工会"。

党中央的关怀使工会组织迅速发展。上海等地率先建立教育工会，毛泽东同志亲笔为上海市教育工会题写了会名。1950 年 8 月，全国教育工作者第一次代表大会在北京召开，成立了中国教育工会全国委员会，老一辈革命家、教育家吴玉章当选首任中国教育工会主席。

中国教育工会的成立，是中国工人运动史上的一件大事。标志着全国广大教育工作者从此有了自己的工会组织；也标志着中国社会体力劳动与脑力劳动分裂对立的现象，开始转变为体力劳动与脑力劳动的结合与统一。这期间，教育工会主要开展了三方面工作。

维护教师利益，改善他们的物质文化生活。先后就“提高教师待遇问题”、“调整乡村教师的工资以及解决教育工作者生老病死的问题”向中央人民政府提交报告，得到刘少奇等中央领导同志高度重视并作出批示，推动了问题的解决。还会同教育部、财政部等部委就“正确处理教师退休、退职问题”、“处理小学教职员福利费问题”发出通知。向上级申请拨款，在各地修建了一批教工俱乐部。

组织教师学习，提高思想政治觉悟。联合教育部在全国中小学和师范学校开展先进工作者运动。中国教育工会首次全国代表大会通过了关于教师学习问题的决议，要求各地教育工会都把组织教师学习时事政治、社会发展史基础理论作为重要任务。形成了解放初期广大教育工作者政治学习的浓厚氛围。

推广先进教学经验，帮助广大教师，特别是农村教师提高业务水平。与相关单位举办了业余函授师范学校，组织农村中小学教师业余时间参加函授学习。推广苏南地区举办星期学校的经验，提倡通过这种模式，解决分散的农村教师的政治业务学习、工会组织生活、文化娱乐等问题。

第二阶段　1958 年至 1978 年：蹉跎岁月

在 1957 年反“右”扩大化影响下，党内“左”的指导思想愈演愈烈。从 1958 年起，以知识分子为服务对象的中国教育工会受到冲击，全委会领导被错误处理，全机关工作人员从 50 余人锐减至 2 人，仅保留国际工作和对外交流的少量业务。各级教育工会领导干部也纷纷受到批判，工会组织大多被撤销、合并。而 1966 年“文化大革命”的爆发，给教育工会和教育战线带来了更加深重的灾难。学校秩序被打乱，广大教师备受摧残，各级教育工会彻底瘫痪。

第三阶段　1978 年至 2002 年：重获生机

十年浩劫过后，刚刚复出的邓小平同志亲自抓教育科技工作，重新提出“知识分子是工人阶级一部分”的科学论断。1978 年十一届三中全会召开，改革开放大潮涌动，教育战线迎来新的春天。1979 年 1 月，中国教育工会恢复工作。此后，胡耀邦、赵紫阳、李先念、习仲勋、万里、李鹏、李岚清、尉健行、王兆国、刘延东等党和国家领导人先后多次出席教育工会的会议和活动，多次对教育工会工作做出重要指示，充分体现了党中央、国务院对全国教职工和教育工会工作的关怀和支持。1992 年后，我国建立和发展社会主义市场经济体制，全国教育工会以推进四化建设、突出维护职能为主轴开展工作，焕发出新的生机与活力。

大力推进教育事业改革。深入基层调研，撰写《从大量流生问题看旧教育体制、旧教育思想的弊端》、《关于农村基础教育体制改革情况的调查报告》等一系列专题报告上报中央。以白皮书的形式在《科技日报》、《工人日报》、《中国教育报》等主流媒体发表《教育面临的挑战及我们的建议》。在教育工会全国代表大会上发表《动员和团结全体教职工，积极推进教育的改革和发展，为社会主义现代化建设作出更大贡献》的工作报告，宣传教育改革的必要性和紧迫性，使广大教职工充分认识改革的意义，明确改革的内容，了解改革的举措，以高度的政治热情和主动精神积极参与教育改革。

大力推进党的知识分子政策的贯彻落实。中国教育工会积极为广大教师说话办事，促进教职工社会地位的提高。与教育部共同向党中央报告津、京等地教师遭打骂、凶杀事件的情况并参与处理。就改善教职工的住房条件、调整中小学教师工资、解决部分地区教师工资被拖欠及农村教师家庭困难等问题开展调查，研究对策，制订方案，推进解决。关注中小学教师的生活状况，在《光明日报》发表调查报告《全社会都来关心教师的生活和工作》。在全国范围推动农村教师家属扶贫工作，建立“农村教师家属扶贫基金”，受到李岚清同志的高度赞扬。中央将其作为全国扶贫开发工作的重要组成部分加以扶持。其间，教育工会还会同教育部向中央建言，促成全国人大批准设立教师节。

大力推进学校民主管理。1979 年，在辽宁、上海开展教代会试点。1980 年，配合全总党组向中央书记处呈送《关于在学校试建教职工代表大会制度的请示报告》，汇报教代会试点情况。1985 年，参与讨论中共中央即将公布的《关于教育体制改革的决定》，促使该决定明确提出“要建立和健全以教师为主体的教职工代表大会制度，加强民主管理、民主监督”。同年，与教育部共同颁布实施《高等学校教职工代表大会暂行条例》。此后，积极推动校务公开、民主评议领导干部等项工作，下发《关于推进校务公开工作的意见》，要求各级教育工会积极配合党政部门抓好校务公开工作，在先行试点的基础上普遍推进，进一步完善教代会制度，以加强学校的民主管理和监督。

大力推进教师队伍建设。从上世纪 80 年代开始，中国教育工会多次召开会议，探讨研究新时期学校工会思想政治工作的意义、方法和途径，开展群众性师德建设活动，与国家教育行政部门联合修订颁发《中小学教师职业道德规范》，先后在全国广泛开展“‘五讲四美’为人师表”活动，在全国高校开展教书育人、管理育人、服务育人的“三育人”活动，在各级各类学校开展“树师表形象、创文明校风，为实现跨世纪宏伟目标作贡献”的“树、创、献”活动。表彰优秀教师，评选师德标兵，引导广大教师学习弘扬陶行知先生“捧着一颗心来，不带半根草去”的忠诚人民教育事业的献身精神，培养职业情操，提升职业道德，提高职业技能，为在全社会树立良好道德风尚做表率。

第四阶段　2002 年以来：开创新局

到 2000 年底，经过 20 多年的改革开放，我国现代化建设取得重大成就，人民生活总体上达到小康水平。2001 年，我国进入全面建设小康社会新阶段。教育、科技、文化、卫生、体育等行业在加快转变经济发展方式、加强和创新社会管理、推进“科教兴国”和“人才强国”战略、建设社会主义先进文化、构建和谐社会的大局中处于基础性、先导性地位，教科文卫体事业的改革发展，对于全面建成小康社会具有决定性意义。与之相适应，2002 年 2 月，根据中央批准的全总机构改革方案，中国教育工会扩建为中国教科文卫工会，2003 年进一步扩展为中国教科文卫体工会。工作领域从教育拓展到横跨教育、科技、文化、卫生、体育五大行业；服务对象从 1600 万教职工扩大到涵盖教职工、医护人员和科技、文化、体育工作者在内的 2700 多万人。

与此同时，伴随社会主义市场经济的发展和我国教科文卫体领域体制改革的深化，劳动关系矛盾日益凸显。作为在协调社会经济矛盾特别是劳动关系矛盾中具有重要作用的群众组织，工会面临着新的挑战。这期间，在中国工会多年探索中形成的中国特色社会主义工会发展道路，为中国教科文卫体工会指明了前进的方向。构建和谐劳动人事关系，切实维护好发展好职工合法权益，成为各级教科文卫体工会的工作主线和主要职责任务。工会在社会生活中的作用日渐突出，组织力量更加壮大，社会地位不断提高。

围绕中心服务大局，团结动员广大职工为全面建成小康社会而奋斗。通过举办全国高校青年教师教学竞赛、全国卫生监督系统技能竞赛、召开全国教科文卫体系统建功立业活动经验交流会，构建覆盖全国县、市、省的劳动竞赛体系等方式，深入开展富于行业特色、符合知识分子特点的创先争优建功立业活动，激发广大职工的劳动热情和创新潜能，取得了丰硕成果。近 5 年来，教科文卫体系统共有 20 多万个基层单位、2500 多万人次参加了各种形式的群众性建功立业活动，总结推广先进操作法 5.6 万项，推广新技术 7700 项，提出合理化建议 310 万件，实现技术革新 25 万项、技术发明 5.3 万项。群众性建功立业活动已经成为社会关注、党政支持、单位认可、职工欢迎的工会品牌工作。

注重源头参与，从立法和法规政策层面加大宏观维护力度。与教育部、科技部、文化部、卫生部和国家体育总局等政府部门分别建立了联席（联系）会议或工作会议制度；先后参与了《劳动法》、《劳动合同法》、《义务教育法》、《民办教育促进法》以及《国家中长期教育改革发展规划纲要》、《关于深化医药卫生体制改革的意见》、《事业单位人事管理条例》等一系列涉及职工切身利益的重要法律法规、政策方案的制定和修订。还通过人大、政协等多种途径，以议案、提案的形式建言献策，把职工群众的意愿和建议及时反映到立法机关和政府有关部门。

解决职工群众最关心、最直接、最现实的利益问题，在维护职工合法权益的同时维护职工队伍和社会稳定。近10年来，中国教科文卫体工会大兴调查研究之风，深入实际，反映职工诉求，提出意见建议，开展“面对面、心贴心、实打实服务职工在基层”活动，推动了一批涉及职工切身利益的“老大难”问题得以解决。历时多年的代课教师问题曾给社会稳定造成严重影响，受到各界广泛关注。2010年，全委深入调研形成了《解决代课教师问题需要新思路》的调研报告，得到中央和国务院领导同志高度重视。国务院多次召集全总和多家部委进行会商，对代课教师政策作出重大调整。此外，《因公感染非典并发后遗症医务人员的待遇问题亟待解决》、《工资拖欠使农村教师生计艰难》、《事业单位人才派遣问题应引起高度重视》等多篇重点调研报告也得到了胡锦涛、温家宝、刘延东、王兆国等中央领导同志的重视，并作出重要批示。医务人员受伤害、民办代课教师非正常上访等多起突发性、群体性事件得到及时、有效的处理。

致力于维权机制建设，不断发展社会主义和谐劳动关系。积极贯彻全国总工会推进“两个普遍”的要求，依法推动各类企事业单位以及民办学校、民营医院等民办非企业单位普遍建立工会组织，广泛吸收包括农民工、合同工、派遣制人员在内的职工加入工会。中国教科文卫体工会还在民办非企业单位探索建立工资集体协商机制，总结推广太原市民办医院工会与资方开展工资集体协商、沈阳市成立全市民办学校工资集体协商工作领导小组等经验。与此同时，着力将“送温暖”活动规范化、制度化，创新帮扶救助形式，密切关注农民工、劳务派遣工、代课教师、农村教师、打工子弟学校教师、高校青年教师等群体的生存状况，把编外人员纳入工会帮扶体系，为困难职工发放帮扶资金、提供法律援助和心理咨询，努力让劳动者实现体面劳动。

完善以职代会为基本形式的职工民主管理，推进基层民主政治建设。经教科文卫体工会与教育行政部门沟通协商，2012年初，一部体现时代进步、反映教职工意愿、涵盖各级各类学校的《学校教职工代表大会规定》正式出台，取代早在1985年就开始施行的《高等学校教代会暂行条例》。这之后，工会又趁热打铁，分别和文化部、卫生部、科技部共同制定了《国有文化企事业单位职工代表大会实施办法》、《医疗卫生单位职工民主管理意见》和《科技系统职工民主管理意见》，推广多地在职代会闭会期间实行职工代表巡视、质询等制度的成功经验，推动校（院、团、所）务公开制度和民主评议领导干部制度的逐步完善，努力把职代会职权落到实处。截至2013年初，全国已有90%以上公办学校、40%民办学校建立了教代会；60%以上规模较大的高校建立了二级教代会；一些地方还针对农村地区教学点分散、学校规模较小等情况建立了乡镇教代会。

发挥工会"大学校"作用，大力提升职工群众的思想道德素质。教科文卫体工会把配合党政提升职工的思想道德素质作为一项长期性战略任务，参与修订并颁发《中小学教师职业道德规范》、《高等学校教师职业道德规范》。还联合有关行政主管部门开展师德师风、医德医风、艺德文风、科研道德建设等活动，举办了"全国师德标兵评选表彰"、"全国青年教师师德演讲比赛"、"医德楷模医德标兵评选"、"人民满意医院"等多种评先创优活动。各地工会也纷纷通过举办"职业道德建设年"、"十佳教师评选"、职业道德论坛、征文比赛、先进事迹报告会、巡回演讲等活动，推动群众性职业道德建设工作深入开展。

加强自身建设，努力打造学习型、服务型、创新型工会组织。理论创新是工作创新的前提和基础。中国教科文卫体工会充分利用大专院校集中、科研机构众多的资源优势，建立了工会理论研究会，组建起一支工会干部与专家学者相结合的理论研究队伍。从2008年开始，坚持每年召开工会理论研究会议。研究内容包括新形势下职工群众工作的特点和规律，国家产业政策和本产业劳动人事关系，教科文卫体工会参与加强和创新社会管理的途径和方式，工会组织如何为促进文化大发展、大繁荣发挥作用等等，推出了一批具有全局性、前瞻性、权威性的研究成果，其中不少成果被吸收到党政部门制定的工作决策和方针政策中。

自1950年成立以来，中国教科文卫体工会走过了60多个春秋岁月，在坚持中国特色社会主义工会发展道路，推进中国工运事业的实践中积累了宝贵的经验。一是自觉接受党的领导，坚决贯彻落实党中央和全总党组的重要指示精神，依法独立自主、与时俱进地开展工作。二是坚持科学理论的指导地位，正确把握教科文卫体工会这一特殊产业工会工作的内在规律，以理论创新推动工作创新。三是围绕党和国家大局及工会工作全局，立足全系统人才智力优势，在推进中国特色社会主义伟大事业中充分发挥以知识分子为主体的产业工会的作用。四是深刻认识本产业职工群体同工人阶级其他产业大军的共性与个性，积极构建符合事业单位特点的和谐劳动人事关系，切实维护职工群众合法权益。五是深入贯彻党的“全心全意依靠工人阶级”指导方针，组织广大知识分子立足本职建功立业，为他们搭建展示个人价值、实现事业发展的广阔舞台。六是不断提升工会服务科学发展、服务职工群众的能力，主动争取更多的资源和手段，完善社会化工会工作格局。

2013 年 10 月召开的中国工会第十六次全国代表大会，是我国进入全面建成小康社会决定性阶段召开的一次十分重要的会议。会议指出，我国工人运动的时代主题是“团结动员亿万职工为实现中华民族伟大复兴的中国梦而奋斗”。同年 11 月召开的党的十八届三中全会，通过了《中共中央关于全面深化改革若干重大问题的决定》，再次开启了一个波澜壮阔的大变革时代。面对我国全面深化改革的新形势新任务，中国教科文卫体工会将更加着力于坚持工会工作正确政治方向，坚定不移地走中国特色社会主义工会发展道路，不断丰富这条道路的实践特色、理论特色和时代特色；将更加着力于创新新形势下职工群众工作，把党的群众路线作为工会工作的生命线和根本工作路线，引导和组织职工支持、拥护、参与改革；将更加着力于培育和践行“富强、民主、文明、和谐，自由、平等、公正、法治，爱国、敬业、诚信、友善”的社会主义核心价值观，大力弘扬工人阶级伟大品格和劳模精神，推动全社会形成尊重劳动、尊重知识、尊重人才、尊重创造的良好风尚；将更加着力于维护和发展职工合法权益，把协调劳动人事关系作为工会工作的重中之重，让广大职工更加体面地劳动，更有尊严地生活；将更加着力于弘扬社会法治精神，依法履职，依法维权，促进经济社会发展，维护职工队伍和社会稳定；将更加着力于以改革创新精神推进工会自身建设，通过理论创新、实践创新和制度创新加强群众化与民主化，不断焕发工会组织的生机活力。

中国教科文卫体工会的64 年历史，在时间的长河中，只是弹指一挥间，却为中国工会运动留下了一笔宝贵的财富。历史和现实告诉我们，中国特色社会主义工会发展道路，是中国教科文卫体工会发展壮大的必由之路。有继承才会有创新，了解历史是为了更好地创造历史。

第一章
中国工会基本知识

从中国产业工人产生到改革开放新时期，中国工人运动走过了170余年曲折历程。在中国共产党的领导下，工运事业取得了巨大的成绩。在改革开放新时期，中国工会工作面临许多新变化、新情况、新问题。了解中国工会的发展历史，明确中国工会的性质和职能，熟悉中国工会的组织原则和组织体系，理解和认识中国特色社会主义工会发展道路的科学内涵和精神实质，是工会干部需要掌握的工会基本知识，对做好新时期的工会工作具有重要的意义。

第一节　中国工会的历史发展

中国工会是中国共产党领导的职工自愿结合的工人阶级群众组织。回顾中国工会的历史，中国工会工作始终与党的事业紧密联系在一起。在中国共产党的领导下，中华全国总工会及其领导的各级工会组织，团结动员广大职工群众，积极投身革命、建设和改革的伟大实践，为实现民族独立、人民解放和国家富强、人民幸福作出了重大贡献，谱写了辉煌篇章。

一、中国工人阶级的诞生和工会运动的兴起

（一）中国工人阶级的诞生

第一次鸦片战争，是中国近代史的起点，同时，也是中国工人阶级形成的开端。

1840年鸦片战争爆发后，中国逐渐沦为半殖民地半封建社会。帝国

主义的侵略，一方面给中国带来了深重灾难，另一方面客观上加速了中国自给自足自然经济的解体和资本主义的发展。在外国资本、官僚资本和民族资本经营的企业中，新兴的中国工人阶级开始诞生并逐渐发展壮大，到1919年五四运动前，中国的产业工人达到260万人，手工业工人、店员和城市苦力等大约1800万至2000万人。工人阶级已成为一支重要的社会力量，为后来工人运动的产生和发展奠定了基础。

（二）中国工人阶级的特点

中国工人阶级产生于半殖民地半封建社会的中国，具有全世界工人阶级的共同特点，即：与先进的生产方式相联系、没有私人占有的生产资料、富有组织性和纪律性。同时，还有其自身的突出特点。

1. 更为坚决和彻底的革命性。中国工人阶级深受帝国主义、资产阶级、封建势力的三重压迫和剥削，地位低下，境况悲惨。因此，他们怀有改变自己悲惨处境的强烈要求，具有比其他阶级更为坚决和彻底的革命性。

2. 人员高度集中。中国工业无产阶级在全国人口中虽然占少数，但他们高度集中在为数不多的大城市，尤其是少数大型厂矿中。这种高度集中，有利于阶级内部的团结，易于形成强大的政治力量。

3. 与广大农民有着密切的联系。中国工人阶级多数来源于破产的农民，与农村、农民有着天然的联系。他们对各自所遭受的压迫和剥削有共同的感受，因而容易结成亲密的联盟。

中国工人阶级的特点表明，它是先进生产力的代表，是近代中国社会最进步、革命性最强的阶级，必然成为中国革命的领导阶级。

（三）中国早期工会组织的萌芽

早期的工人阶级，为了维护自身经济利益，抵制残酷的剥削和压迫，开始建立以行业和地域为纽带的群众性组织。这些早期组织在很大程度上模仿了封建社会手工业行会和商业会馆的形式，也有一些工人参加了旧式的行帮等秘密组织。这些早期的工人群众组织构成了中国工会的雏形。

辛亥革命后，各种名义的政党开始出现。中国社会党、中华民国工党、劳动党等都标榜自己是工人的政党。在这些政党的影响下，名目繁多的工会组织相继出现。其中有工人自发组织的，有劳资混合组成的，有同乡组织的“帮口”，还有由资本家、工头、政客把持的招牌工会。这些组织良莠不齐，不能算是严格意义上的工会组织。

与此同时，共产党早期组织通过举办工人补习学校，创办通俗易懂的工人刊物，开始在工人群众中宣传马克思主义，并在工人群众中建立起真正能够代表工人利益的革命工会。1920 年 11 月 21 日成立的上海机器工会，是我国第一个革命性的工会组织。1921 年 5 月，北京共产党早期组织领导建立了区别于旧式工会的长辛店工人俱乐部，这个组织从一开始就接受了马克思主义的指导。

二、新民主主义革命时期的中国工会

（一）第一次工人运动的高潮和中华全国总工会的成立

1921 年 8 月，中国劳动组合书记部在上海建立。这是中国共产党领导工人运动的第一个公开机构。

中国劳动组合书记部成立后，致力于发展工会组织，启发工人阶级觉悟，把各个工会联合起来。1922 年 5 月，中国劳动组合书记部发起，在广州召开了第一次全国劳动大会。大会通过了《八小时工作制案》等 10 项决议案，并决定在全国总工会成立之前，由中国劳动组合书记部为全国工会的总通讯机关，即确立了书记部对全国工人运动的领导地位。

在中国共产党的领导下，工人运动汇入到新民主主义革命的洪流之中。从 1922 年 1 月香港海员举行罢工，到 1923 年 2 月京汉铁路大罢工爆发，中国工人运动掀起了第一次高潮。蓬勃兴起的工人运动沉重打击了帝国主义和封建军阀，显示了中国工会和中国工人阶级的伟大力量。

1925 年 5 月，第二次全国劳动大会召开，通过了《工人阶级与政治斗争决议案》等 30 个决议案，选举产生了全国总工会领导机关，宣告中华全国总工会成立。从此，中国工人阶级有了全国统一的工会领导机关，这是中国共产党领导下的中国工会运动在政治上和组织上团结统一的象征。此后，全国总工会领导下的工会组织迅速发展壮大，所属基层工会和会员人数，1925 年为 166 个，54 万人；1926 年达到 699 个，124 万人；1927 年达到 290 万人。

（二）新民主主义革命时期工会的变迁

新民主主义革命时期，中华全国总工会在中国共产党的领导下组织和发动了多次全国性反帝、反封建、反官僚资本主义的重大斗争。在震惊中外的“五卅”运动、省港大罢工、汉口九江工人收回英租界、上海工人三次武装起义等斗争中，中国工会都以其坚定的革命精神和卓越的组织工作，赢得了广大工人群众和社会各界人民的信赖和支持，出色地完成了党赋予的任务。

1927 年大革命失败后，中国共产党逐步探索出一条适合中国特点的革命发展道路，即农村包围城市，武装夺取政权，并在党领导创建的苏维埃革命根据地创建苏区工会。为了统一苏区工会运动的领导，1931 年春，在江西吉安富田成立了全总苏区执行局。1933 年初，中华全国总工会随中共中央从上海迁到瑞金，将原全总苏区执行局改组为中华全国总工会苏区中央执行局。1935 年 10 月，红军长征到达陕北。11 月，全总苏区中央执行局被撤销，在瓦窑堡成立了全总西北执行局。为了贯彻抗日民族统一战线政策，在抗日战争全面爆发前，中华全国总工会决定基本上停止作为全国工会运动统一的领导机关的活动。1938 年 4 月，陕甘宁边区总工会建立，全总西北执行局不再存在。1939 年 12 月，陕甘宁边区总工会成为中国劳动协会的团体会员。

1939 年 4 月，中共中央成立中央职工运动委员会，以加强对全国特别是抗日根据地工人运动的统一领导。到 1945 年初，全国抗日根据地的工会会员发展到 92 万人。1945 年 4 月，中国解放区职工联合会筹备委员会成立，后以团体会员资格加入中国劳动协会。为了组织统一的中国工会代表团出席世界工会大会，中国劳动协会和中国解放区职工联合会筹备委员会与国民党政府进行了反复斗争，并最终取得了胜利。

1948 年 8 月，第六次全国劳动大会在哈尔滨召开。这次大会决定恢复重建中华全国总工会。中国劳动协会作为团体会员参加全国总工会。

1949 年 11 月，中国劳动协会在北京召开全国代表大会，宣布中国劳动协会结束，劳协会员分别参加全国总工会领导下的各产业工会和地方工会组织。它标志着全国工人运动在中国共产党的领导下实现了组织上的统一。

三、社会主义革命和建设时期的中国工会

新中国建立后，工会运动的首要任务之一是把全国工人群众组织起来。1950 年 6 月，《中华人民共和国工会法》颁布实施，以法律形式确

定中国工会组织在人民民主专政体系中的地位和作用，推动了工会的组织发展。到1950年底，全国工会会员从1949年的370万人发展到517万人，全国建立了16个全国性产业工会领导机构，同时建立了东北、西北、中南三个大行政区总工会和全国总工会华东、西南两个大行政区的办事处。到1952年底，全国工会会员人数达到1002.3万人，主要大中城市和产业90%以上的工人参加了工会，全国性产业工会增加到21个。

中国工会七大以后，全国总工会对工会组织系统进行了调整。1953年7月，对全国性产业工会按加强、合并、撤销三类情况进行改组，使产业工会的建制更加适应国家工业建设的需要。1954年5月，全国总工会根据中央关于撤销大行政区建制的决定，撤销大行政区一级工会和工会办事处。

1957年12月，中国工会八大修改了工会章程，将工会的组织领导原则定义为“中国工会是按照产业和地区相结合的原则，在民主集中制的基础上组织起来的”。

在全国总工会的组织引导下，当家作主的中国工人阶级广泛开展劳动竞赛，掀起技术革命的热潮，涌现出大批先进集体和先进个人，有力地推动了社会主义建设事业迅速发展；职工教育工作不断加强，职工队伍素质显著提高；职工群众的工作条件和生活水平得到切实改善。但是20世纪50年代后期，在党内“左”倾错误思想及“大跃进”的影响下，工会系统内刮起的“工会消亡”风，极大地削弱了工会组织。“文化大革命”爆发后，工会工作遭到严重破坏。

四、改革开放和建立社会主义市场经济过程中的中国工会

改革开放以来，中国工会适应不断发展变化的新形势，工会理论不断创新，工作方针与时俱进，逐步探索出一条中国特色社会主义工会发展道路。

从1978年10月召开的工会九大到1988年10月召开的工会十一大，工会工作的基本方针逐步形成为“一个中心”、“两个维护”、“四项职能”。工会九大标志着工会拨乱反正的开始，是新时期工会工作的新起点。工会十大确定了“以四化建设为中心，为职工说话办事，维

护职工合法权益”的方针。1988 年 9 月，全总十届六次执委会审议通过了《工会改革的基本设想》，明确提出以经济建设为中心和“维护、建设、参与、教育”四项基本职能。1988 年 10 月召开的中国工会十一大再次明确提出把以经济建设为中心，在维护全国人民总体利益的同时，更好地表达和维护职工群众的具体利益，作为工会工作基本指导原则。

随着改革开放的深化和向社会主义市场经济转型，工会工作面临着新的机遇和挑战。1993 年 10 月，中国工会十二大提出加强工会立法参与和源头参与，加大依法维护职工利益的力度，加大新建企业组建工会，推进工会组织自身改革和建设的工作方针和任务。1994 年《中华人民共和国劳动法》颁布后，全国总工会抓住这一时机，提出了突出工会维护职能的工会工作总体思路。1998 年召开的工会十三大及十三届二次执委会，进一步强调要坚持和发展工会工作的总体思路，提出了“五突破一加强”的重要举措。“五突破”的具体内容是：(1) 积极协助党政做好国有企业减员增效、下岗职工基本生活保障和再就业工作，深入实施送温暖工程，对特困职工承担“第一责任人”职责的工作要有新的突破；(2) 坚决维护职工的经济利益，进一步理顺劳动关系，推行平等协商和集体合同制度的工作要有新的突破；(3) 切实保障职工的民主权利，坚持和完善以职工代表大会为基本形式的企业民主管理制度，实行厂务公开和民主评议企业领导人的工作要有新的突破；(4) 推动国有独资和国有控股公司的董事会、监事会中都要有职工代表参加的工作要有新的突破；(5) 加快新建企业工会组建步伐，最大限度地把职工组织到工会中来的工作要有新的突破。“一加强”的具体内容是：以改革的精神加强工会自身建设。同时，提出了“最大限度地把广大职工群众组织到工会组织中来，最大限度地维护好职工群众的合法权益，最大限度地保护、调动和发挥职工群众的积极性、创造性，切实履行好工会的维护职能”的工作目标和“抓机制、办实事、转作风、求实效、促发展”的工作思路。

2003 年 9 月 22 日，中国工会召开第十四次全国代表大会。大会确定了以后五年团结动员广大职工群众在全面建设小康社会中发挥主力军作用，努力开创新世纪工会工作新局面的工作目标任务，明确了要全面履行各项社会职能，突出维护职能，在推动改革、促进发展、积极参与、大力帮扶的全过程中维护职工合法权益的工作思路。此后的十年，全国总工会为适应新世纪、新阶段的新形势，在发展方向上，提出要坚定不移地走中国特色社会主义工会发展道路；在工作方针上，提出“组织起来、切实维权”；在维权理念上，提出坚持“以职工为本，主动依法科学维权”的工会维权观；在企业工会工作原则上，提出“促进企业发展、维护职工权益”；在劳动关系上，提出建立规范有序、公正合理、互利共赢、和谐稳定的中国特色社会主义新型劳动关系，推动工会工作焕发出新的生机和活力。

2008 年 10 月，中国工会十五大召开，鲜明提出了坚持走中国特色社会主义发展道路、建设中国特色社会主义工会的基本内涵和基本要求，完善和构架了中国特色社会主义工会发展道路的理论体系，对指导新阶段的工会维权工作，加强协调劳动关系，切实维护职工利益，推动构建社会主义和谐社会，具有重大现实意义。中国工会十五大以来，组织动员广大职工投身社会主义现代化建设，发挥了工人阶级主力军作用；教育引导广大职工全面提升自身素质，发展了工人阶级的先进性；大力加强工会组织建设，巩固了党的阶级基础和群众基础；不断加大立法执法参与力度，推动了劳动法律的健全和实施；努力构建和谐劳动关系，促进了职工权益实现、企业发展和社会稳定；有效深化维权帮扶工作，保障了广大职工共享经济社会发展成果；进一步加强工会外事工作，提高了中国工会的国际影响力；更加重视加强自身建设，增强了工会组织的凝聚力。各级工会组织和广大工会干部紧紧围绕党和国家工作大局，沿着中国特色社会主义工会发展道路奋勇前进，各项工作取得显著成绩。

2013 年 10 月 18 日，在我国进入全面建成小康社会决定性阶段，中国工会第十六次全国代表大会召开，这是一次继往开来、团结奋进、务实创新的大会。会议全面回顾了过去五年的工作成绩和十年的主要经验，鲜明提出了为实现中华民族伟大复兴的中国梦而奋斗这个当代我国工人运动的时代主题，对新形势下各级工会团结动员广大职工为推进中国特色社会主义事业贡献智慧和力量作了全面部署，中国工会进入一个新的发展时期。

第二节　中国工会的性质和职能

中国工会的性质和职能是工会基本理论的重要内容，只有正确把握这些工会基本理论知识，才能正确指导工会实践，使工会工作适应形势的变化和要求。

一、中国工会的性质

（一）阶级性

中国工会是工人阶级成员自愿结合的社会政治团体，只有中国工人阶级的成员才能加入中国工会。

按照《中国工会章程》的要求，成为工会会员的条件是："凡在中国境内的企业、事业单位、机关和其他社会组织中，以工资收入为主要生活来源或者与用人单位建立劳动关系的体力劳动者和脑力劳动者。"这条规定，明确了中国工会会员必须具备的资格。

在我国，工会组织的阶级性还体现在：工会的社会地位与工人阶级的地位相适应；工会的任务使命与工人阶级的历史使命相一致；工会的社会职能与工人阶级成员的合法权益相关联；工会的影响力与工人阶级的主体作用相联系；工会的发展道路与党领导开创的中国特色社会主义发展道路相统一。

（二）群众性

工会的群众性主要体现在以下三个方面：

1. 广泛性。工会是工人阶级在国内范围最广泛的组织，它几乎包括了工人阶级全体。凡是工人阶级群众，不分民族、种族、性别、职业、宗教信仰、教育程度、政治面目，都可以参加工会。

2. 民主性。工会的一切工作和活动都采取吸引、说服和群众自我教育的方法，而不是采取强制措施、行政手段。工会要充分表达职工群众的意愿和要求，就要通过民主的方式集中职工群众的意见。只有通过内部广泛而深入的民主生活，职工群众才能切实感受工会是自己的组织，才能增强工会的吸引力和凝聚力。

3. 自愿性。工会是职工自愿结合的组织。自愿入会是职工的基本权利。工会组织开展的一切活动都必须适合大多数群众的觉悟，建立在群众自觉自愿的基础上。

（三）政治性

中国工会自觉接受中国共产党的领导。

中国共产党是中国工人阶级的先锋队，同时是中国人民和中华民族的先锋队，是中国特色社会主义事业的领导核心。中国工人阶级是中国共产党最坚实、最可靠的阶级基础。工会工作是党的群众工作的重要组成部分。无论是在新民主主义革命时期、社会主义革命和建设时期，还是在改革开放和社会主义现代化建设时期，中国工会事业的成就无不是在中国共产党的领导下取得的。党的领导为工会的发展指明了正确的方向。工会组织只有在思想上、政治上、行动上与党中央保持高度一致，始终坚持坚定正确的政治方向，才能发挥好党联系职工群众的桥梁纽带作用，发挥好国家政权的重要社会支柱作用，发挥好职工合法权益的代表者和维护者作用。

（四）阶级性、群众性和政治性的统一

阶级性、群众性和政治性是反映工会本质属性相互依存、互为条件、不可分割的有机统一体。工会的阶级性以群众性为基础，群众性以阶级性为限度，工会的阶级性和群众性以政治性为方向。

1. 工会的阶级性以群众性为基础。工会作为广泛的群众组织，不仅要团结工人阶级成员的先进部分，而且要团结工人阶级成员的中间部分和后进部分。工会之所以能成为党联系职工群众的纽带和桥梁，就在于它具有本阶级最广泛的群众性，得到广大职工群众的支持和参与。如果工会不能团结最广大的职工群众，就形不成阶级的整体力量，工会的阶级性也就失去了意义。

2. 工会的群众性以阶级性为限度。工会是阶级组织而不是全民组织。在人员构成上，只吸纳工人阶级成员参加；在任务和使命上，以实现工人阶级的根本利益为最高目标。

3. 工会的阶级性、群众性以政治性为保证。中国工会在思想上以马克思主义为指导，坚持走中国特色社会主义发展道路；在组织上，自觉接受党对工会的领导，高度重视工人阶级队伍的团结和工会组织的统一；在工作中，始终围绕和服务于大局，依法独立自主地开展工作，在维护全国人民总体利益的同时，更好地代表和维护职工群众的合法权益。

二、工会的社会职能

按照相关法律和《中国工会章程》的规定，工会的职能可以归纳为四项：维护职能、建设职能、参与职能和教育职能。

（一）维护职能

维护职工合法权益是工会的基本职责。

《工会法》第六条明确规定：“维护职工合法权益是工会的基本职责。工会在维护全国人民总体利益的同时，代表和维护职工的合法权益。”这是从法律的角度明确了工会所具备的基本职责。

工会组织必须通过各种利益协调机制、诉求表达机制、矛盾调处机制、权益保障机制，维护职工劳动经济权益、民主政治权利、精神文化需求和社会权益，解决职工群众最关心、最直接、最现实的利益问题。

维护职工合法权益是工会产生和发展的客观需要。职工群众所以参加工会，就是要通过工会组织的力量维护自身利益。离开对职工群众合法权益的维护，职工群众就不可能参加工会。相应的，工会只有切实履行好维护职能，才能赢得职工群众的信赖，才能有效地动员和吸引职工群众参加国家经济建设和支持改革，才能有效组织和代表职工群众参与国家、社会事务和企事业单位的民主管理，才能在职工队伍素质教育活动中具有影响力和说服力。

（二）建设职能

建设职能是指工会团结和引导广大职工群众，通过广泛开展富有特色和不断创新的群众性生产活动，动员和组织广大职工积极参加国家建设和改革，努力完成经济和社会发展任务，为推动国家经济建设、政治建设、文化建设、社会建设以及生态文明建设作贡献。随着我国经济社会的发展和全面进步，工会履行建设职能的领域日益宽广，工会的社会影响力也越来越大。

（三）参与职能

参与职能是指工会代表和组织职工参与国家和社会事务管理、参与企事业单位民主管理。工会履行参与职能，实质上体现了广大职工群众行使当家作主的民主政治权利，是工会作为广大会员和职工利益的代表而承担的重要的社会使命。

工会的参与职能有两个层次的内容：

1. 宏观参与。工会代表和组织职工参与国家和社会事务管理，通过参与人大立法、政府与工会联席（联系）会议、三方协商机制等多种途径，在立法、政策制定等源头领域充分表达和反映职工意愿与要求，推动涉及职工切身利益的各项法律、法规、政策的制定与实施。

2. 微观参与。工会代表和组织职工参与企业、事业单位的民主管理，通过职工代表大会制度、厂务公开、职工董事和职工监事制度等形式，参与企业涉及职工切身利益重大事项的审议和决定，落实职工的知情权、参与权、表达权和监督权。

（四）教育职能

教育职能是指工会帮助职工不断提高思想政治素质、职业道德和文化知识水平、劳动技能以及创新能力。主要包括两个方面：

1. 思想政治教育。工会要在职工群众中着力开展爱国主义、集体主义、社会主义民主与法制以及独立自主、艰苦奋斗的教育，开展中国特色社会主义核心价值体系教育，增强职工的民族自强心和自信心。同时，要经常开展工人阶级优良传统和伟大品格教育，大力弘扬新时期的劳模精神。

2. 文化技术教育。工会要积极参与职工文化技术教育的管理，积极参与职工教育规划的制定和教育改革创新工作，维护职工接受再教育的权利；通过多种灵活有效的形式把职业教育和技能培训贯穿于生产实践活动之中，倡导、鼓励、帮助和引导职工自主学习、岗位成才、创新立业。

工会履行教育职能，要求工会自身首先要成为学习型组织。只有在此基础上，才能适应时代发展的新要求。

在这四项职能中，维护职工合法权益是工会的基本职责，维护职能是工会全面履行职能的前提。建设职能是工会全面履行职能的基础，参与职能是工会全面履行职能的途径，教育职能是工会全面履行职能的保证。我国工会的维护、建设、参与、教育四项社会职能是密切联系的有机整体。

第三节　中国工会的组织原则和组织体系

工会组织原则是工会组织的建立和内部组织关系处理方面应遵循的基本准则，它是对工会组织结构、组织系统、组织领导方面规律和特点的最一般的概括。工会具有严密的组织体系，按照产业和地方相结合、以地方工会领导为主的原则组织起来，统一接受中华全国总工会的领导。中国工会是统一的有机组织整体，包括全国总工会、全国产业工会、地方总工会、地方产业工会以及工会基层组织。

一、中国工会的组织原则

（一）全国建立统一的中华全国总工会

《工会法》第十条和《中国工会章程》第十一条规定：“全国建立统一的中华全国总工会。”“中华全国总工会是各地方总工会和各产业工会全国组织的领导机关。”全国建立统一的中华全国总工会，是维护我国工人阶级和工会组织的团结统一，坚持走中国特色社会主义工会发展道路的一项重要的组织原则。

这一原则的基本要求是：

1. 中华全国总工会是中国唯一合法的工会组织，是中国境内的各级各类工会组织的最高领导机关，负责领导全国工会工作。

2. 在中国境内建立的各级各类工会组织，都是中华全国总工会的下级或基层组织，必须认真贯彻中华全国总工会提出的工会工作方针和做出的决议，按照中华全国总工会工作部署和要求，结合各自的实际开展工作。

3. 各级、各地工会工作和职工队伍的重大问题和事项，要按照组织程序及时报告中华全国总工会。

4. 全国产业工会和省级地方工会的设立和撤销，其领导班子成员和经费审查委员会领导机构成员，须报中华全国总工会审批。

5. 未按照《工会法》和《中国工会章程》规定成立的组织，不得称为工会组织。

（二）同级党组织和上级工会双重领导，以同级党组织领导为主的原则

这是由中国工会性质和特点所决定的一项重要的组织原则，是工会在党的领导下，坚持走中国特色社会主义工会发展道路，坚持工会工作正确的政治方向和充分发挥工会作用的本质要求。

这一组织原则的基本内容是：

1. 工会首先要自觉接受党组织的领导，认真贯彻党中央和上级党组织对工会工作的重要指示。工会工作中的重大问题及时向党组织汇报，提请党组织研究决定。

2. 接受党组织领导的同时，接受上级工会领导。其基本要求是：认真贯彻上级工会的重要决议和工作部署；按照上级工会的要求，结合本地区、本单位实际开展工作；工会的重要工作和涉及职工利益的重大问题、信息及时向上级工会报告；召开工会代表大会的报告、换届选举结果和届中人事变动情况，及时报上级工会审批；工作上主动接受上级工会的监督检查与指导。

（三）民主集中制原则

民主集中制是中国工会一项重要的组织原则。《中国工会章程》第九条作了具体规定：中国工会实行民主集中制，主要内容是：（1）个人服从组织，少数服从多数，下级组织服从上级组织。（2）工会的各级领导机关，除它们派出的代表机关外，都由民主选举产生。（3）工会的最高领导机关，是工会的全国代表大会和它所产生的中华全国总工会执行委员会，工会的地方各级领导机关，是工会的地方各级代表大会和它所产生的总工会委员会。（4）工会各级委员会，向同级会员大会或者会员代表大会负责并报告工作，接受会员监督。会员大会和会员代表大会有权撤换或者罢免其所选举的代表和工会委员会组成人员。（5）工会各级委员会，实行集体领导和分工负责相结合的制度，凡属重大问题由委员会民主讨论，作出决定，委员会成员根据集体的决定和分工，履行自己的职责。（6）工会各级领导机关，经常向下级组织通报情况，听取下级组织和会员的意见，研究和解决他们提出的问题。下级组织向上级组织请示报告工作。

以上六条集中反映了两个方面的要求：

1. “个人服从组织，少数服从多数，下级组织服从上级组织”，这是

民主集中制最基本的原则，也是工会实行群众化、民主化的根本原则。

2. 按照群众组织的性质和特点，建立充分体现群众化、民主化要求的领导机构和工作制度。要求领导机构要坚持民主选举，工会领导人要接受会员的监督，实行集体领导和分工负责制，重大问题及时报告等。

（四）产业与地方相结合的组织领导原则

这一原则顺应我国政治体制和行政管理体制，适应了我国地域辽阔、幅员广大，各地区的经济发展不平衡等特点，有利于加强党对工会工作的领导，有利于工会参政议政，也有利于维护工人阶级的团结统一。它集中体现了中国特色社会主义工会组织结构的特点。

产业与地方相结合的组织领导原则的主要内容是：

1. 基层工会的建立按照“同一企业、事业单位、机关和其他社会组织中的会员，组织在一个工会基层组织中”的原则，凡是符合条件的职工，都可以申请加入所在单位工会。

2. 产业工会的建立，按照“同一行业或者性质相近的几个行业，根据需要建立全国的或者地方的产业工会组织”的原则。即：全国在总体上实行产业系统的工会组织，以地方工会领导为主，同时接受上级产业工会领导。但少数实行垂直管理的产业，其工会组织由产业工会和地方工会双重领导，以产业工会领导为主。

3. 地方工会的建立，按照行政区划，在省、自治区、直辖市，设区的市和自治州，县（旗）、自治县、不设区的市建立地方总工会。地方总工会是当地地方工会组织和产业工会地方组织的领导机关。

4. 全国产业工会的设置，由中华全国总工会根据需要确定。各级地方产业工会组织的设置，由同级地方总工会根据本地区的实际情况确定。

5. 全国建立统一的中华全国总工会。中华全国总工会是各地方总工会和各产业工会全国组织的最高领导机关，对全国工会工作实行统一领导。

二、工会的组织体系

（一）中华全国总工会

中华全国总工会是中国工会全国代表大会选举产生的各地方总工会和各产业工会全国组织的最高领导机关，负责领导全国工人运动，指导全国工会工作，在国际交往活动中代表中国工会组织。

中国工会的最高权力机构是中国工会全国代表大会。它的职权是：(1) 审议和批准中华全国总工会执行委员会的工作报告；(2) 审议和批准中华全国总工会执行委员会的经费收支情况和经费审查委员会的工作报告；(3) 修改《中国工会章程》；(4) 选举中华全国总工会执行委员会和经费审查委员会。

根据《中国工会章程》规定，中国工会全国代表大会每5年召开一次，由中华全国总工会执行委员会召集，在特殊情况下，可以提前或延期举行。

中国工会全国代表大会的执行机构是中华全国总工会执行委员会。执行委员会在全国代表大会闭会期间，负责贯彻执行全国代表大会的决议，领导全国工会工作。

中华全国总工会执行委员会闭会期间，由主席团行使执行委员会的职权。主席团闭会期间，由主席、副主席组成的主席会议行使主席团职权。

主席团下设书记处，书记处在主席团领导下主持中华全国总工会日常工作。

(二) 全国 (地方) 产业工会

产业工会是按照产业系统建立起来的工会组织。产业工会组织设置主要分为全国产业工会和地方各级产业工会。产业工会全国组织的设置，由中华全国总工会根据需要确定。产业工会全国委员会的建立，经中华全国总工会批准，可以按照联合制、代表制原则组成，也可以由产业工会全国代表大会选举产生。

产业工会全国委员会每届任期5年。任期届满，应如期召开会议，进行换届选举。在特殊情况下，经中华全国总工会批准，可以提前或者延期举行。各级地方产业工会组织的设置，由同级地方总工会根据本地区的实际情况确定。

除实行垂直领导的产业工会外，其余产业工会组织不要求上下对口，其建立委员会和工会领导机构的原则与全国产业工会大体相同。

(三) 地方工会

各级地方总工会是当地地方工会和产业工会地方组织的领导机关，

负责领导本地区的工会工作。

地方总工会一般是指各省、自治区、直辖市总工会，设区的市和自治州总工会，县（旗）、自治县、不设区的市总工会。各级地方工会的最高权力机构是各级工会代表大会。其职权是：（1）审议和批准同级总工会委员会的工作报告；（2）审议和批准同级总工会委员会的经费收支情况报告和经费审查委员会的工作报告；（3）选举同级总工会委员会和经费审查委员会。

省、自治区、直辖市的工会代表大会，通常每5年举行一次，由同级总工会委员会召集。各级地方总工会委员会在代表大会闭会期间，执行上级工会的决定和同级工会代表大会的决议，领导本地区的工会工作，定期向上级总工会委员会报告工作。

省、自治区总工会可根据需要在地区设派出代表机关。直辖市和设区的市总工会可在区建立区一级工会组织或者设派出代表机关。

改革开放以来，大量企业集中在乡镇和街道，乡镇、街道企业的职工已经成为工人阶级的重要组成部分；乡镇、街道工会组织已经成为我国工会组织体系中的重要环节。为适应这一情况的需要，中华全国总工会2005年下发《关于开展建立乡镇（街道）总工会试点工作的意见》。目前，一些地方已经在经济发达、职工人数较多的乡镇、街道建立了总工会。乡镇、街道总工会具有地方工会和基层工会的双重职能。已经建立的乡镇、街道总工会，在县级总工会领导下，对本地区的工会组织实行领导，在履行地方工会职责的同时，根据工作需要代行基层工会难以履行的部分维权职能。

（四）基层工会

基层工会是工会组织体系中最基本的组织单位，是整个工会组织的基础。《中国工会章程》规定：企业、事业单位、机关和其他社会组织等基层单位，应当成立工会基层委员会；不足25人的，可以单独建立工会基层委员会，也可以由两个以上单位的会员联合建立工会基层委员会，也可以选举组织员或工会主席1人，主持工会工作。

第四节 中国特色社会主义工会发展道路

中国特色社会主义工会发展道路是中国特色社会主义道路的重要组成部分，是对中国工会80多年、新中国成立60多年特别是改革开放以来工会工作理论成果与实践经验的高度概括和科学总结。中国特色社会主义工会发展道路鲜明地回答了“走什么样的工会发展道路、建设什么样的工会、工会发挥什么样的作用”这一重大时代课题，指明了中国工会的发展方向。

中国特色社会主义工会发展道路的核心是坚持自觉接受党的领导、根本是坚持工会的社会主义性质、关键是坚持维护职工群众合法权益。坚持走中国特色社会主义工会发展道路，准确全面把握这条道路的科学内涵、精神实质和理论实践要求，对于更加自觉地坚定不移走中国特色社会主义发展道路，努力建设中国特色社会主义工会，具有重要而深远的意义。

一、中国特色社会主义工会发展道路的科学内涵和精神实质

中国特色社会主义工会发展道路的科学内涵和精神实质十分丰富，主要包括以下八个方面。

（一）坚持自觉接受中国共产党的领导

这是中国工会的根本政治原则。要坚持以中国特色社会主义理论体系为指导，贯彻落实党的路线方针政策，服从服务于党和国家工作大局。坚持对党负责和对职工群众负责相统一，把坚持党的领导与独立自主创造性开展工作结合起来。坚决维护工人阶级团结和工会组织统一。始终做密切党和政府与职工群众联系的桥梁和纽带。

（二）坚持中国工会的社会主义性质

我国社会主义制度决定了中国工会的社会主义性质。各级工会组织必须坚持中国特色社会主义道路、理论体系和制度，坚持工会鲜明的阶级性、广泛的群众性和高度的政治性的统一。认清中国工会与西方工会的本质区别，增强政治敏锐性和政治鉴别力。在支持改革开放、推动科学发展，参与加强和创新社会管理、保持社会和谐、维护职工合法权益、

促进社会公平正义等方面发挥积极作用。坚持社会主义性质，始终做社会主义国家政权的重要社会支柱。

（三）坚持发展工人阶级先进性

我国工人阶级是先进生产力和生产关系的代表，是推进中国特色社会主义伟大事业的主力军。工会组织要推动党的全心全意依靠工人阶级根本方针的贯彻落实，倡导勤奋劳动、诚实劳动、创新劳动，弘扬工人阶级伟大品格和劳模精神，在全社会形成依靠主力军、建设主力军、发展主力军的浓厚氛围。同时，充分发挥工会“大学校”作用，全面提高职工队伍思想道德素质、科学文化素质和技术技能素质。发挥职工群众的积极性主动性创造性，引导职工自觉投身全面建设小康社会伟大实践。始终做团结动员广大职工充分发挥主力军作用的重要人民团体。

（四）坚持构建和谐劳动关系

工会是发展和谐劳动关系的重要推动力量，承担着重要的社会责任。必须正确认识我国劳动关系的性质和特点，以规范有序、公正合理、互利共赢、和谐稳定为目标，把劳动关系的建立、运行、监督、调处都纳入法制轨道。坚持党政主导的和谐劳动关系构建格局，主动站在协调劳动关系第一线。

（五）坚持维护职工群众的合法权益

维护职工合法权益是工会的神圣职责，代表和维护职工群众利益是工会一切工作的出发点和落脚点。必须贯彻落实“组织起来、切实维权”工作方针，牢固树立“以职工为本，主动依法科学维权”的工会维权观，切实维护职工群众的经济、政治、文化、社会权益，使广大职工共享改革发展成果。把维权工作贯穿于推动改革、促进发展、积极参与、大力帮扶的全过程。始终做职工合法权益的代表者和维护者。

（六）坚持完善社会主义劳动法律体系

我国劳动法律法规是中国特色社会主义法律体系的重要组成部分。《工会法》、《劳动法》、《劳动合同法》等一系列劳动法律法规为工会履行各项职能、实现职工全面发展提供了法制保障。工会组织必须立足国情和工作实践，代表和组织职工加强立法参与，从制度上、源头上维护职工各项权益。主动加大工会劳动法律监督力度，大力开展法制宣传教育，加强法律援助工作，把法律赋予的权利用好用足，始终做组织职工参与社会主义民主政治建设的重要渠道。

（七）坚持推动形成国际工运新秩序

工会对外工作是工会全局工作的重要组成部分，是国家民间外交的重要方面。必须高举和平、发展、合作、工人权益的旗帜，遵循独立自主、互相尊重、求同存异、加强合作、增进友谊的方针，加强与国际、地区和各国工会的交往、交流与合作，切实维护我国国家利益和职工权益。拓展国际舞台，扩大国际影响，提高中国工会国际地位。始终做推动形成公正合理、民主和谐国际工运新秩序的积极力量。

（八）坚持改革创新精神加强自身建设

加强自身建设是工会工作创新发展的强大动力。必须加强工会思想建设、组织建设、作风建设、制度建设和反腐倡廉建设，激发工会组织特别是基层工会生机和活力，提高工会服务科学发展、服务社会和谐、服务职工群众的能力和本领。努力建设学习型、服务型、创新型工会。始终做广大职工信赖的“职工之家”。

以上八个方面相互联系、有机结合，构成中国特色社会主义工会发展道路的完整体系。

二、坚持走中国特色社会主义工会发展道路需要正确处理的重大关系

（一）自觉接受党的领导与独立自主创造性地开展工作的关系

党是包括职工群众在内的广大人民根本利益的代表。

保障工人阶级和广大劳动群众的经济、政治、文化和社会权益是党和国家的神圣职责。工会是职工利益的代表者和维护者，维护职工利益是工会的基本职责。这就要求我们必须把坚持党的领导与独立自主创造性开展工作有机结合起来。

工会具体事务不能由党组织包办。工会要在党的领导下，积极主动、创造性地开展工作，充分发挥党联系职工群众的桥梁纽带作用，把贯彻党的理论和路线方针政策与职工群众的意愿、要求和觉悟程度结合起来，把广大职工和自己的先锋队紧密联系在一起。

（二）争取政府支持与工会主动发挥作用的关系

中国工会是社会主义国家政权的重要社会支柱，在推动国民经济发

展、保持社会稳定、保障职工权益等方面，与政府完全一致。工会工作离不开政府的支持，需要政府给予更多的法规政策、资源手段。工会要支持政府依法行政，教育职工群众响应政府号召，积极投身经济建设主战场，巩固社会主义国家政权的群众基础，把政府支持工会的制度优势转化为推动科学发展、促进社会和谐、服务职工群众的实践成果。

（三）促进企业发展与维护职工权益的关系

企业是社会的细胞，在经济社会发展中处于举足轻重的地位。广大职工是企业发展的主体力量。二者是相辅相成的，没有企业的发展，不但国家经济社会的发展无从谈起，职工的具体利益也无法实现。同样，如果职工的利益得不到顺利实现，职工的积极性、主动性、创造性就会受到抑制，并最终影响企业的长远发展。

工会要引导职工关心企业、爱岗敬业，为企业发展献计出力；督促企业尊重和爱护职工，主动履行社会责任，依靠职工办企业，推动实现企业发展与职工利益的双赢。

（四）服务职工与依靠职工的关系

职工群众是工会组织的力量源泉。工会既要竭诚服务职工，又要紧紧依靠职工。服务职工，就是要始终把实现好、维护好、发展好职工群众的利益作为工会一切工作的出发点和落脚点，努力解决职工群众的实际问题，满足职工群众的迫切需要。依靠职工，就是要尊重职工群众主体地位和首创精神，调动职工群众参与工会活动、推动工会建设的积极性主动性创造性，依靠会员和职工群众办工会，真正做到“大家的工会大家办、办好工会为大家”，使职工群众真正感到工会是自己的组织。

（五）坚持中国工会独特优势与学习借鉴国外工会有益经验的关系

这本质上是处理好坚持中国工会个性、特殊性与遵循各国工会的共性、一般性的关系。必须牢牢把握中国工会的本质特征，始终坚持走自己的路，决不照搬西方工会发展模式。同时，要以开放的姿态和宽阔的胸怀增进与各国工会的对话交流、沟通合作，了解借鉴世界各国工会的成功经验和有益做法，为我所用。

第二章
教育工会基本理论问题

教育工会作为中国共产党领导下的教职工自愿结合的群众组织，除具有中国工会的基本属性外，还有其特殊的性质、地位、作用和基本的社会关系，以及独立自主开展工作的规律及特点。这些都是有关教育工会最基本的理论问题。认真研究教育工会的基本理论问题，全面了解教育工会的性质、地位和作用，进一步厘清教育工会与教育党政组织的关系，深入把握教育工会独立自主开展工作的基本原则、内容和方式，是做好新时期教育工会工作的基本要求。

第一节　教育工会的性质、地位和作用

一、教育工会的性质

要认识和了解教育工会，首先必须认识和把握它的性质。教育工会的性质是指教育工会内在的、区别于其他社会组织的基本属性。在社会主义中国，教育工会是中国共产党领导下的教职工自愿结合的工人阶级的群众组织，是统一于中华全国总工会并接受其领导的产业工会。

（一）教育工会是教职工自愿结合的群众组织

教育工会是教职工自愿结合的群众组织，体现出鲜明的群众性。首先，教育工会在形式上实行广大教职工群众的广泛联合。依照《工会法》和《中国工会章程》规定，中国工人阶级的内部成员，不分民族、种族、性别、职业、宗教信仰、教育程度，都有依法参加和组织工会的权利。这意味着只要愿意并承认工会章程，教育系统的任何职工都可以参加教

育工会组织。其二，教职工群众以自愿方式组织并加入教育工会组织。教职工入会自愿，退会自由。其三，教育工会组织在运行上以自下而上的方式进行。作为教职工自愿结合的群众组织，教育工会坚持以自下而上的方式来组织广大教职工开展活动；坚持教育工会组织的一切活动必须符合广大教职工的意愿，并与广大会员群众的要求相适应。

（二）教育工会是高度统一的工会组织

教育工会是一个高度统一的工会组织。首先，教育工会承认并遵循《中国工会章程》。中国工人阶级的力量在于它的团结和统一。坚持中国工人阶级的团结和统一，最重要的就是要建立统一的中华全国总工会。《工会法》明确规定："全国建立统一的中华全国总工会。"建立统一的中华全国总工会的根本标志就在于中国所有合法的工会组织都必须承认并遵循共同的工会章程。依法建立的教育工会承认并遵循中国工会章程。其二，教育工会组织的建立由上级工会批准，中国教科文卫体工会的建立由中华全国总工会批准。《工会法》第十一条规定："基层工会、地方各级总工会、全国或者地方产业工会组织的建立，必须报上一级工会批准。"其三，各级教育工会组织在中国教科文卫体工会全国委员会的统一领导下开展工作。

（三）教育工会是教育系统的产业工会

教育工会是教育领域的工会组织，具有鲜明的产业特点。首先，教育工会是按教育领域来划分和组织的。教育是人类社会生产和生活的特殊门类，是一种有目的、有组织、有计划、系统地传授知识和技术规范的社会活动，其根本价值在于为社会培养具有崇高信仰、道德高尚、诚实守法、技艺精湛、博学多才、多专多能的人才。作为以教育这个特定领域来划分和组织的教育工会，其性质必然会受到这个特定社会领域及活动的深刻影响。其二，教育工会组织的主要成员是从事教育工作并以工资收入为主要生活来源的知识分子。知识分子是工人阶级队伍中主要从事脑力劳动的一部分。教育工会作为教职工的群众组织，其工作必然要受到知识分子劳动方式的深刻影响。其三，教育工会以教师为会员主体。教师的工作方式既不同于一般的知识分子，也不同于教育领域的其他劳动者。

教育工会作为中国共产党领导下的教职工自愿结合的工人阶级的群

众组织，体现了阶级性、群众性和产业性的高度统一。教育工会组织的阶级性、群众性和产业性是教育工会组织固有的特性，它们相辅相成，缺一不可。首先，教育工会的阶级性是群众性和产业性的前提，为群众性和产业性的展开明确了方向。教育工会的群众性和产业性是统一于阶级性上的群众性和产业性。它表明教育工会不是一般的群众组织，而是工人阶级内部按照产业特点建立起来的群众组织，其基本目标和任务就是要维护教职工群众的合法权益。其次，教育工会的群众性是阶级性和产业性的基础，为阶级性和产业性的展开凝聚了力量。教育工会的阶级性和产业性是通过群众性表现出来的。它表明教育工会不是工人阶级的政党和政府组织，而是工人阶级的群众组织。只有最大限度地实现教职工之间的广泛联合，教育工会才能真正成为广大教职工利益的代表者和维护者。再次，教育工会的产业性是阶级性和群众性的条件，为阶级性和群众性的展开提供了舞台。教育工会的阶级性和群众性要受到产业性的制约。它表明教育工会不是一般的产业工会组织，而是有教育特点的、以教师为主体的产业工会组织，这个组织是通过教职工之间的联合来维护教职工的合法权益，进而维护工人阶级群体的整体利益的。可见，教育工会的阶级性、群众性和产业性是相互依存、相互作用的，三者从不同的侧面表现了教育工会组织的性质。缺少了其中任何一个方面的特性，教育工会组织的性质便无从表现。

二、教育工会的地位和作用

教育工会的地位是指其在社会关系中所占有的位置，主要依照它与其他社会组织之间的相互联系、相互作用、相互制约的关系来确定。教育工会的作用是指其所具有的社会功能及其对组织内外所发生的社会影响，它受到一定社会关系的制约并在一定的社会关系中体现。因此，教育工会的地位和作用实际上是一个问题的两个侧面。

（一）教育工会是教职工合法权益的代表者和维护者

教育工会的地位和作用，最首要地体现在与教职工群众的相互关系上，教育工会是教职工合法权益的代表者和维护者。《工会法》第二条明确规定：“中华全国总工会及其各工会组织代表职工的利益，依法维护职工的合法权益。”《劳动法》第七条也规定：“工会代表和维护劳动者的合法权益。”作为教职工合法权益的代表者和维护者，教育工会组织对教职工的影响是直接的和内在的，尤其是在组织教职工、引导教职工、服务教职工和维护教职工合法权益上发挥着十分重要的作用。

1. 组织教职工

教育工会对教职工群众的组织，主要体现在教育工会实现了教职工之间的广泛联合。这有两个方面的含义：一方面，表现在基本的社会功能上，教职工之所以自愿加入教育工会组织，就在于教育工会组织能够有效地避免教职工之间不可避免的竞争，从而实现教职工群众之间的团结和统一。另一方面，表现在组织形式上，即通过普遍建立教育工会组织，最大限度地拓展教育工会组织的覆盖面，最大限度地让教职工群众加入到工会组织中来，实现教职工群众之间的广泛联合。教育工会组织通过自己的工作和活动，深入而广泛地把广大教职工群众组织起来，并紧密地团结在党的周围，为促进社会进步、推动我国教育事业的改革与发展、维护教职工合法权益而努力奋斗。

2. 引导教职工

教育工会对教职工的引导，主要体现在教育工会组织是教职工“在实践中学习共产主义的学校”。广大教职工通过参加教育工会组织开展的丰富生动的群众性活动，寓教于乐，春风化雨，在潜移默化中受到教育，在具体实践中得到升华。一方面，教育工会组织通过活动的引导，能够把广大教职工的思想凝聚成为共识。教育工会按照培养“有理想、有道德、有文化、有纪律”的社会主义劳动者的目标，以社会主义核心价值体系为主要内容，对教职工进行思想政治教育，教育和引导教职工正确处理好国家、学校和个人三者的关系，坚定走中国特色社会主义道路和实现中华民族伟大复兴的中国梦的信心。另一方面，教育工会组织通过活动的引导，能够把广大教职工的力量凝聚成为合力。教育工会组织通过深入开展全方位多形式的岗位练兵、劳动竞赛、“创建学习型组织，争做知识型职工”等活动，不断提升教职工的业务素质和工作能力，为全面深化改革、推动科学发展凝聚了力量。

3. 服务教职工

教育工会对教职工的服务，主要体现在教育工会组织既能够也善于为教职工办好事、做实事、解难事。服务教职工是教育工会组织的生存之本、工作之基、力量之源。教育工会组织只有把服务教职工作为自己一切工作的出发点和落脚点，满怀深厚的感情，乐于服务教职工，善于服务教职工，尽力帮助教职工，积极推动解决广大教职工最关心、最直接、最现实的利益问题，才能不辜负党和教职工群众的期望，才能使广大教职工切身感受到工会组织的温暖，才能赢得广大教职工的理解、支持和信赖。首先，教育工会组织必须把群众路线作为工会工作的生命线和根本工作路线，进一步增强对教职工群众的感情，密切同教职工群众的联系，为他们排忧解难，始终同教职工群众心连心。其二，必须坚持把服务教职工作为自己的天职，通过广泛深入地开展“面对面、心贴心、实打实服务职工在基层”等活动，不断增强服务意识，提高服务能力，完善服务手段，拓宽服务领域。其三，必须立足全局，争取党政支持，与有关部门协调联动，大力推动教职工服务体系建设，进一步健全服务机制，努力构建服务教职工的平台。其四，必须突出重点，努力把工作做到所有教职工群众中去，使教育工会工作更贴近基层、贴近教职工群众，更符合教职工群众意愿，使教育工会组织真正成为广大教职工信赖的“职工之家”。

4. 维护教职工合法权益

维护教职工的合法权益，这是教育工会组织的基本职责，体现了教育工会组织的基本作用。教育工会要在维护全国人民总体利益的同时，表达和维护教职工的合法权益。从根本上说，全国人民的总体利益同教职工的具体利益是一致的，但是总体利益与具体利益之间，这部分群众同那部分群众具体利益之间，往往会产生某些矛盾。特别在当前改革不断深化的情况下，更会产生一些新的矛盾。教职工群体有着自己的利益诉求，需要教育工会组织来代表和维护他们的合法权益。教育工会组织对教职工合法权益的代表权和维护权，受到法律保护。教育工会组织必须坚定不移地把维护教职工合法权益作为自己的基本职责，充分发挥维护教职工群众合法权益的作用，促进社会公平正义；必须以教职工群众最关心最直接最现实的利益问题和最困难最操心最忧虑的实际问题为重点，积极开展维权工作，在经济发展的基础上不断提高教职工群众生活水平和质量，使广大教职工不断享受到改革发展成果。

（二）教育工会是教育党组织联系教职工群众的桥梁和纽带

教育工会的地位和作用，集中地体现在与教育党组织的相互关系上，教育工会是教育党组织联系教职工群众的桥梁和纽带。教育党组织是教职工的领导核心，党组织与教职工群众的联系是否密切，直接关系到我国教育事业的成败。党要密切联系并全心全意地依靠教职工办学，必须通过作为教职工群众组织的工会，把广大教职工紧紧地团结在党组织的周围。教育工会组织则通过自己的活动，引导广大教职工群众紧密团结在教育党组织的周围，不仅自下而上地把教职工群众的意见和要求及时真实地反映给党组织，而且还自上而下地把党组织的决策和主张贯彻到教职工群众中去，并使之变为教职工群众的自觉行动。

（三）教育工会是教育行政组织可靠的合作者和监督者

教育工会的地位和作用，突出体现在与教育行政组织的相互关系上，教育工会是教育行政组织最可靠的合作者和监督者。《工会法》规定："工会组织和教育职工依照宪法和法律的规定行使民主权利，发挥国家主人翁的作用，通过各种途径和形式，参与管理国家事务、管理经济和文化事业、管理社会事务；协助人民政府开展工作，维护工人阶级领导的、以工农联盟为基础的人民民主专政的社会主义国家政权。"教育工会通过积极参与国家教育事业、社会事务和学校的管理，成为教育行政组织的强大支持者。教育工会广泛动员和组织广大教职工积极投身于教育事业，努力完成以教学、科研为中心的各项工作任务，起着教育行政组织好帮手的作用；积极沟通教育行政组织与教职工群众之间的联系，为教育行政组织依法行使职权创造良好条件，是教育行政组织最可靠的伙伴；深入进行源头参与，大力推动教职工参与学校民主管理和民主监督，努力推进校务公开工作和对领导干部民主评议工作，增强了教育行政组织有效行政的合法性基础。

（四）教育工会是社会治理的积极参与者和协调者

教育工会的地位和作用，同时还体现在与其他社会组织的相互关系上，教育工会组织积极参与社会治理和监督，发挥着十分重要的协调作用。随着我国市场经济的发展和改革的进一步推进，国家将经营决策权下放到企事业单位，企事业领导人掌握了决定企事业共同体命运的权力。在这种情况下，如果没有建立发达完善的现代社会组织来进行监督与约束，不受控制的权力就会导致滥用，职工群体的利益就容易遭到侵害，大量非理性行为将会不断涌现，并最终严重影响到社会的稳定、和谐与发展。在这种情况下，教育工会组织不仅要依照宪法和法律的规定，代表和组织教职工行使当家作主的权利，参加学校的民主管理和民主监督；而且应主动加强与政府有关部门及相关社会组织的协调联系，积极参与社会治理和社会矛盾的协调，建立健全教职工诉求表达机制、矛盾纠纷排查化解机制和应急处理机制，切实保障和改善教职工生活，把促进公共服务均等化作为社会管理合作治理的重要基础，为维护社会公平正义和教职工体面劳动营造更好的社会环境，充分发挥政权支柱的作用。

（五）教育工会作用理论的实践意义

教育工会作用理论具有十分重要的实践意义。教育工会对组织内外所具有的各项社会作用，彼此之间相互联系、相互影响、相互制约。教育工会组织教职工、引导教职工、服务教职工和维护教职工合法权益的作用，是教育工会与生俱来的本源性的社会作用，是教育工会组织存在和发展的最终决定性力量，它始终如一地贯穿于教育工会组织整个历史发展过程之中，体现在教育工会工作的各个阶段，决定着教育工会组织其他各项社会作用的本质及其发展方向。教育工会其他各项社会作用都必须通过教育工会对教职工的组织、引导、服务和维权才能实现。由此，在教育工会具体实践中，必须坚持“组织起来、切实维权”的工会工作方针，突出发挥教育工会组织、引导、服务教职工和维护教职工合法权益的社会作用。

“组织起来、切实维权”是对新形势下中国工会社会作用的高度概括，具有丰富而深刻的内涵。按照这个要求，教育工会首先要把教职工群众最广泛地组织到工会中来，通过实现教职工群众真正有效的联合，把教育工会组织的活力最充分地激发出来，把广大教职工更加紧密地团结在党的周围，用共同理想凝聚教职工，用伟大事业激励教职工，不断发展工人阶级的先进性，最大限度地保护、调动和发挥广大教职工的积极性和创造力。同时，还要突出发挥维护教职工合法权益的社会作用，敢于维权、善于维权，使教育工会组织维权的声音更响、力度更大、措施更得力、效果更明显，积极协助党、政府和学校解决好涉及教职工切身利益的问题，把教职工群众的经济、政治、文化和社会权益实现好、维护好、发展好。

教育工会组织贯彻落实“组织起来、切实维权”的工会工作方针，就是要更加注重发挥联合和维权的社会作用。在市场经济条件下，我国办学体制的改革使得民办学校迅速发展起来，现代学校制度的建立扩大了学校的自主权，教师资源配置走向市场化，学校和教职工劳动人事关系的主体地位得到确认，劳动人事关系开始以契约的形式出现。同时，教职工内部群体的分化及差异日趋明显，不同的群体之间存在着较大的利益差别，有着不同的利益诉求，从而要求教育工会不断适应教育改革发展和教职工队伍的新变化，最大限度地把教职工组织起来，通过更加有效、更有针对性的维权，实现工人阶级和教职工队伍的团结统一。

第二节　教育工会与教育党组织和行政的关系

教育工会是处于一定的社会关系之中并受其深刻影响和制约的社会组织。其中，教育工会与教育党政组织的关系尤为重要。只有正确认识和处理教育工会与教育党政组织的关系，才能深入了解教育工会的性质，更好地保障和发挥教育工会组织的地位和作用。

一、教育工会与教育党组织的关系

教育党组织是指中国共产党设在教育系统的各级组织，是党的强大肌体的一个重要组成部分，在各级各类教育机构中处于政治核心地位，担负着全面贯彻落实党和国家各项方针、政策，坚持社会主义办学方向，团结带领广大教职工完成培养社会主义事业的建设者和接班人的艰巨任务。教育工会与教育党组织的关系，决定着教育工会工作的前进方向。

（一）教育党组织要切实加强和改进对教育工会工作的领导

从工会产生之日起，各种政治势力就从未停止过对工会领导权的争夺。教育党组织作为中国共产党设立在教育系统的组织，必然要牢牢把握对教育工会组织的领导权，以充分发挥教育党组织在教育改革发展中的政治核心作用，保证党的教育方针得到真正有效的贯彻和落实。为此，教育党组织必须以高度的政治自觉，不断加强和改进对教育工会组织的领导，使教育工会组织始终坚持正确的政治方向，同党在政治上、思想上、行动上保持高度一致。教育党组织对教育工会组织的领导主要是思想政治领导，集中体现在政治路线、政治方向、政治原则、重大决策等方面的领导。首先，教育党组织要通过协商、推荐教育工会主要负责人，帮助教育工会组织配备好领导班子。其二，要将教育工会工作列入党组织的议事日程，建立定期讨论工会工作的制度，认真研究工会工作中的重大问题，指导工会贯彻落实党的路线、方针、政策，特别是党的教育方针。其三，要通过在教育工会工作的党员的模范作用，使党组织的主张经过工会的民主程序，变成工会的决议和广大教职工的自觉行动。其四，要协调好教育工会与教育行政及其他群众组织之间的关系，引导教育工会组织自觉维护教育行政组织依法行政，自觉维护教职工的安定团结。最后，要坚持以“党建带工建”，将教育工会组织建设纳入党建的重要内容，与党建工作同安排、同部署，充分依靠基层党组织的力量和作用，支持教育工会组织创造性开展工作。

（二）教育工会组织要自觉地接受党组织的领导

坚持中国共产党对工会的领导，这是中国工会必须坚持的根本的政治原则。首先，教育工会组织要在思想政治上自觉接受党的领导。教育工会要坚持把马克思主义及其中国化的理论成果作为指导思想，坚持把为社会主义、共产主义奋斗作为理想信念，进一步增强政治意识、大局意识、责任意识、忧患意识；认真贯彻执行党的纲领和路线方针政策，始终牢牢把握正确的政治方向，不断增强政治敏锐性和政治鉴别力，在事关政治方向和重大原则问题上保持头脑清醒和立场坚定；切实承担起教育工会的政治责任，把广大教职工的思想和行动统一到党的决策部署上来，把智慧和力量凝聚到实现党确定的各项任务上来，在思想上、政治上、行动上与党保持一致。其二，要在组织上自觉接受党的领导。坚持实行同级党组织和上级工会双重领导、以同级党组织领导为主的原则，重大问题及时向党组织请示汇报；加强教育工会组织特别是领导班子的建设，通过教育工会内部党组织的领导核心作用、战斗堡垒作用和共产党员先锋模范作用，认真贯彻和体现党的意志、方针和政策，使党的主张经过工会的民主程序，成为教育工会组织的决议和广大教职工的自觉行动。其三，要在行动上自觉接受党的领导。教育工会要通过更加积极主动和富有创造性的工作，把依照法律和工会章程独立自主开展工作同自觉接受党的领导结合起来，把实现党的主张同反映教职工的愿望结合起来，把维护教职工群众具体利益同维护全国人民根本利益结合起来，把维护教职工合法权益同教育引导教职工结合起来，使党的决策和要求真正变成教职工群众的自觉行动。

二、教育工会与教育行政组织的关系

教育行政组织泛指对国家和社会教育事务进行管理的社会组织，既包括行使国家权力的教育行政部门，也包括社会教育机构内部事务的管理机关。教育工会与教育行政组织之间的关系，决定着教育工会工作的主要内容。教育工会与教育行政组织之间必须相互尊重、相互支持、相互协商、相互监督。

（一）教育工会与教育行政组织之间要相互尊重

教育工会与教育行政组织之间是一种相对独立和平等的关系。教育工会作为教职工的群众组织，依法具有独立的社团法人资格。教育工会组织与教育行政组织、作为工会法人代表的工会主席与教育机构法人代表的管理者，形成一种相对独立的法律关系，双方具有平等的法律地位。诚然，作为职工的教育工会会员必须服从教育行政组织的管理，但作为会员联合体的教育工会组织却不是教育行政的附属组织或职能部门，而是按照《中国工会章程》依法建立并独立开展活动的社团法人组织。教育行政组织要尊重教育工会在组织上的独立性和在工作中的自主性。首先，教育行政组织不能规定教育工会组织内部的机构设置，更无权撤销教育工会组织等等。其二，教育工会领导班子和干部不能由教育行政组织任命，而只能由会员民主选举产生。其三，教育行政组织不能任意支配和处置教育工会组织的合法财产和经费。教育工会组织的合法资产归教育工会组织所有，教育工会组织的经费由教育工会组织自己管理。

（二）教育工会与教育行政组织之间要相互支持

教育工会与教育行政组织之间是一种相互合作和支持的关系。教育工会与教育行政组织都是我国教育管理体系中不可或缺的组成部分，在根本上存在着同一性。首先，根本性质相同，它们都是中国工人阶级的政治组织，都以维护中国工人阶级的利益为己任。其二，领导核心相同，都以中国共产党为自己的领导核心，都自觉地接受和维护中国共产党的领导。其三，奋斗目标相同，都致力于推动社会主义教育事业的发展和办好人民满意的教育，都体现着中国工人阶级对国家教育事务的管理。

其四，依靠力量相同，都以教职工队伍为自己的基本依靠力量。教育工会与教育行政组织之间相互合作，彼此支持。一方面，各级教育行政组织积极支持教育工会组织开展活动，并从具体制度和措施上确保教育工会组织有稳定的经费来源和基本的工作条件，是教育工会组织强大的后盾和保障。另一方面，教育工会通过自己庞大的组织网络，广泛开展各种有影响力的群众性活动，有效地团结、引导和组织教职工不断提高政治觉悟和业务能力，认真落实教育行政组织的各项决策及工作部署，是教育行政组织最可靠的同盟和伙伴。

（三）教育工会与教育行政组织之间要平等协商

教育工会与教育行政组织之间以广泛沟通和平等协商的方式展开工作。《中国工会章程》规定："中国工会在企业、事业单位中，按照促进企事业发展、维护职工权益的原则，支持行政依法行使管理权力，组织职工参加民主管理和民主监督，与行政方面建立协商制度，保障职工的合法权益，调动职工的积极性，促进企业、事业的发展。"按照这个要求，教育工会组织不仅要支持教育行政组织依法行使管理权力，同时要与教育行政组织方面建立协商制度。教育工会组织与教育行政组织之间的工作必须以协商方式进行，教育行政组织不能支配、安排、指挥教育工会组织，而只能通过沟通和协商来获得教育工会组织的支持和配合。各级教育工会与教育行政组织之间的联席（联系）会议制度是当前最为重要的一种沟通协商制度。通过联席（联系）会议制度及其他形式，教育工会与教育行政组织进行了广泛沟通和平等协商，有效地维护了教职工群众的切身利益，促进了我国教育事业的科学发展。

（四）教育工会与教育行政组织之间要相互监督

《劳动法》第八十八条规定："各级工会依法维护劳动者的合法权益，对用人单位遵守劳动法律、法规的情况进行监督。"《工会法》第六条具体规定："工会依照法律规定通过职工代表大会或其他形式，组织职工参与本单位的民主决策、民主管理和民主监督。"第十九条规定："企业、事业单位违反职工代表大会制度和其他民主管理制度，工会有权要求纠正，保障职工依法行使民主管理的权利。"《教育法》第三十条也明确规定："学校及其他教育机构应当按照国家有关规定，通过以教师为主体的教职工代表大会等组织形式，保障教职工参与民主管理和监督。"《学校教职工代表大会规定》第七条规定，学校教代会“按照有关工作规定和安排评议学校领导干部”，“通过多种方式对学校工作提出意见和建议，监督学校章程、规章制度和决策的落实，提出整改意见和建议”。国家法律和法令明确赋予了教育工会对教育行政组织进行监督的权力。

第三节　教育工会独立自主地开展工作

教育工会独立自主地开展工作，是教育工会性质、地位和作用及其与教育党政组织之间相互关系展开的内在要求。了解和把握教育工会独立自主地开展工作的原则、内容和方式，不仅可以深化对教育工会性质、地位和作用及其与教育党政组织相互关系的认识，而且可以进一步增强坚持走中国特色社会主义工会发展道路的自觉性。

一、教育工会独立自主地开展工作的基本原则

教育工会组织必须坚持在中国共产党的领导下，依照国家宪法、法律和工会章程独立自主地开展工作。这不仅是坚持走中国特色社会主义工会发展道路的基本要求，实际上也是教育工会独立自主地开展工作的基本原则。

（一）坚持在宪法和法律规定的范围内活动

教育工会组织必须遵守和维护宪法，以宪法为根本的活动准则。宪法是我国的根本大法，具有最高的法律效力，中国境内的一切个人和组织都必须在宪法规定的范围内进行活动。教育工会必须以宪法为根本的活动准则，在宪法规定的范围内开展活动，遵循宪法规定的基本原则。同时，其他各种法律都是中国工人阶级利益和意志的集中体现，是全国各族人民共同意愿和根本利益的集中体现，是经过国家制定和认可、对社会全体成员具有普遍约束力的行为规则。教育工会必须依照《工会法》、《教育法》、《劳动法》以及与工会及工会会员相关的法律、法规、政策独立自主地开展工作，这也是教育工会组织开展活动必须遵循的重要准则。

（二）坚持依照《中国工会章程》独立自主开展工作

坚持依照《中国工会章程》独立自主地开展工作，这是教育工会的

基本遵循。《中国工会章程》是依据宪法、法律和党的路线、方针、政策，依据工人阶级群众组织的特点和广大职工的愿望、要求制定的。教育工会组织独立自主地开展工作，最首要的要求就是必须承认统一的《中国工会章程》，这是教育工会独立自主地开展工作的基本前提。教育工会作为中国工会不可或缺的组成部分，是中华全国总工会领导下的产业工会组织，当然必须承认《中国工会章程》并坚持依照其独立自主地开展工作。教育工会独立自主开展工作的关键，就在于各级教育工会组织要坚持按照自己的性质和特点，高度发挥自己的创造性和主动精神，敢于和善于发挥自己特有的社会职能和作用。

二、教育工会独立自主开展工作的主要内容和方式

教育工会独立自主地开展工作，实质上就是在党的领导下，按照教育工会组织的性质及特点，依法开展各项活动。具体来说，主要表现在以下几个方面：

（一）以服务服从于教育事业发展大局的方式来推动经济社会科学发展

服务服从于教育事业发展的大局，这是教育工会独立自主开展工作的首要内容和方式。在社会主义中国，广大教职工的利益同国家的前途命运紧密联系在一起。所谓国家利益，就是全国人民的总体利益，归根结底也是广大教职工的根本利益。只有国家综合国力得到增长，广大教职工的利益才能得到保障；如果国家利益受到损害，广大教职工的利益也必然受到影响。教育工会组织必须坚持服务服从于国家和教育事业发展大局，广泛动员和组织教职工自觉地以主人翁态度努力完成教育、教学、科研、生产任务，深化教育改革，全面推进素质教育，不断提高教学质量和办学效益。首先，教育工会组织要积极宣传贯彻党的路线、方针和政策，把教职工的思想行动统一到党的决策和部署上来。当今时代，实现中华民族伟大复兴的中国梦，既是全党全国工作的大局，也是我国工人运动的时代主题。教育工会工作就是要按照这个大局来谋划，按照这个主题来展开。其二，大力开展以教学竞赛为基本形式的劳动竞赛，团结和动员广大教职工为经济社会的科学发展建功立业。其三，提高教师师德水平和业务能力，努力办好人民满意的教育。其四，发挥先进模范人物的作用，进一步激发广大教职工的工作积极性和创造性。

（二）以广泛参与、合作协商的方式来维护教职工的合法权益

依法维护教职工的合法权益，这是教育工会独立自主地开展工作的核心内容和方式。教育工会组织按照法律赋予的权利，代表和组织教职工广泛参与国家政治、经济、社会事务和学校教育事业的管理，以合作协商的方式来广泛参与处理社会事务以及与教育行政组织的关系，依法维护教职工的合法权益。首先，广泛参与决策。教育工会通过与教育行政组织召开联席会议制度等形式，全方位、多层次地进行源头参与，依法协商解决教职工的利益诉求。其二，有序参与管理。认真履行学校教职工代表大会工作机构的职责，努力推进学校民主管理制度的发展。其三，加强民主监督。积极推动教育政务公开和校务公开制度，深入开展教职工民主评议干部工作。

（三）以开展生动活泼的群众性活动的方式来实现对教职工的团结和引导

开展丰富多彩、生动活泼的群众性活动，这是教育工会独立自主地开展工作的基本内容和方式。工会不同于党政组织，不是依靠统一的部署、统一的纪律和行政命令来开展工作，而必须通过生动活泼、丰富多样的活动来实现对广大职工的吸引、团结、教育和引导，来履行自己的职责。所谓“寓工作于活动之中”、“寓教育于活动之中”，就是各级工会组织在长期实践中得出的基本工作经验。教育工会组织要大胆谋划，精心组织，把各项群众性活动开展好。首先，活动要紧扣时代主题。按照时代发展的要求，深入开展各种主题实践活动，唱响发展旋律，展现时代精神。其二，活动要体现社情民意。深入调研，认真倾听教职工的呼声和要求，做到想教职工之所想，解教职工之所需，谋教职工之所求，以多样化的群众性活动不断满足教职工的物质精神文化需求。其三，活动要实现活泼灵动。要因地、因校、因事、因人制宜，广泛开展丰富多样、生动活泼的群众性活动，把广大教职工吸引和团结在一起。

（四）以互助帮扶的方式来为教职工办好事、做实事、解难事

为教职工办实事、做好事、解难事，这是教育工会独立自主地开展工作的具体内容和方式。作为教职工群众合法权益的代表者和维护者，教育工会组织理应真实反映教职工的意愿，满足教职工的需求，解决教职工的困难，保障教职工的利益。教育工会组织要充分认识为教职工办实事的重要性和紧迫性，把办实事作为密切党和教职工联系的重要载体、

维护教职工权益的有效途径、促进教职工队伍建设的有力措施来抓。要进一步加强服务工作体系和机制建设，建立教职工服务或互助中心，通过提供基本生活救助、子女入学救助、大病医疗救助、职业培训、法律援助、政策服务和精神文化帮扶等方式，积极为教职工群众排忧解难。同时，大力开展教职工互助保障活动，把广大教职工组织起来，集众人之力，解一人之难，充分展示工人阶级团结互助的博大胸怀，让教职工真正感受到教育工会组织的关爱和温暖。

（五）以民主治会的方式来处理教育工会内部事务

依照法律和工会章程加强自身建设和内部治理，这是教育工会独立自主开展工作的基础。中国工会第十六次全国代表大会报告提出：“工会工作要与时代同步伐，就必须深化改革、勇于创新，把自身建设摆在更加突出的位置，推进工会工作群众化、民主化、制度化、法制化，努力建设学习型、服务型、创新型工会。”教育工会要坚持以教职工为本，坚持以民主方式处理教育工会内部事务，坚持教职工群众组织的事情由教职工群众自己办，努力推动教育工会工作群众化、民主化、制度化和法制化。首先，实行会务公开，保障教职工会员群众对教育工会组织的一切事务享有知情权。其二，实行民主决策，保障教育工会的活动充分尊重和体现教职工会员群众的意愿。要建立完善教职工会员群众共商共决教育工会工作机制，充分发挥作为权力机构的同级会员代表大会的作用，完善工会委员会、常委会工作制度，积极稳妥地推进基层学校工会主席直接选举工作，有效实行民主决策和民主参与。其三，实行民主监督，建立健全教职工评判和监督教育工会工作的机制，让广大教职工对教育工会的工作实行监督，对教育工会的活动进行评价，努力把教育工会组织建设成为教职工群众真正信赖的“教职工之家”。

第三章
教育工会的维权工作

坚持维护职工合法权益是中国特色社会主义工会发展道路的关键。它体现了中国工会的性质，反映了党的要求和职工群众的愿望。习近平总书记在同全总十六届领导班子集体谈话时指出，保障职工群众经济、政治、文化、社会权益是我国社会主义制度的根本要求，是党和国家的神圣职责，也是发挥广大职工群众积极性、主动性、创造性最重要最基础的工作。工会要赢得职工群众信赖和支持，必须做好维护职工群众切身利益工作，促进社会公平正义。中国工会十六大报告中强调："各级工会组织围绕全面深化改革的新要求、全面建成小康社会的新任务，要着力激发广大职工创造活力，引导广大职工积极践行社会主义核心价值观，汇聚起为实现中国梦奋斗的正能量；切实维护和发展职工权益，构建服务职工工作体系；大力发展和谐劳动关系，促进社会主义和谐社会建设；不断强化源头参与和制度创新，增强工会工作的法制基础和制度保障；积极加强和改进工会自身建设，打造深受职工群众信赖的'职工之家'，努力开创工会工作新局面。"这对进一步明确教育工会在新的历史时期肩负的责任，加大教育工会代表和维护教职工合法权益的力度，调动广大教职工的积极性和创造性，推动教育工会组织自身的改革和建设，无疑具有十分重要和深远的意义。

第一节　维护教职工合法权益是教育工会的基本职责

中国工会始终重视维护职工利益，2001 年 10 月由全国人大常委会重新修订的《工会法》明确规定："维护职工合法权益是工会的基本职责。工会在维护全国人民总体利益的同时，代表和维护职工的合法权益。"这为工会的维护工作提供了坚实的法律基础。教育工会的各级组织要以《工会法》为依据，建立健全工会维权机制，牢固树立社会主义工会维权观，做到"主动维权，依法维权，科学维权"，为构建和谐校园、和谐社会充分发挥工会的作用。

一、教育工会组织在维护教职工合法权益中的主体作用

由于历史原因，在传统的干部人事制度体制下，作为职工自愿结合的群众组织的工会往往被视为隶属于学校或者教育行政机构的一个工作部门，不自觉地失去了法律上的主体地位，由此便形成了"工会机关化、行政化"的思维惯性和行为惯性。但随着我国教育改革的深化，各类学校教师聘用制度的展开，尤其是民办学校的不断涌现，教育工会组织必须将维护教职工合法权益作为工会组织的基本职责和一切工作的出发点，在权益维护中发挥教职工利益代表者的作用，否则将导致教育工会组织的"角色错位"。

首先，工会靠"组织起来"的力量方可做到"切实维权"。通过对教师法律权利的考察，可以发现教师的法律权利更多是概括性的权利，教师的具体权利主要由教师与学校所签订的聘用合同来约定。而在合同订立、履行乃至合同争议中，教职工个体与作为管理者的学校相比，明显处于弱势地位，因此存在教职工权利被侵犯的可能。尽管教师可以通过个体的行为维权，但这种个体性维权的实际效果并不理想，作为阶级性、群众性、产业性高度统一的教育工会组织，具有法律的、组织的和专业的资源上的优势，能够更好地维护教师权益。

第二，工会维权是一种组织义务。教职工加入工会组织除了寻求情感上的归属感外，更重要的是寻求权益保障上的归属感或从业的安全感。教职工自愿申请加入工会组织，履行遵守章程和缴纳会费的义务，与这种履行义务对应的是工会作为组织提供的维权服务，是教职工可以通过工会组织这个途径行使管理权、决策权、监督权并获得救助权，当个体合法权益遭受侵害时，寻求组织救助。因此各级教育工会组织的首要职能就是满足教职工这种需求，这是教育工会组织存在的最基本的法理基

础。我国各级学校进行人事聘用制度改革以来，越来越多的矛盾不断显露，例如教职工与学校的矛盾、教职工与教育行政管理部门的矛盾，这些矛盾无不包含着教师的权益问题。在这些矛盾的旋涡中，教育工会组织能否坚守并发挥维权的主体地位，是对工会组织的巨大考验。

第三，工会维权是一种法律义务。教育工会组织维护教职工权益具有法律基础和组织基础。维护教职工权益是工会组织的基本职责，这种法律上的理由使教育工会组织具有维护职工权益的合法性，这种合法性可以形成对学校或教育行政部门的制约。在学校与教师的关系越来越趋向于劳动关系的情况下，教育工会组织理所当然地成为教职工利益的代表者。教育工会在民主管理、劳动报酬、劳动保护、社会保障、工作时间与休息时间、劳动争议等方面有权代表和维护职工合法权益，代表教职工与学校就教师权益问题进行平等协商，运用《工会法》、《劳动法》、《劳动合同法》赋予的法律手段维护教师权益。

二、教育工会权益维护的基本任务

《中华全国总工会关于加强协调劳动关系、切实维护职工合法权益、推动建立社会主义和谐社会的决定》提出要维护职工的七项权利：职工劳动就业权利、职工获得劳动报酬权利、职工社会保障权利、职工劳动安全卫生权利、职工民主权利、职工精神文化权利、职工社会权利，概括起来就是政治、经济、文化、社会四个方面的权益，这为各级工会开展维权工作提供了行动上的规范。教职工的合法权益包括作为公民的一般权利和作为教职工的具体权利。与其他产业相比，教职工的合法权益又具有其特殊性，概括起来有以下几个方面：

（一）教职工的劳动权利

劳动权利是教职工最基本的权利。《劳动法》规定：劳动者享有平等就业和选择职业的权利、取得劳动报酬的权利、休息休假的权利、获得劳动安全卫生保护的权利、接受职业技能培训的权利、享受社会保险和福利的权利、提请劳动争议处理的权利以及法律规定的其他劳动权利。具体就是教职工的上岗受聘、职务评聘、工资福利、住房分配、医疗保障、业务进修与培训等权利。我国《教育法》、《义务教育法》也对保障教师工资福利（包括特殊教育教师的特殊岗位津贴、农村学校教师的任教津贴）和社会保险待遇，对教师的平均工资水平、医疗保障水平应当不低于当地公务员的水平作出明确规定。近年来，我国一些省市在规定教师待遇方面作出了有益的尝试。事实上，我国公办学校教师的工资标准和社会福利也是参照公务员标准制定的。但是随着民办学校的不断出现，民办学校教师的工资福利保障问题也逐渐凸显出来。《教师法》第三十二条规定："社会力量所办学校的教师的待遇，由举办者自行确定并予以保障。"这表明，民办学校的教师工资福利情况不受《教师法》的规范，也就意味着民办学校教师的工资福利保障面临更大的不确定性。

（二）教职工的民主权利

教职工的民主权利包括教职工的民主管理和民主监督权利，同时还应包括教职工参与社会和学校的事务管理的权利。我国已有比较完备的法律来保障教职工行使参与学校管理的权利。《工会法》第六条规定："工会依照法律规定通过职工代表大会或者其他形式，组织职工参与本单位的民主决策、民主管理和民主监督。"《工会法》第十九条规定："企业、事业单位违反职工代表大会制度和其他民主管理制度，工会有权要求纠正，保障职工依法行使民主管理的权利。法律、法规规定应当提交职工大会或职工代表大会审议、通过、决定的事项，企业、事业单位应当依法办理。"《工会法》第五十三条规定，"妨碍工会组织职工通过职工代表大会和其他形式依法行使民主权利的"，" 由县级以上人民政府责令改正，依法处理"。此外，我国《宪法》、《劳动法》、《劳动合同法》、《教育法》、《教师法》、《高等教育法》、《民办教育促进法》和教育部《学校教职工代表大会规定》都明确规定了学校通过以教师为主体的教职工代表大会等组织形式，依法保障教职工参与民主管理与监督，维护教职工合法权益。教育工会维护教职工民主权利的一切活动，都是围绕保障教职工对学校事务实行民主管理、参与学校的重大决策，对学校领导及职能部门进行民主监督的有效实施来进行的。这是教育系统认真贯彻落实党的全心全意依靠教职工办学的指导方针的重要途径。

（三）教职工的精神文化权益

以知识分子为主体的教职工是一个特殊的劳动者群体。在当前形势下，学校民主政治建设不断进步，教职工的物质生活水平不断提高，因而对先进精神文化的需求也必然会日益增强，精神文化品位必然进一步提升。不断满足广大教职工日益增长的物质文化需要，维护教职工的精神文化权益是稳定教师队伍、团结教职工推动学校发展的凝聚工程。教职工的精神文化权益主要是保障教职工的学习权、发展权。教师有权从事科学研究、学术交流、参加专业的学术团体、在学术活动中充分发表意见、参加进修或者其他方式的培训，教育工会要协助和督促学校行政因地制宜地改善教育、教学、科研、办公条件，创造良好的工作环境；营造健康的学术氛围，尊重和研究教职工心理特征，保护他们的教学、科研创新成果；协助学校行政搞好教职工的继续教育，不断加强教职工素质建设，为教职工的进修学习创造条件；建好教职工之家，增进教职工身心健康。

（四）女教职工的特殊权益

当前在我国教职工队伍人员构成中，女教职工占有相当大的比重，在中小学校和幼儿园中尤为明显。因此，保护女教职工的特殊权益，调动女教职工的积极性，发挥女教职工的优势，在教育工会维护工作中有着相当重要的地位。根据我国《宪法》第四十八和四十九条关于保护妇女和母亲的规定，《劳动法》、《女职工劳动保护特别规定》以及女职工禁忌从事的劳动范围的相关规定，使得用人单位在女教职工“三期”内的部分用人或管理权受到一定约束和限制。比如，在女教职工“三期”内，单位不能随意解除或终止合同，即使遇有“三期”时间与合同期限重叠或更晚的，也应将合同自动顺延至“三期”期满为止；对此，女教职工“三期”期满后要求恢复工作的，用人单位不能以没有职位或岗位等理由，拒绝为其安排工作。此外，为减轻女教职工的负担，还要在人员编制上有机动余地，适当降低处于“三期”的女教职工的工作量。特别是进行职称评定时，不得歧视处于“三期”的女教职工。

（五）非事业编制人员的特殊权益

当前，学校人事制度改革突破了传统的计划体制束缚，转型背景下学校的用人法律关系呈现多层次、多元化特点，学校内部成员与学校之间的法律关系由过去单一的人事关系向包括与非事业编制的劳动者签订劳动合同与学校建立劳动关系，或是通过签订劳务合同或以劳务派遣形式服务于学校的劳务关系转变。由于存在劳务派遣工同工不同酬，同岗不同待遇，身份差别、前途不明等情况，进而影响工作的积极性，2012

年12月28日十一届全国人大常务委员会第三十次会议通过了对《劳动合同法》的修改决定，对工会更好地代表和维护广大职工（包括劳动合同制和劳务派遣职工）的合法权益提出新的要求。修正案规定，对于被派遣劳动者针对同工同酬问题以及其他违反《劳动合同法》行为，向用人单位或用工单位提出权利利益主张的，工会应当依法代表劳动者维护其权利。要求工会应当将被派遣劳动者同工同酬原则的落实纳入到企业或行业集体协商之中，敦促用人单位和用工单位的诚实履行。对于吸纳被派遣劳动者入会的工会组织，应当积极探索平衡劳动合同制职工与劳务派遣职工之间的利益矛盾。教职工代表意见的形成和确立，应当畅通被派遣劳动者的诉求渠道，以保障被派遣劳动者的话语权。当发生用工单位与用人单位承担连带责任的情形时，基层工会之间应当协同配合，维护被派遣劳动者的合法权益。

第二节　维护教职工合法权益应遵循的基本原则

教育工会维护教职工合法权益的原则是由教育工会组织性质所决定的，在具体工作中坚持正确原则，不仅是对教育工会维权工作方向的把握，同时也是对教育工会维权工作行为的规范。

一、准确把握教育工会组织的职责定位

工会要顺应社会发展的要求，认真贯彻落实科学发展观，实现科学维权，首先需要对自身的组织定位与角色要求有科学清醒的认识。只有正确的职能定位，恰当的角色意识，合法的工作途径，有效的工作措施，才能取得良好的维权工作效果。在当前劳动关系矛盾日益突出的形势下，构建和谐稳定的劳动关系，促进和谐校园建设，应当成为教育工会维权工作乃至整个工作的主线。因而在协调劳动关系方面，教育工会的角色定位可表述为：教职工的团体代表者，教职工诉求的表达者，提高教职工素质的组织者，教职工参与学校民主管理的引导者，劳动关系矛盾的调解者，劳动法律执行的监督者，劳动关系的预警者。

在新形势下，重新审视教育工会组织的自身定位，应强化其教职工

利益代表和维护者的身份的社会属性。当前尤其要强化教育工会作为社会服务组织这一角色，因为教育工会只有在为教职工服务当中发挥其应有的社会功能，切实让广大教职工群众感受到它存在的价值与自身利益的关联作用，才能增强教育工会组织的凝聚力与影响力。因而，教育工会组织要着力于《工会法》的职能定位，让广大教职工群众认识到它是站在教职工群众角度说话并为他们解决实际困难和问题的，是可以信赖的“娘家”组织，使教职工有困难和问题时能想到去找工会求助，避免采取某些过激的问题解决方式。这些都需要教育工会干部转变观念，提升能力，在服务教职工中要有实际成效，从而得到教职工的广泛认同。

另外，教育工会组织应重点深化“维护”职能，要加强对新形势下工会工作对象、领域、体制、机制、方式和环境等问题的研究，从理论与实践的结合上探索教育工会工作的内在规律；要增强教育工会工作的系统性、层次性和适应性，提高工会组织的吸引力、凝聚力和影响力；要通过加强对教育工会维权规律的研究，探索建立维权工作的基本原则和奖惩机制，增强工会活力。对基层教育工会组织来说，要加快从活动型、福利型工会向服务型、维权型工会的转型，增强工会维权工作的实效性。

二、努力做到主动依法科学维权

工会维权观要求各级工会努力做到主动维权、依法维权和科学维权。主动维权是做好维权工作的前提，是工会履行职责的态度和要求；依法维权是做好维权工作的途径，是工会履行职责的根本手段；科学维权是做好维权工作的保证，是工会履行职责的科学方法。三者之间是相互联系、相互作用的。

工会维权观还主张建立健全科学有效的利益协调、诉求表达、矛盾调处、权益保障四种机制，这是做好维权工作的重要途径。在四种维权机制中，针对劳动关系和社会利益关系，工会的定位是加大参与力度，组织和代表职工参与协调，重在参与、协调；针对职工的诉求和利益表达，工会的定位是提供服务、积极反映、规范行为，以畅通信息渠道，重在服务和反映；针对劳动争议和劳动关系矛盾，工会的定位是在法定的解决渠道中发挥作用、妥善处理、化解矛盾，重在依法和化解；针对职工权益保障，工会的定位是认清重点、尽心竭力为职工说话办事、增强实效，重在尽心和务实。所以，透过维权机制建设的内涵，我们不难看出，工会在“工会维权观”中给自身的职责定位是职工群众的服务者、组织者、代言人和职工群众利益的代表者、协调者、维护者。

理解中国特色工会维权观，关键是要把握好科学维权这一统领性的工作主题。所谓科学维权，主要是指工会在维权过程中，在科学理论指导下，自觉探寻、认识维权规律，并按维权工作规律进行维权，从中体现出尊重维权客观实际、遵循维权规律的精神，摈弃经验维权的传统工作套路，通过对具体维权经验的概括总结，并在此基础上进行深度的理论反思，形成更具有科学精神的维权方式和理性原则，从而提高维权的科学化水平。因而科学维权本身就包含着以人为本的工作理念和主动、依法维权的工作方法，就是要明确教育工会开展一切工作始终以教职工为中心，进一步维护教职工利益与尊严，保障教职工基本权利，促进人的全面发展，不断增强维权工作的吸引力和影响力。科学维权强调维权要讲究方式方法，要处理协调好各方面关系以提高维权工作的质量和水平，要对教职工合法利益主动加以表达、争取，并且通过各种合法途径加以维护。维权内容的全面性和复杂性，要求维权方式和手段要多样化并且具有灵活性，应注意维权的形式和方法要随着维权对象的变化而变化。

三、切实把握好四个关系

近年来，各级工会从经济社会发展实际出发，解放思想，求真务实，大力加强维权机制建设，把维护职工合法权益贯穿于工会工作的各个方面，取得了一定成效。深入思考当前的维权工作，以构建更加科学有效、针对性更强的维权体系，可重点从以下几个方面来把握：

一是在指导思想上注意把握总体维护与具体维护的关系。工会干部要自觉把维权工作放在全局中去思考，坚持维护全国人民总体利益与维护职工群众具体利益相统一，在总体维护的框架内搞好具体维护，在具体维护中实现总体维护。特别是随着改革的不断深入，虽然各项改革总体上都是为了增进人民的福祉，但具体操作起来也必然会涉及一些职工利益的调整。这就要求各级教育工会组织在积极维护教职工合法权益的同时，也要配合党组织深入做好思想政治工作。要把着眼点放在调动广大教职工的积极性、主动性和创造性上，把着力点放在促进学校发展上，从根本上长远上维护教职工群众利益。在维护总体利益的同时，要更好地维护具体利益。对教职工群众最关心最直接最现实的利益问题、最困难最操心最忧虑的实际问题要经常抓、反复抓、深入抓，做到从大处着眼，从细处入手，切实做好维权这一最重要、最基础的工作。

二是在力量布局上注意把握全面维护和重点维护的关系。全面维护，就是要维护全体教职工的经济、政治、文化、社会和生态文明权益，这是教育工会履行基本职责的要求，是工会组织群众性的体现，也是广大职工对工会的期盼。重点维护，就是要抓住主要矛盾和矛盾的主要方面，突出维权的重点内容和重点对象。从内容看，工资收入、体面就业、社会保障、劳动争议矛盾等都是教职工最关切、最现实、最敏感的问题。教育工会要把维护教职工的劳动经济权益放在最基本的地位，重点推动解决教职工在劳动就业、技能培训、收入分配、社会保障、安全卫生等方面的问题。从对象看，一线教职工、非事业编制教职工、困难教职工等是最需要维权、最需要帮扶的群体。教育工会在维权工作中要高度重视、特别关注这些教职工群众，做好雪中送炭的工作。当他们的生活遇到困难时，工会要伸出援手，千方百计帮助他们解决问题；当他们的权益受到侵害时，工会要挺身而出，旗帜鲜明地维护他们的利益，让困难职工共享发展成果和改革红利。要适应创新和加强社会管理的新要求，加快职工服务中心建设，实现维权工作的有形化，叫响并实现“职工有困难找工会”的目标。

三是在方式方法上注意把握机制维权与个案维权的关系。我国劳动法律体系逐步完善，工会维权实现有法可依，做到有法必依、违法必究，需要有效的机制和制度来实施。要不断提高工会维权工作的制度化、法制化水平，实现源头维权、政策维权。要抓住劳动关系建立、运行、监督和调处等重要环节，把建立健全劳动合同、集体合同、教代会等制度机制作为重要抓手，通过制度维权、机制维权，更好地维护职工群众利益。同时，要运用法律的手段，运用协调、协商的方法，加强个案维权。对于典型侵权案例，要举一反三。

四是在工作推进中注意把握锲而不舍与切合实际的关系。我国仍处于社会主义初级阶段，维权工作要适应这个基本国情。在锲而不舍抓维权工作的同时，提出的维权主张要符合我国经济社会发展水平和学校教育发展实际。对法律政策有明确规定的教职工权益，工会要理直气壮地推动落实；对教职工认为需要解决、但由于复杂历史和现实原因，一时难以解决的问题，要做好思想引导和矛盾化解工作。维护教职工权益，最终要靠发展的办法来解决。工会组织要引导职工群众发扬识大体、顾大局的光荣传统，有更宽的视野、更长远的眼光，正确认识和对待利益关系和利益格局的调整，正确处理个人利益与整体利益的关系，为改革发展稳定凝聚正能量。

总之，各级教育工会组织要借助、开发和整合各方面的资源，形成党委领导、行政重视、各方支持、工会运作、职工参与的维权工作格局，形成表达和维护广大教职工合法权益的合力，实现教育工会维权工作方式手段的多样化和维权效益的最大化。

第三节 教育工会履行维护职能的主要途径

教育工会履行维护职能的过程是一个复杂的过程，也是一项系统工程。建立健全行之有效的维权机制，是教育工会履行维护职能最重要也是最根本的途径。在当前人事制度下，教职工中既有事业编制人员，又有非在编人员；既有教学科研人员，也有行政管理人员，同时也有从事后勤服务的职工。维权的对象存在着不同的主体、不同的岗位设置以及不同的学历层次等情况，其对利益的诉求也不同。因此，在维权过程中，要结合实际情况，针对不同的对象，运用不同的政策，处理好不同的关系，这些对教育工会履行维护职能提出了更高的要求。

一、立足源头维护

源头维护是指教育工会组织通过多种渠道参与有关教职工切身利益的立法和政策制定，从法律、法规、政策上维护教职工权益。源头维护是一种根本性的维护，是党的政策和国家法律赋予工会组织的权利和职责。《中共中央关于加强和改善党对工会、共青团、妇联工作领导的通知》中指出：工会应当成为广大群众有组织、有纪律、有领导地参政、议政的民主渠道，各级政府应逐步建立和完善工会对政府工作民主参与的制度。这就为工会的源头维护提供了有力的政策依据。

我国的《宪法》、《工会法》等法律、法规也分别从工人阶级和工会的地位作用等方面，对工会参政议政作了具体规定。《工会法》第三十三条规定："国家机关在组织起草或者修改直接涉及职工切身利益的法律、法规、规章时，应当听取工会意见。"第三十八条规定："企业、事业单位研究经营管理和发展的重大问题应当听取工会的意见；召开讨论有关工资、福利、劳动安全卫生、社会保险等涉及职工切身利益的会议，必须有工会代表参加。"

源头维护应着重解决好两个问题：

一是组织参与。即教育工会作为一级组织应参加涉及教职工切身利益的改革和管理的有关工作。建立能够反映和维护教职工合法权益的正常的工作机制和渠道，正确贯彻实施党和政府的各项方针政策和具体措施。组织参与是源头维护的组织保证。各级教育工会和学校工会应该参加同级行政研究制定涉及教职工具体利益的政策，尤其重要的是要积极参加涉及学校内部的管理改革、工资分配、住房、福利等领导班子和工作班子，取得应有的发言权。从实践经验看，明确工会的组织参与有利于保证工会作为一级组织机构法定的参政议政权利，也有助于克服一些地区和单位仅凭工会主席个人资格或人际关系而参政议政的现象。

二是政策与立法参与。即教育工会组织参与教育事业的有关立法，尤其是涉及教职工具体利益的政策法规制定工作。在党和政府以及学校的各项管理和改革措施实施中，做到过程公开，条件公平，结果公正。政策参与是源头维护的核心。因为从客观上讲，各级政府和学校行政在制定有关教育改革方案、发展规则、管理办法时，由于所处位置不同，往往考虑问题的角度也不同而忽视了教职工的权利。这就要求教育系统各级工会组织在不同层次上参与各项涉及教职工权益的政策制定，在政策制定过程中代表和反映教职工的呼声和合理要求，使各级政府和学校行政出台的政策，具有严密的科学性和广泛的群众基础。

近年来，教育工会源头参与工作作为工会组织维权的根本途径，已经引起广泛的重视。市级以上教育工会已经在不同层级进行了大量的探索和实践，取得了一定的效果，总结了一些可贵的经验。一是贯彻落实

《学校教职工代表大会规定》以来，各地各级教育工会在制定或完善实施细则时，对学校教职工代表大会代表中各个阶层特别是一线教职工比例、教职工代表大会审议涉及教职工切身利益的重大事项的表决方式都做出明确的规定。二是建立工会参政议政制度。建立教育工会与同级教育行政部门联席（联系）会议制度、工会参与政策制定制度、工会出席有关会议制度、教育行政部门向工会通报工作制度，健全教代会制度、校务公开制度、学校人事关系三方协调制度等。三是建立政策执行的监督制度。教育工会充分发挥组织网络优势，监督教育行政部门和学校，把国家已有的涉及教职工权益的法律法规、政策落到实处。对在政策执行过程中发现的不尽完善之处进行认真研究，提出相应的对策和建议，及时向教育行政部门和人事部门反映，从而形成“政策—执行—监督—反馈—调整—完善”的良性循环。

二、强化民主监督

民主监督是指对各级政府机关特别是基层单位行使职权的过程实行群众监督，进而保证党和国家的方针政策的正确实施，保障教职工合法权益的落实。它是推进基层民主政治建设的重要内容之一。

工会履行监督职能具有充分的法律依据。《劳动合同法》第四条规定：“用人单位在制定、修改或者决定有关劳动报酬、工作时间、休息休假、劳动安全卫生、保险福利、职工培训、劳动纪律以及劳动定额管理等直接涉及劳动者切身利益的规章制度或者重大事项时，应当经职工代表大会或者全体职工讨论，提出方案和意见，与工会或者职工代表平等协商确定。在规章制度和重大事项决定实施过程中，工会或者职工认为不适当的，有权向用人单位提出，通过协商予以修改完善。”《劳动法》第八十八条规定：“各级工会依法维护劳动者的合法权益，对用人单位遵守劳动纪律、法规的情况进行监督。”

民主监督的主要渠道包括：一是建立健全教职工代表大会制度，组织教职工参与学校管理，充分发挥教职工代表的参政议政作用，特别是依照有关政策规章，落实教代会的讨论建议权、讨论通过权和评议监督权。二是在各级各类学校积极推行校（院）务公开，规范学校的管理行为，提高学校的管理水平，对学校领导干部的依法治教、依法行政及廉洁自律情况进行群众监督。三是工会代表教职工对行政执行政策实施监督，对执行政策中出现的偏差进行纠正，对少数领导人为个人利益侵犯教职工权益的行为进行坚决抵制和斗争。四是工会代表参加各级人大、政协会议以及利用工会信息渠道，在各个层面上反映教职工最关心的问题，促进相关部门采取积极措施加以解决。

三、促进社会保障

适应市场经济体制需要，建立以资金多渠道、保障方式多层次、权利义务相对应、管理服务社会化为目标的社会保障机制，是我国社会保障制度改革的总体方向。建立和完善社会保障机制，是在更大范围上保障教职工具体利益的一种新的、有效的形式。

教育工会组织在建立健全社会保障机制方面的主要做法：一是积极协助政府和教育行政部门建立和完善适应教育事业特点的社会保障机制。二是督促学校按照国家有关规定按时足额缴纳教职工的养老、失业、医疗、工伤、生育等保险基金。三是积极开展教职工互助补充保险和互助互济活动，从多方面维护好教职工的利益，为教职工构筑防范风险的第二道防线。四是积极筹措社会资金，向特困教职工提供重点帮助。

四、协调劳动关系

随着我国事业单位改革的推进和教师聘任制的实施，再加上非公教育机构的增加，教育系统内部的劳动关系也在不断发生变化，代表和维护好教职工群众的合法权益，解决好教职工最关心最直接最现实的利益问题，使教育工会的维护作用显得尤为重要。

教育系统劳动关系发生变化源于 2000 年中共中央组织部、人事部《关于加快推进事业单位人事制度改革的意见》的规定："全面推行聘用制度。破除干部身份终身制，引入竞争机制，把聘用制度作为事业单位一项基本的用人制度。"在事业单位人事制度改革的背景下，教师人事制度也朝着聘用制度方向改革。国务院《关于基础教育改革与发展的决定》明确指出："要建立'能进能出、能上能下'教师任用新机制。""实现教师职务聘任和岗位聘任的统一。"进入新世纪之后，人才优先发展逐渐上升为国家意志。学校人事制度改革突破了传统的计划体制束缚，转型背景下学校的用人法律关系呈现多层次、多元化特点。

当前，学校与其聘用的教职员工之间的法律关系主要为人事关系和劳动关系；一般而言，学校作为事业单位与其在事业编制内签订聘用合同的教职工之间所形成的社会关系即为人事关系；高校与非事业编制员工之间依照劳动法律所建立起来的社会关系即为劳动关系。此外，还有学校因临时聘用、离退休返聘等原因与部分人员建立的劳务关系，以及高校的校办企业员工与高校之间的双重法律关系。在转型时期，伴随着学校人事制度改革的深入，与学校劳动人事关系主体和利益分化相对应的，是因用人引起的各种纠纷的激增及复杂化。

社会和谐是中国特色社会主义的本质属性，劳动关系和谐是社会和谐的重要基础和具体体现。党的十六届六中全会强调，要切实尊重和保障包括工人阶级在内的全体人民的各项权益，建立党和政府主导的维护群众权益机制，完善劳动关系协调机制，发展和谐劳动关系。工会组织必须从这一特点出发，倡导和谐理念、立足和谐发展，善于通过协商协议、调解仲裁等途径，协助政府和有关方面通过法律、经济、行政等手段解决劳动关系矛盾，建立和发展规范有序、公正合理、互利共赢、和谐稳定的社会主义新型劳动关系。

对教育工会来说，加强劳动关系协调，要注意做好以下几个方面工作：一是积极指导教职工与学校签订有关聘用合同。在民办学校建立劳动关系平等协商制度，签订集体合同和做好工资集体协商工作。二是做好基层劳动争议的调解。随着改革的深入发展，学校人事分配自主权进一步落实，随之而来的必然是劳动争议的增加。在事业单位建立健全劳动争议调解制度，是管理行为法制化的必然趋势。对此，教育工会要积极会同行政建立学校劳动争议调解组织，研究劳动争议调解办法。根据教育人事制度改革形势的发展，加强对教职工的法律咨询服务，为教职工提供法律援助。三是强化典型案例的处理。典型案例一般是指严重侵犯教职工权益的事件，这种事件在处理过程中又存在种种困难和阻力，并且社会反响强烈，而对此类事件的处理具有一定示范效应。对典型案例的处理，要一抓到底，扩大工会维护职能的影响。

学校工会参与劳动人事争议调处工作。2009 年 1 月施行的《劳动人事争议仲裁办案规则》统一了劳动争议仲裁和人事争议仲裁的办案程序，打破身份限制，实现劳动者身份的平等。2010年1月实施的《劳动人事争议仲裁组织规则》则将劳动仲裁和人事仲裁的仲裁机构进行了最大限度的整合。可以说，在学校内部建立劳动人事争议调解委员会是依法维护教职工合法权益的重要形式。工会参与劳动人事争议处理中的作用主要是参与劳动争议协商、主持劳动争议调解、参加劳动争议仲裁、为职工提供法律咨询服务，同时还要努力做好劳动人事争议预防工作。要充分发挥工会组织的优势，把劳动人事争议解决在基层，化解在萌芽状态。

工会参与劳动人事争议协商的方式通常为三种：一是接受职工当事人投诉，就解决争议与用人单位交涉、协商、提出处理意见，促使争议在短时间、小范围内，经双方共同努力，求得较为圆满的解决。二是在发生争议后主动参与协商。工会在发现争议情况后，主动介入，自觉代表职工当事人与用人单位通过协商机制进行协商，使争议及时化解。三是通过用人单位建立的协商会议和平等协商制度进行协商。对发生的劳动争议特别是集体合同争议，工会应当及时与用人单位沟通情况，提出可行性处理意见，共商解决办法，并对争议的预防达成共识，做出具体规定。与此同时，还应督促和解协议的履行。

工会在劳动人事争议调解中的职责和作用：一方面，督促、帮助用人单位依法建立劳动人事争议调解委员会。另一方面，工会主持并参加劳动人事争议调解委员会工作。主要包括：对调解员无法决定是否受理的调解申请做出决定；对与受理的争议有利害关系的调解员做出回避决定；指派调解员调解劳动争议，主持召开调解委员会会议，研究确定调解方案；召集调解员、争议当事人双方参加的调解会议，依法主持调解；主持制定调解工作制度，进行规范化调解；组织调解员培训，提高其能力和水平；组织调委会开展劳动法律法规宣传教育、争议预防等工作。

工会参加劳动人事争议仲裁或诉讼的职责作用：工会作为职工利益的代表者，参加劳动人事争议仲裁委员会，参与劳动仲裁，有利于在仲裁程序中反映职工的利益要求，发表工会意见，维护职工合法权益，促进争议得到公正合理的解决。劳动人事争议诉讼是指当事人不服仲裁裁决提起诉讼后，人民法院依法对劳动争议案件进行审理的司法制度。工会在劳动争议诉讼中，应支持帮助职工当事人起诉；接受职工当事人委托担任诉讼代表人；督促生效法律文书的履行；代表职工参加集体合同诉讼。全国总工会颁布的《工会参与劳动争议处理试行办法》第二十四条规定："工会法律服务机构可以接受职工当事人的委托，代理职工参与劳动争议诉讼。"

同时，工会参加劳动人事争议仲裁或诉讼应注意：劳动人事争议是职工与用人单位之间因劳动权利和义务矛盾发生的公开争执。作为职工利益的代表者和维护者，工会在劳动人事争议仲裁或诉讼中，一是应当接受争议职工当事人的委托，不得放弃职守，塞责推诿；二是不得接受用人单位委托，代理其参加仲裁或诉讼，与职工当事人对簿公堂。

在教育改革不断深入的新形势下，教育管理、运行机制中的一些深层次问题逐渐凸现，越来越多的新情况、新问题、新矛盾摆在工会组织面前，如教育体制多元化后教职工与学校的关系问题；人事分配制度改革后产生的岗位竞争和就业压力问题；在应试教育向素质教育转变过程中暴露出的教育评价体系不适应等问题。教育工会组织要通过调查研究，促进这些问题的不断解决，达到对教职工切身利益的不断调整。

为此，要在三个方面下功夫。一是通过调查研究，及时发现和掌握带有共性的问题，也就是人们常说的热点、难点问题，抓住苗头、主动维护，有针对性地开展工作，避免矛盾的激化，消除不安定因素。二是切实加强政策、理论的超前研究，提高工会组织参政议政的水平和能力。当前，对各级教育工会组织来说，要十分重视对深化改革、推进素质教育中的一些政策理论的研究，及时探寻工会工作对策。三是认真总结推广全心全意依靠教职工办学、正确处理行政管理和民主管理关系、有利于保护和调动教职工积极性等方面的经验，树立正确典型，发挥示范作用。

第四章
教育工会与学校民主管理

所谓学校民主管理，就是指学校师生员工各群体成员和民主管理机构行使民主权利对学校公共事务的管理，是广大师生员工依据国家宪法、法律和有关法规，行使自己的民主权利，通过一定的形式和途径，直接和间接参与对学校事务的管理。民主管理是学校管理中的一种全过程、全方位的工作和活动，它伴随着学校管理的决策、计划、组织、指挥、协调和控制的各个环节，渗透到学校的发展战略、教学与科学研究、后勤保障、劳动人事和生活福利等各个方面。

第一节　学校民主管理的意义

学校民主管理属于基层民主建设和实践，是国家民主政治建设的重要组成部分。党的社会主义民主政治建设的要求，既是学校民主管理的重要依据，也是学校开展民主管理的主要推动力量。

学校民主管理历来为党和国家所重视。在我国的立法中，国家相应制定了一系列法律法规，从而使学校民主管理成为一项法律制度。

《中华人民共和国宪法》为学校实行民主管理提供了最高的法律效力依据。我国《宪法》第二条明确规定："人民依照法律规定，通过各种途径和形式，管理国家事务，管理经济和文化事业，管理社会事务。"《宪法》的这一基本精神，在学校就体现为国家保障教职员工的主人翁地位，赋予教职员工参与学校民主管理的政治权利。

《工会法》对职工民主管理作了系统的法律规范，对作为职工代表大会工作机构的工会如何组织职工依法实行民主管理，保障职工民主权利作了明确的规定。《工会法》第六条规定："维护职工合法权益是工会的基本职责。""工会依照法律规定通过职工代表大会或者其他形式，组织职工参与本单位的民主决策、民主管理和民主监督。"这是对我国长期民主管理实践经验的概括和肯定，体现了我国社会主义的性质，体现了我国对职工权益的全面保护。《工会法》第十九条规定："企业、事业单位违反职工代表大会制度和其他民主管理制度，工会有权要求纠正，保障职工依法行使民主管理的权利。法律、法规规定应当提交职工大会或者职工代表大会审议、通过、决定的事项，企业、事业单位应当依法办理。"在"法律责任"中，《工会法》第五十三条第一款规定："妨碍工会组织通过职工代表大会和其他形式依法行使民主权利的"，"由县级以上人民政府责令改正，依法处理"。这为工会组织带领职工在企事业单位开展职工民主管理工作提供了法律保障。

《教育法》、《教师法》、《高等教育法》等法律规定了广大教职员工参与学校民主管理的权利与地位。我国《教育法》第三十条规定："学校及其他教育机构应按照国家有关规定，通过以教师为主体的教职工代表大会等组织形式，保障教职工参与民主管理和监督。"《教师法》第七条第五款规定教师享有"对学校教育教学、管理工作和教育行政部门的工作提出意见和建议，通过教职工代表大会或者其他形式，参与学校的民主管理"的权利。《高等教育法》第四十三条同样明确规定："高等学校通过以教师为主体的教职工代表大会等组织形式，依法保障教职工参与民主管理和监督，维护教职工合法权益。"

一、学校实行民主管理的必要性

（一）建立和完善现代学校制度的内在要求

建立现代学校制度是新时期教育改革与发展的必然方向。《国家中长期教育改革和发展规划纲要（2010－2020年）》（以下简称《教育发展规划纲要》）第十三章"建设现代学校制度"指出："适应中国国情和时代要求，建设依法办学、自主管理、民主监督、社会参与的现代学校制度，构建政府、学校、社会之间新型关系"；"完善中国特色现代大学制度。完善治理结构"。《中共中央关于全面深化改革若干重大问题的决定》指出："完善学校内部治理结构"；"加快事业单位分类改革，加大政府购买公共服务力度，推动公办事业单位与主管部门理顺关系和去行政化，创造条件，逐步取消学校、科研院所、医院等单位的行政级别。建立事业单位法人治理结构”。

完善现代学校制度，建立学校法人治理结构的改革，特别是完善中国特色现代大学制度，对完善学校内部治理结构提出了更高的要求。中国特色现代大学制度的特征主要体现为党委领导、校长负责、教授治学、民主管理四个方面。从学校内部管理的微观层面上看，完善现代学校制度需要大力推进学校管理制度的改革，需要逐步改善学校行政职能，加强教师在学校管理中的作用。教职工代表大会制度是学校内部管理体制、内部治理结构的重要方面，是现代学校制度特别是现代大学制度的重要组成部分，也是学校民主管理的主要形式。根据《教育发展规划纲要》的要求，完善中国特色现代大学制度，要“加强教职工代表大会、学生代表大会建设，发挥群众团体的作用”。《学校教职工代表大会规定》第二十五条规定学校工会为教职工代表大会的工作机构，承担与教职工代表大会相关的工作职责。所以，建设现代学校制度，推动学校民主管理，坚持民主治校、依法治校，实现决策的科学化和民主化，教育工会要加强改革创新，勇于承担起这一职责，推动学校改革与发展。同时，随着现代学校制度的建立与完善，学校工会的职能、教代会的职权将得到进一步强化，发挥更加重要的不可替代的作用。

（二）依法治校的内在要求

法治是治国理政的基本方式。党的十八大报告指出要全面推进依法治国。《中共中央关于全面深化改革若干重大问题的决定》指出，紧紧围绕坚持党的领导、人民当家作主、依法治国的有机统一，深化政治体制改革，建设社会主义法治国家。依法治校是贯彻党的十八大精神，推进依法治国基本方略的必然要求，同时也是学校改革与发展的必然要求和实现教职工民主权利的重要保障。

随着社会主义民主法制和政治文明建设的推进，教育改革的不断深化，各级各类学校的发展环境、发展理念、发展方式正在发生深刻变化，迫切需要全面推进依法治校、加快建设现代学校制度。推进依法治校，是学校适应加快建设社会主义法治国家要求，发挥法治在学校管理中的重要作用，提高学校治理法治化、科学化水平的客观需要；是深化教育体制改革，推进政校分开、管办分离，构建政府、学校、社会之间新型关系，建设现代学校制度的内在要求；是适应教育发展新形势，提高管理水平与效益，维护学校、教师、学生各方合法权益，全面提高人才培养质量，实现教育现代化的重要保障。

依法治校，学校要牢固树立依法办事、尊重章程、法律规则面前人人平等的理念，建立公正合法、系统完善的制度与程序，保证学校的办学宗旨、教育活动与制度规范符合民主法制、自由平等、公平正义的社会主义法治理念要求；要以建设现代学校制度为目标，落实和规范学校办学自主权，形成政府依法管理学校，学校依法办学、自主管理，教师依法执教，社会依法支持和参与学校管理的格局；要以提高学校章程及制度建设质量、规范和制约管理权力运行、推动学校民主建设、健全权利保障和救济机制为着力点，增强运用法治思维和法律手段解决学校改革发展中的突出矛盾和问题的能力，全面提高学校依法管理的能力和水平；要切实落实师生主体地位，大力提高自律意识、服务意识，依法落实和保障师生的知情权、参与权、表达权和监督权，积极建设民主校园、和谐校园、平安校园。

依法治校要求学校实行民主管理。学校民主管理在我国有关法律、法规中有明确规定。学校民主管理，就是要确保学校广大教职工依照国家法律、法规的规定，行使自己的民主权利，实行民主参与和民主监督，参加对学校工作的管理。我国的《宪法》、《劳动法》、《教育法》、《高等教育法》、《教师法》等都对职工参与民主管理做出了规定，这些具有权威性、强制性、约束性的国家法律、法规，是学校加强民主建设、实行民主管理的法律依据。坚持依法治校，就必须大力加强学校民主制度建设，完善民主管理和监督机制。要落实《学校教职工代表大会规定》，充分发挥教职工代表大会作为教职工参与学校民主管理和监督主渠道的作用。

（三）贯彻落实党的“依靠”方针的内在要求

全心全意依靠工人阶级，是我们党和国家的性质以及工人阶级的历史地位和作用决定的，是党和国家一贯坚持的根本指导方针。工会十六大工作报告强调，大力推动全心全意依靠工人阶级根本方针贯彻落实，使广大职工的主人翁地位得到充分保障。全心全意依靠工人阶级，在学校就是要全心全意依靠教职工办学。全心全意依靠教职工办学，就要在制度上落实教职工依法行使民主参与、民主管理和民主监督的权利。就是要坚持和完善以教职工代表大会为基本形式的民主管理制度。加强学校民主管理是贯彻落实全心全意依靠教职工办学方针的重要措施。教职工是学校的主人，是办好学校的骨干力量，他们对学校和教育的情况最了解，对学校如何改革和发展最有发言权，要依靠他们，让他们为办好学校积极献计献策，团结奋斗。没有广大教职工的理解、支持和参与，办学将寸步难行。而实行学校民主管理就能集中教职工的智慧，群策群力，办好学校。

二、学校民主管理的意义

学校实施民主管理，让广大教职工拥有知情权、参与权、表达权和监督权，能充分发挥广大教职工的主人翁作用，把他们的智慧和才能都充分发挥出来，这是办好一所学校的关键所在。学校实施民主管理具有特别重要的意义。

（一）有利于维护教职工的合法权益

江泽民同志曾经指出："要赢得群众的拥护，最根本的是要把实现和维护最广大人民群众的利益作为我们一切工作的出发点和落脚点。"我们强调的维护，是维护全国人民总体利益与维护教职工具体利益的统一，维护教职工经济权益与维护教职工政治权益的统一。学校民主管理能更好地维护教职工的合法权益，群众的疾苦、群众的意见、群众的建议能更及时、更通畅、更准确、更集中地反映上来，能使问题得到更有效的解决。特别是随着教育改革的不断深化，劳动关系和利益关系正在不断调整，一些涉及教职工切身利益的矛盾比较突出，如不能妥善处理，就可能使矛盾激化，损害教职工的利益，影响改革和发展。因此，我们必须加强学校民主管理制度建设，尊重教职工民主权利，确保教职工的合法权益得到有效维护。

（二）有利于激发教职工的主人翁精神

依靠谁的问题，历来是革命的首要问题，也是建设的首要问题。全心全意依靠工人阶级是我们党一贯坚持的根本指导方针。全心全意依靠工人阶级，在学校就是要激发教职工主人翁精神，全心全意依靠教职工办好学校。人的行为是由情绪、思想、态度、动机，即整个精神力量所支配的，而这种精神力量只能源于激励和细心的培养。只有有效地尊重教职工主人翁地位，不断强化教职工主人翁意识，培养教职工主人翁责任感，并将这种责任和意识升华为主人翁精神，学校才能真正获得持久发展的力量源泉。

教职工主人翁精神，既强调了教职工在学校的主人翁地位，也强调了教职工在学校改革发展中的主人翁责任、主人翁意识。两个方面构成了权利与责任不可分割的辩证统一。要全面地把握全心全意依靠教职工办学的基本内涵，通过加强学校民主管理，在政治上保证教职工群众的主人翁地位，调动广大教职工的主动性、积极性和创造性，充分发挥教职工在学校改革和发展中的作用；在制度上落实教职工群众依法行使民主参与、民主管理和民主监督的权利；切实维护教职工的合法权益，认真解决教职工在工作、学习、生活等方面的实际困难。这对于学校党政领导来说，不仅是一个工作方法问题，也是一个应当牢固树立的根本指导思想。

（三）有利于加强学校的党风廉政建设

由于种种原因，社会上出现了一些腐败现象。学校是社会的一个组成部分，社会上存在的腐败现象也必然会在学校特别是高校内反映和表现出来。学校既有与其他行业共性的权力，也有其特殊的权力，这些权力如果失去了民主监督，都是可能产生腐败的。已有的事实说明，教育战线的反腐败斗争任务还是很艰巨的，我们一定要自觉地搞好学校的民主管理工作。学校的反腐倡廉工作，需要广大教职工的广泛关心、支持和参与。只有紧紧依靠广大教职工，才能对滥用权力、以权谋私的腐败行为真正构成一种威慑力量。学校教职工思想理论修养、文化知识水平比较高，鉴别是非的能力比较强，对学校的党风廉政建设、反腐败工作既十分关心，又非常敏感。加强学校民主管理，依靠广大教职工，发动他们实行民主监督，无疑是学校加强党风廉政建设，开展反腐败斗争的一个重要措施。这有利于增强学校领导干部的公仆意识和群众观点，树立服务观念，改进工作作风；有利于学校廉政监督的落实，加强领导干部的廉洁自律意识，促进领导干部的廉政勤政建设。

（四）有利于加强教职工的思想教育工作

随着学校各项改革的深入进行，学校的劳动关系和利益关系正在发生新的变化与调整，新的矛盾和新的问题不断产生。同时，知识分子的特点是参政意识和民主愿望要求比较强，更加渴望得到别人的尊重、理解和关心。对于涉及教职工切身利益的重大问题，必须让教职工知晓和监督，使他们民主地参与到学校的管理中，同时用民主的方式来加强教职工的思想教育和思想引领。第一，民主管理是一种务实的教育，学校的热点问题、难点问题，通过教职工直接参与和监督得到理解和支持，在相互沟通的基础上，达成共识，化解矛盾。第二，民主管理是一种尊重人的教育。人的思想问题，从根本上讲是由于其物质和精神的需求得不到满足，是需求与现实之间矛盾的表现。民主管理正是从思想政治工作尊重人、理解人、关心人的原则出发，实现教职工参政议政的愿望，尊重教职工的民主权利和主人翁地位，发挥教职工在办学过程中的积极性。第三，民主管理是一种沟通的教育。民主管理，让教职工知校情、参校事、议校政，领导与群众双向交流，可以互相倾听和思考对方的意见，体现了现代教育双向交流的特点和民主原则。第四，民主管理是一种双向互动的教育。监督也是一种教育。民主管理一方面使教职工在参与学校管理的过程中提高了自己的综合素质，另一方面，又把领导的管理行为和自律行为置于教职工的监督之下，增强其群众意识、服务意识、廉洁意识，加强学校领导班子建设，促进领导干部廉洁自律。

（五）有利于构建和谐校园

构建和谐校园，关键是要协调好学校内部各方面的利益关系。民主是一种有效的利益冲突协调机制，没有民主，学校很难协调师生员工复杂的利益矛盾。第一，民主是可靠而有效的利益表达机制。民主的根本作用在于让不同利益主体自由地表达其利益诉求。只有充分发扬民主，教职工才能最大限度地表达自己的愿望，实现自己的利益。第二，民主遵从平等待人的原则。民主否定特权，以平等的方式来对待每个人的权利，强调政治参与主体的平等地位，要求政治参与主体在表达自身利益的同时，也必须尊重他人的权利。第三，民主是有效的沟通手段。针对学校利益日趋分化和多元化，对其进行整合的有效途径是促进各利益主体之间的沟通，而健全的民主参与能够确保各利益主体的正常沟通，促进相互理解和利益的合理整合，从而有效地释放矛盾，保持学校稳定，构建和谐校园。第四，民主具有强烈的纠错防错功能，有利于维护大多数人的利益。凡是决策失误、腐败案件多发的地方、单位、部门，一定是民主工作做得不好的地方、单位、部门。民主不一定能实现最好的结果，但却能防止最坏的结果出现；民主不一定能满足每一个人的要求，却能维护大多数人的利益。民主的防错纠错功能有利于防止损害群众利益的严重事件的发生，保持和促进校园和谐。

第二节　教育工会开展民主管理的途径

《工会法》第六条明确规定："工会依照法律规定通过职工代表大会或者其他形式，组织职工参与本单位的民主决策、民主管理和民主监督。"《中国工会章程》第二十八条第（二）项规定了工会基层委员会的基本任务有："代表和组织职工依照法律规定，通过职工代表大会、厂务公开和其他形式，参加本单位民主管理和民主监督。"这些规定，为学校实行以教职工代表大会为基本形式的教职工民主管理提供了充分的法律规范与法律保障，也确定了学校工会应当将教职工民主管理制度的建设与完善，作为主要的工作内容之一。

一、学校工会要发挥好教职工代表大会工作机构的作用

（一）学校工会是教职工代表大会的工作机构

《中国工会章程》第二十八条第（二）项还规定了工会基层委员会在民主管理中的地位："企业、事业单位工会委员会是职工代表大会工作机构，负责职工代表大会的日常工作，检查、督促职工代表大会决议的执行。"2012 年 1 月 1 日起施行的《学校教职工代表大会规定》第三条规定了学校教职工代表大会是教职工依法参与学校民主管理和监督的基本形式；第二十五条规定学校工会为教职工代表大会的工作机构，承担与教职工代表大会相关的工作职责。因此，学校工会参与学校民主管理，首要的任务是发挥好教职工代表大会工作机构的作用，把教职工代表大会制度建设好，把教职工代表大会的作用发挥好。

为什么要将学校工会作为教职工代表大会的工作机构呢？这是因为教职工代表大会是教职工群众行使民主管理权力的机构，而学校工会是代表教职工群众参与学校管理的群众组织，两者在职权、目标上是一致

的。对于这一点，工会组织要有明确的认识，要理直气壮、名正言顺而又谦虚谨慎地同各方面协作，把教职工代表大会这个重点工作抓紧、抓好、抓出成效。

（二）学校工会承担教职工代表大会工作机构的工作职责

《学校教职工代表大会规定》第二十六条规定，学校工会承担以下与教职工代表大会相关的工作职责：（1）做好教职工代表大会的筹备工作和会务工作，组织选举教职工代表大会代表，征集和整理提案，提出会议议题、方案和主席团建议人选；（2）教职工代表大会闭会期间，组织传达贯彻教职工代表大会精神，督促检查教职工代表大会决议的落实，组织各代表团（组）及专门委员会（工作小组）的活动，主持召开教职工代表团（组）长、专门委员会（工作小组）负责人联席会议；（3）组织教职工代表大会代表的培训，接受和处理教职工代表大会代表的建议和申诉；（4）就学校民主管理工作向学校党组织汇报，与学校沟通；（5）完成教职工代表大会委托的其他任务。选举产生执行委员会的学校，其执行委员会根据教职工代表大会的授权，可承担前款有关职责。

（三）正确处理学校工会与教职工代表大会的关系

学校工会是教代会的工作机构，并不意味着教代会和学校工会合二为一。教代会是学校管理的重要制度，是民主管理的基本形式，是教职工行使民主管理权力的机构，属于我国学校内部管理体制的范畴。而学校工会是教职工自愿结合的工人阶级群众组织，属于社会团体的范畴，它们的性质不同。尽管教代会的主体是学校全体教职工，工会组织的工作对象也几乎是学校的全体教职工，但是，教职工参与教代会的民主管理工作和活动，与教职工参加学校工会的身份、角色和要求是不同的。学校工会的任务和教代会的任务并不是在所有方面都相同。就教代会而言，只要通过合法形式履行民主参与、民主监督的职权，并在这个过程中维护教职工的合法权益，就算尽职尽责了。但是，就学校工会而言，仅仅通过教代会来参与学校工作的民主管理和民主监督、维护教职工的合法权益是远远不够的，它还要通过其他民主渠道，包括本身作为重要社会团体，通过上级组织和其他途径，代表教职工“参与管理国家事务、管理经济和文化事业、管理社会事务”，开展多方面的工作，才能完成作为教职工自愿结合的群众组织的工作任务。

二、积极推进校务公开工作

（一）校务公开的内涵

在政治民主化的进程中，政务公开、扩大广大人民群众的知情权、参与权是一项重要的政治制度改革。校务公开是适应政府政务公开、推进学校现代化管理进程中的制度创新，是学校民主管理和科学决策的重要组成部分，是建设民主、高效、廉洁学校的现实需要，是建设现代学校制度、学校管理真正走向现代化的必由之路。自 1999 年教育部、中国教育工会推行校务公开制度以来，特别是 2002 年 2 月，教育部和中华全国总工会联合下发《关于全面推行校务公开的意见》后，校务公开的制度建设及具体实践取得了良好效果。2010 年教育部《高等学校信息公开办法》的颁布，对深化高校校务公开工作起到了进一步的推动作用。

正确理解和界定校务公开的内涵，对于规范和深化校务公开的实践有着重要意义。公开，就其内涵来讲，就是指把除国家保密规定以外的，直接涉及群众切身利益的事项，原原本本地在群众中进行公示，以维护群众的知情权和参与权。这一内涵的理论依据来自于我们党建党的根本宗旨，也就是要真正落实我们党反复强调的实现人民群众的利益是我们一切工作的出发点和归宿的要求。

所谓校务公开，就是指学校在遵守国家法律及相关规定的前提下，依照一定程序向广大师生及社会公众公布涉及当事人权利义务关系的校务活动信息的过程，它包括政策公开、过程公开和结果公开三个相互衔接的阶段。校务公开的目的、任务在于贯彻落实党的全心全意依靠工人阶级的根本指导方针，在政治上努力保证教职工当家作主的主人翁地位，在制度上落实教职工民主管理、民主监督的权利，让广大教职工有广泛的知情权与参与权。维护教职工的合法权益，从而调动广大教职工参与改革、支持改革的积极性、创造性，集中广大教职工的智慧和力量，搞好学校民主政治建设，促进学校党风廉政建设，使学校的改革和建设获得最广泛的群众基础和力量源泉，推进学校快速发展。

（二）校务公开的内容

校务公开的要害是公开，关键是真实，实质是监督，核心是推进学校各项工作的发展。凡是与学校教学、科研、管理、教育改革发展等密切相关的重大问题和涉及教职工切身利益的重要事项，除党和国家规定的在一定时期需要保密的事项外，均应在一定范围内以适当形式和程序予以公开，努力做到政策公开、过程公开、结果公开。

重大决策公开。重大决策是指学校管理过程中制定的有关学校发展和规划的重大决定。重大决策公开，目的是让广大教职工参与讨论和决策，使决策更具有民主性和科学性，避免重大决策失误。主要包括：第一，关于学校发展的重要事项，如学校的中长期发展规划，年度、学期工作计划和总结，涉及学校全局性的重要改革举措和有关政策等；第二，关于学校建设的重要事项，如专业、学科、学位点建设情况，招生计划、政策、录取情况，毕业生就业政策及就业情况，教学改革、管理、评估情况，科研与科技开发情况，实验室建设情况，基建规划、重大项目立项情况，招聘和人才引进情况，对外合作交流情况等。

财务公开。其目的是让教职工参与管理、参与监督，使学校有限的资金得到合理的使用，发挥最大效益，同时防止违反财经纪律的事件发生。主要包括学校年度财务预算、决算执行情况，专项经费包括“三公”经费使用情况，基建工程和重大修缮项目招投标及工程预决算情况，大宗、大件物资采购程序及招投标情况，校办产业和后勤实体经营情况，对基建、维修工程、校办产业及有关单位进行审计的情况，党员干部违法违纪案件查处结果等。

热点问题公开。主要包括：第一，关于干部工作，如领导干部廉洁自律情况，干部选拔、任免，领导班子贯彻落实党风廉政建设责任制情况，领导干部外事往来及出国、出境情况，干部离任审计情况；第二，关于教职工切身利益事项，如工资、奖金、岗位津贴分配政策，教职工福利费分配使用情况，教职工职务、职称评聘政策、指标、评审程序及结果，奖惩制度，教职工考核结果，评优评先的条件和结果，工会经费收支、工会活动费使用情况等；第三，关于学生管理工作中的重要事项。这些热点问题公开，可以使广大师生参与管事、议事，发表意见，畅通民主渠道，把好事办实、实事办好。

当然，校务公开的内容和范围是一个历史范畴，随着历史的发展和时代的进步而发生着变化，要做到与时俱进，体现校务公开的针对性和适应性。

（三）校务公开的形式

校务公开有多种途径和形式。主要包括：教职工代表大会是校务公开的重要平台；建立校务公开专题网站；通过各种类型的会议公开；通过文件、简报、年鉴、大事记、纪要等书面形式公开；建立和发展民主协商对话机制，包括坚持和建立民主党派双月座谈会、离退休老同志座谈会、青年教师座谈会、学生代表座谈会、家长联系会（并建立家长委员会）等；开展决策咨询、问卷调查、专题调研、校领导接待日、设定校长热线电话、校领导现场办公制度、校情通报会、校园新闻发布会、学校办公室通报督办制度；积极发挥大众传媒的作用，支持发挥校园电视网、信息网络、广播站、学生通讯社、校报、广告栏、宣传橱窗的公开作用等。

学校党政领导要充分认识全面推进校务公开工作的重要意义，不断开拓校务公开的途径，丰富校务公开的形式。

（四）工会在校务公开中的作用

推动教职工代表大会在校务公开中发挥作用。2002 年 2 月，教育部、中华全国总工会《关于全面推进校务公开工作的意见》指出："学校党委要切实加强对工会、教代会的领导，充分发挥工会、教代会（或教职工大会）在校务公开中的作用。"教职工代表大会是校务公开的重要平台，学校工会作为教职工代表大会的工作机构，要积极推动教职工代表大会在校务公开中发挥作用。教职工代表大会作为学校民主管理和监督的基本组织形式，已形成了一整套较为完备的规章制度和操作程序，有较高的规范性、严肃性和权威性。教代会代表有较广泛的代表性，学校管理中的一些重要问题在教代会公开，既有利于集中群众的智慧，又有利于代表在群众中做工作。因此，教代会应通过年度代表大会，听取校长工作报告、财务工作报告，以及教学、科研、人事工作报告，教职工关心的热点问题、焦点问题报告来推动校务公开；通过行使好赋予教代会的各项职权来深化校务公开。当然，目前学校的有些问题不仅需要在教代会公开，还应向全体教职工公开、向学生及家长公开、向社会公开。

三、做好广泛的民主参与工作

《中共中央关于加强和改善党对工会、共青团、妇联工作领导的通知》指出，工会应当成为广大职工群众有组织、有纪律、有领导地参政议政的民主渠道。《工会法》第六条指出："维护职工合法权益是工会的基本职责。工会在维护全国人民总体利益的同时，代表和维护职工的合法权益。工会通过平等协商和集体合同制度，协调劳动关系，维护企业职工劳动权益。工会必须密切联系职工，听取和反映职工的意见和要求，关心职工的生活，帮助职工解决困难，全心全意为职工服务。"党的十八大报告指出："支持工会、共青团、妇联等人民团体充分发挥桥梁纽带作用，更好地反映群众呼声，维护群众合法权益。"教育工会作为党领导下的教职工自愿结合的工人阶级群众组织，理应肩负起教职工群众合法权益的代表者和维护者的神圣职责，在党和教职工群众之间发挥桥梁和纽带作用。

教育工会广泛的民主参与，不是要代替教育行政直接从事教育事业的行政指挥和管理，而是从自身的特点出发，积极做好三个方面的工作：一是代表教职工参与国家和地方的政治、经济和社会生活，参加研究制定教育发展规划及重大决策、法规和措施，并依靠教职工群众对实施情况进行监督，以充分反映和体现教职工的意愿和要求。二是在学校基层，依法通过教职工代表大会和其他形式，组织教职工参与民主管理和民主监督，保证决策的科学化、民主化。保障教职工依法行使民主权利。三是积极向教职工宣传解释国家和教育行政的决定，促使教职工自觉地贯彻和执行有关政策、法规和措施，充分发挥他们在教育事业改革和发展中的重要作用。学校应当建立和完善工会对学校工作民主参与的制度，努力做到学校及学校有关部门，在研究制定学校发展计划，制定教育、劳动、工资、社会保障、住房及其他涉及教职工切身利益的重大政策、措施时，要有工会的代表参加，在充分听取他们的意见后再作出决定。

学校工会要特别加大源头参与的力度。学校内部体制改革的多项政策和法规，涉及教职工合法权益，学校工会应加强调查研究，及时了解教职工关心的热点问题，将教职工合理的意见和建议反映给学校党组织和行政领导，渗透到学校制定的政策规定中去，通过参加学校有关会议的机会直接参与政策的讨论制定。这样可以把维权关口前移，减少侵权事件的发生。在实际工作中，要坚持工会主席作为学校党政班子会议组成人员或列席学校党政班子会议，直接把教职工的意见、呼声、要求带到会议上，积极反映教职工的意见和建议，参加涉及教职工利益的改革方案和规章制度的制定；同时工会负责人还应参加学校重大工作的机构和组织，如教职工聘用、工资分配制度改革、医疗保险制度改革、住房制度改革等项工作，从政策、规定出台之初就充分考虑教职工的合法权益，做到源头参与，源头维护，减少各种矛盾纠纷的产生。

随着学校人事制度改革的深入，学校劳动关系、利益关系逐渐市场化、契约化。如何在劳动关系矛盾中切实维护教职工的合法权益，成为学校工会必须作答的课题。作为教职工利益保护者的工会，就要在学校人事制度改革中发挥维护作用，强化维权意识，把工作的着重点放在源头参与上，积极参与改革实施方案的讨论和制定，密切关注人事制度改革和分配制度改革中出现的新问题、新情况，正确把握改革的力度和教职工承受的程度，充分反映广大教职工的意见和合理要求，把维护教职工合法权益的工作从源头上做起，把改革的方案体现到具体政策中，充分发挥学校工会的维护作用。

在民办学校，工会应当与学校行政方面建立平等协商或集体谈判制度，对关系教职工切身利益的劳动用工、劳动保护、生活保险等问题，由工会代表教职工与行政方面进行协商谈判，取得一致意见后，用劳动合同或集体合同的形式确定下来，以保护教职工的合法权益。

四、定期召开党政工联席（联系）会议

《工会法》第三十四条规定：“县级以上地方各级人民政府可以召开会议或者采取适当方式，向同级工会通报政府的重要工作部署和与工会工作有关的行政措施，研究解决工会反映的职工群众的意见和要求。”其中，各级教育工会与对应的教育行政部门的联席（联系）会议制度，是一种行之有效的方式。

联席（联系）会议要坚持党的领导，服从服务于党和国家的工作大局，积极取得政府支持，努力服务职工群众，突出重点、讲究实效的原则。

中国教科文卫体工会和各级地方教科文卫体（教育）工会与教育部和地方政府教育行政部门建立联席（联系）会议制度，要立足党和国家工作全局，围绕解决教育改革发展中的重要问题、影响劳动人事关系和

谐的突出问题和工会需要政府帮助解决的实际问题提出会议议题，争取政府支持。

根据相关法律法规规定和各地的实践，联席（联系）会议一般应包括以下内容：一是研究当地教育改革发展计划、教育行政部门的重要工作部署和涉及教职工利益的有关行政措施；教育工会重点工作及服务党政工作大局的重要举措；关于动员和组织广大教职工为实现地方教育事业发展目标任务、推进教育事业科学发展建功立业的有关问题。二是研究解决劳动就业、收入分配、劳动安全卫生、社会保障、教职工培训等涉及教职工切身利益的重要问题；有关保障教职工民主政治权利、精神文化权益、社会权利和生态文明权益方面的重要问题。三是研究解决教育工会工作中需要政府支持帮助的问题。四是通报上次联席（联系）会议议题的落实情况。

教育工会应当主动与教育行政部门密切协作，共同做好联席（联系）会议的筹备工作：一是落实会议的时间地点；二是深入调研提出议题；三是沟通协商确定议题；四是组成联合小组做好会务工作；五是形成会议纪要；六是督促会议议定事项的落实；七是做好会议的宣传工作。

教育工会在建立联席（联系）会议制度的过程中，要充分发挥教育工会熟悉教育、贴近学校和联系教职工的优势，进一步完善源头参与途径和方法，建立健全调查研究和信息工作制度，努力促进教育事业的科学发展和劳动关系的和谐稳定。

具体到学校，工会组织要发挥主动性，在学校党组织的领导下，在校行政的支持下，建立健全党政工联席会议制度。学校党政工联席会是学校依法行政、民主协商和工会参政议政的有机统一体，它既为学校贯彻落实党的群众路线开辟了一条重要渠道，又为工会从源头上维护教职工合法权益提供了有效途径，是学校工作扩大群众基础、科学决策、民主决策的需要，是拓宽工会民主参与、民主监督渠道，切实维护教职工合法权益的需要，也有利于工会与学校党政加强联系和沟通，发挥工会在学校稳定大局中的作用。

为此，学校工会要积极努力开展工作：首先要建立健全党政工联席会议制度规范，党政工分工明确，各负其责。其次要坚持定期召开会议，每学期至少召开一次会议。再次要努力提高联席会议质量。一是要确定好会议议题。联席会的核心内容是议题，而议题质量的高低直接关系到会议的成效。所以工会要深入调研，广泛征求部门工会和教职工的意见，对带有普遍性的教职工热点问题和工会自身当前急需解决的问题进行认真分析归纳，结合本校的实际情况拟出议题。本着少而精，既是工会急需解决的，又是学校能够解决的原则，确定重点议题。二是做好会前协调沟通。为保证联席会议顺利召开，工会在确定重点议题后，要与学校有关部门协商、沟通，使议题中涉及的诸多问题能在会前达成初步共识，确保相关问题能够在会议上得到圆满解决。三是形成纪要，利于落实。每次联席会召开以后，均要形成会议纪要，以文件的形式下发学校各个部门，督促有关职能部门按照会议纪要的要求，认真做好落实工作。

总之，学校党政工联席会议能够及时听取教职工群众的意见、要求和呼声，是解决教职工群众普遍关心的热点、难点问题的重要渠道，是充分发挥工会民主管理、民主监督作用，推进学校的民主政治建设，完善学校决策科学化、民主化的一项重大措施，也是贯彻落实全心全意依靠广大教职工办好学校的重要举措。

第三节　教职工代表大会

依据《教育法》、《教师法》、《工会法》等法律，2011 年 12 月，教育部并经商中华全国总工会同意，颁布了《学校教职工代表大会规定》，并于 2012 年 1 月 1 日起施行。该《规定》的颁布，是学校民主管理发展进程中的一个显著标志。

一、教职工代表大会是学校民主管理的基本形式

《学校教职工代表大会规定》明确教代会“是教职工依法参与学校民主管理和监督的基本形式”，这是因为与学校的其他民主管理形式相比，教代会具有法定的形式、广泛的代表性和适用性、职权的多样性和开放性、完整的组织制度和工作制度、一定的权威性和法律效力，并经历了 30 多年实践的检验，这些因素确立了教代会作为教职工依法参与学校民主管理和监督基本形式的地位。

（一）教职工代表大会的任务

《学校教职工代表大会规定》第四条、第五条规定：“教职工代表大会应当高举中国特色社会主义伟大旗帜，以马克思列宁主义、毛泽东思想、邓小平理论和‘三个代表’重要思想为指导，深入贯彻落实科学发展观，全面贯彻执行党的基本路线和教育方针，认真参与学校民主管理和监督。”“教职工代表大会和教职工代表大会代表应当遵守国家法律法规，遵守学校规章制度，正确处理国家、学校、集体和教职工的利益关系。”根据这些规定，教职工代表大会的任务，不仅要替教职工说话办事，推进学校民主管理，维护教职工合法权益，解决教职工的具体利益问题，而且要肩负起团结广大教职工为国家的整体利益、为教育事业的科学发展而努力奋斗的重任。

（二）教职工代表大会的职权

《学校教职工代表大会规定》第七条规定教职工代表大会有八大职权。（1）听取学校章程草案的制定和修订情况报告，提出修改意见和建议；（2）听取学校发展规划、教职工队伍建设、教育教学改革、校园建设以及其他重大改革和重大问题解决方案的报告，提出意见和建议；（3）听取学校年度工作、财务工作、工会工作报告以及其他专项工作报告，提出意见和建议；（4）讨论通过学校提出的与教职工利益直接相关的福利、校内分配实施方案以及相应的教职工聘任、考核、奖惩办法；（5）审议学校上一届（次）教职工代表大会提案的办理情况报告；（6）按照有关工作规定和安排评议学校领导干部；（7）通过多种方式对学校工作提出意见和建议，监督学校章程、规章制度和决策的落实，提出整改意见和建议；（8）讨论法律法规规章规定的以及学校与学校工会商定的其他事项。教职工代表大会的意见和建议，以会议决议的方式做出。

这八项职权可归纳为三个方面：即讨论建议权、讨论通过权和评议监督权。讨论建议权，主要包括听取校长工作报告，讨论审议学校发展、建设、改革等重大问题，可以使学校党政的决策更加符合本校实际，更加民主化和科学化，更加具有群众基础。讨论通过权，主要包括凡是学校内与教职工切身利益密切相关的事项，都要经过教代会审议通过，能有效保证《教师法》规定的“教师的聘任应当遵循双方地位平等的原则”以及《劳动法》所规定的劳动关系的确立“应当遵循平等自愿、协商一致的原则”。评议监督权，是指在学校党组织领导下，评议监督学校各级领导干部，这是在新形势下加强对干部的监督、密切党群干群关系、加强学校干部队伍建设、提高干部队伍素质的一项有力保证。

（三）教职工代表大会的组织原则

《学校教职工代表大会规定》第六条规定：“教职工代表大会在中国共产党学校基层组织的领导下开展工作。教职工代表大会的组织原则是民主集中制。”民主集中制的含义，就是坚持民主基础上的集中和实行集中指导下的民主。民主和集中是辩证的统一。只有在充分的民主基础上，才能实行正确的集中；也只有在正确集中的指导下，才能有健全的、广泛的民主生活。只讲集中，不讲民主，是官僚主义的集中；而只讲民主，不讲集中，必然导致极端民主化和无政府主义。这两种倾向对我们的事业都是有害的，我们应当坚决反对。

教育事业是人民的事业，教职工作为事业的主人，有权充分发表意见，提出建议。所以一定要有广泛的民主，而不能由少数学校领导者独断专行，更不能容忍压制民主的事情发生。但是，在充分发扬民主的基础上，一定要有集中。也就是说，要形成共同的目标，形成统一步伐。如果没有民主，独断专行，会导致事业的失败；而没有集中，各行其是，则什么事情都办不成。所以，教职工代表大会应坚持民主集中制原则。

（四）教职工代表大会的组织规则

《学校教职工代表大会规定》第四章明确了教职工代表大会的组织规则。包括：根据一定人数应当建立教职工代表大会制度或建立由全体教职工直接参加的教职工大会制度；定期召开教职工代表大会，每学年至少召开一次；教职工代表大会每3年或5年为一届，期满应当进行换届选举；须有2/3以上教职工代表大会代表出席；大会议题应当根据学校的中心工作、教职工的普遍要求，由学校工会提交学校研究确定，并提请教职工代表大会表决通过；大会的选举和表决，须经教职工代表大会代表总数半数以上通过方为有效。同时还对代表的产生、大会主席团组成人员、执委会产生、设立若干专门委员会（工作小组）做出了规定。

（五）教职工代表大会是学校内部管理体制的重要组成部分

以教代会为基本形式的学校民主管理制度是教育系统基层民主政治建设的具体实现形式，是学校管理体制的重要组成部分。《教育发展规划纲要》提出，要建设“依法办学、自主管理、民主监督、社会参与”的现代学校制度。我国的普通高校实行党委领导下的校长负责制，中小学校实行校长负责制，民办学校一般实行董事会领导下的校长负责制。建立现代学校制度，完善中国特色社会主义现代学校法人治理结构，必须体现党的领导，依法规范学校政治权力、行政管理权力、民主管理权力和学术权力之间的关系，实现各种权力之间的相互支持、合理配置和相互协调。

总之，教职工代表大会有明确的法律地位，任务明确，职权明晰，具有完整的组织机构和组织体系，具有严密的组织运行规则，代表具有广泛的群众性和权威性，按照民主集中制的原则来运行，是学校内部管理体制的重要组成部分，工会又为其工作机构，工作有保障，所以，教职工代表大会是学校民主管理的基本形式。

二、教职工代表大会参与学校民主管理的途径

（一）召开好教职工代表大会

召开好教职工代表大会有许多工作要做，包括会议召开前的各项准备工作、会议进行中的组织工作、会议结束后大会决议的落实工作，等等。质量和实效是教职工代表大会的生命。应通过精心组织和筹备，努力把教职工代表大会开成推进学校民主管理，深化校务公开，凝聚全校共识，提振奋斗精神，党政认可与群众满意的高质量、高水准、有实效的会议。一是确定好大会主题。每一次会议应围绕学校改革发展或关系教职工切身利益的重大事项确定大会主题，把大会开成团结的大会、鼓劲的大会、奋斗的大会，推动学校事业发展。二是选好代表。代表的质量决定会议的质量。教职工代表大会代表选举应注意代表结构的优化和各方面人员比例的合理，将那些政治素质好、能顾全大局、政策水平高、参政议政能力强、群众基础好的人选为代表。三是培训好代表。提前做好代表的培训工作和思想工作是会议成功的重要保证。会议之前，应围绕本次教职工代表大会的主题、任务，对教职工代表进行相关法律、法规、政策以及教代会基本知识的培训。同时，还要引导代表树立大局思想，正确处理各种利益关系，依法依规行使职权。四是组织好提案征集。提案的质量体现代表参与的质量。提案征集应围绕学校的改革发展、教

职工代表大会的主题和教职工普遍关心关注的问题。提案应在深入调研、广泛征求意见的基础上形成，要做到有理有据，建议有可行性、符合法律法规和政策。五是精心组织好会议。细致周到的组织工作，是会议顺利成功的保证，也是对作为教职工代表大会工作机构的学校工会的工作水平的展示和检验。会议组织工作主要是组织和协调好会议文件的起草，科学安排议程日程，组织好会议的发言、讨论、表决、选举，做好会议总结，使会议各项议程实施紧凑有序，规范高效。六是贯彻落实好大会精神。主要是运用各种宣传工具与形式宣传和传达大会精神；组织各专门工作小组根据各自的职责，协助和督促行政有关部门贯彻落实大会通过的事项和提案；对大会的决议贯彻和提案处理落实情况进行检查督促，及时向党政和有关部门反映，并帮助解决存在的问题；召开教职工代表大会团组长会、教代会专门委员会，处理教职工代表大会闭会期间的有关问题和教代会的日常工作的督促落实。

（二）做好教代会提案工作

教代会提案是指教代会代表按照规定的程序，对教学、科研、管理、生活福利等方面的重要问题提交教代会讨论、决定和处理问题的方案和建议。教代会提案工作是教职工通过教代会参与学校民主管理的重要形式，是促进学校内部管理体制改革和决策民主化、科学化的重要内容，是教代会代表履行职责、行使民主权利的重要渠道，最能体现教职工的意愿。

教代会提案工作贯穿于教代会工作的全过程，也是教代会的核心工作之一，提案的质量决定了教代会的工作质量。在换届或年度教职工代表大会召开前，大多数代表能积极提出提案，为学校的大政方针出谋献策，为维护广大教职工的合法权益发表意见、提出建议，表现了较强的参与意识和可贵的主人翁精神。但是，也有少数代表对提提案不感兴趣，认为“提了没有用，何必多费神”；有的代表团提案数量少、质量低；有的代表在任职期间没有提出过一条提案。另一方面，个别行政职能部门负责人民主意识和工作责任心不够强，认为代表提案是“找麻烦”，导致提案落实不认真，落实难到位，效果不理想。

学校工会要通过加强宣传和采用教代会代表相互研讨等方式，进一步提高代表对提案工作的认识，增强主人翁精神和历史责任感，深入了解和充分反映全校广大教职工对学校改革和发展的意见，提出高质量的提案。同时，学校领导和有关行政职能部门要增强民主意识，树立依法治校、民主管理、科学决策的思想作风和工作作风，真正重视教代会提案工作。为此，应建立教代会提案工作专门委员会，制定《教职工代表大会提案工作实施意见》，从提案工作的重要意义、教代会提案工作委员会的职责、代表提案的基本要求、审查立案的原则以及提案落实的程序等方面做出明文规定。

一般来讲，教代会召开前，提案工作委员会负责提案的收集和整理，并对提案进行审查，决定是否提交大会讨论；教代会召开期间，提案委员会要配合大会主席团组织代表对提案进行讨论并推动通过提案；会议结束后提案委员会要对提案办理情况进行督促和检查，推动提案落实，确保提案工作的效果。

（三）实行教代会代表巡视制度

教代会代表巡视制度是指教代会闭会期间，在学校党组织领导下，由工会牵头，并由学校教职工代表大会民主选举产生的常设机构教代会执委会或民主管理专门委员会，定期不定期组织教代会代表对学校职能部门工作进行实地调研、咨询和检查的制度。

巡视工作的主要内容：国家政策、法律法规等执行情况，教代会决议、提案落实情况，学校中心工作开展情况，学校重大项目建设和重点工作的进展情况，维护教职工权益情况，教职工普遍关注的重点、热点、难点问题，校务公开落实情况，学校党组织委托或指定的项目落实情况等。

巡视工作的主要方式：听取有关部门汇报或介绍情况；查看实物、报表、相关基础档案资料；对巡视中发现的问题，当场向有关人员进行询问或提出质询；发放调查问卷等了解教职工对某项工作的满意度；召开教职工座谈会了解教职工群众的意见、反映和评价；就巡视中发现的问题提出整改意见和建议。

巡视结束后巡视情况要形成纪要或巡视报告，向分管校领导和学校党组织汇报，并及时反馈给被巡视的单位或部门，需要向群众说明、解释的问题，要及时向群众反馈。被巡视的单位、部门在接到反馈意见后，核实情况，限期制定出整改措施并及时整改。每年巡视的情况要在年度教职工代表大会上报告。

建立并实行教代会代表巡视制度是学校贯彻党的全心全意依靠教职工办学方针，加强学校社会主义民主政治建设的重要途径，是更好地落实教代会职权，深化创新教代会民主管理、民主监督作用的重要举措，是教代会代表在闭会期间参政议政、行使民主权利、发挥作用的重要形式，是维护教职工合法权益、充分发挥教职工主人翁作用的需要，也是建设现代学校制度的需要。

（四）民主评议学校领导干部

《学校教职工代表大会规定》第七条规定了教职工代表大会有八个方面的职权，其中就有可“按照有关工作规定和安排评议学校领导干部”。教代会民主评议学校领导干部是指教职工对学校领导干部有发表意见的权利。教代会对领导干部进行民主评议，其目的是对干部进行监督，同时也是对干部的一种激励和促进。

立党为公，执政为民。领导干部接受来自群众的监督，是我党的一贯主张，是我党建党90多年来加强干部队伍建设的成功经验。落实教代会民主评议领导干部职权，是深化干部制度改革的一项重要举措，是坚持依法治校、建设校园政治文明的具体体现，是落实党的全心全意依靠工人阶级根本指导方针的重要环节，有利于对学校领导干部进行有效监督，反对形式主义、官僚主义、享乐主义和奢靡之风，加强学校反腐倡廉工作，增强干部的事业心和责任心。

教代会民主评议干部必须坚持在党组织的领导下进行。干部问题历来是一个比较敏感的问题，是一项政策性比较强的工作，要坚持在党组织的领导下，贯彻党管干部的原则。评议办法的制定、评议的范围和时间、评议的内容和方法、评议结果的反馈和处理等，都要向党组织汇报，经党组织讨论确定。

教代会民主评议干部要与组织部门密切配合。党委组织部门是党委负责干部管理与考核的具体职能部门，对干部情况比较了解，对干部的管理和使用工作也比较熟悉。教代会民主评议干部体现的是教职工自下而上对干部进行的监督，属于群众监督的范畴，但由于侧重点不同、考核方法不同、结果的处理和对干部的教育程度不同，不能相互代替。

教代会民主评议干部的重点和方法。可就德、能、勤、绩四个方面列表测评，各赋予相应分值，同时对干部进行信任投票；另设评议意见一栏，代表们可根据对干部的了解自由填写。

教代会民主评议干部要严格遵循民主程序。教代会作为一个有组织的民主管理、民主监督机构，一切运作都要按照一定的民主程序来进行，做实践民主的楷模。民主评议干部本身就是一项非常重要、非常严肃的工作，自然也必须严格地履行民主程序。只有严格履行民主程序，才能既保证工作顺利进行，又有利于使被评议干部和教代会代表受到教育。

教代会民主评议干部的结果一定要管用。如果结果根本不管用，对干部的监督就成为一句空话，对代表的积极性必然是一种打击，评议工作就会流于形式。所以，学校党组织应将教代会民主评议干部作为党建工作、干部工作的重要组成部分；对评议的情况要向干部本人进行反馈，促进干部变压力为动力；对评议结果较差的干部，由组织部门或党委领导亲自谈话，必要时做出组织处理；优秀的要及时予以表扬奖励。

三、加强教职工代表大会制度建设

教代会制度在实际运行过程中存在机构设置不健全、职权落实不到位、工作人员素质有待提高等问题。学校党组织和行政应该提高思想认识，加强对教代会工作的领导、支持与配合，充分发挥教代会在学校民主管理中的作用。

（一）建立健全工作机构

合理健全的组织机构，是教代会工作顺利开展的前提，也是教代会行使职权的基础。教代会工作机构从纵向来看，有学校一级的教职工代表大会，高校还有院系一级的教职工代表大会和其他的民主管理小组或者委员会；横向来看，包括日常工作机构，大会召开期间的主席团和各专门委员会或者工作小组。

健全工作机构既包括根据工作的实际需要设立相应的机构，又包括确保这些机构的职能和作用得到充分有效的发挥。一是在教代会召开期间，组建好大会主席团并充分发挥作用。《学校教职工代表大会规定》第二十二条规定：“主席团应当由学校各方面人员组成，其中包括学校、学校工会主要领导，教师代表应占多数。”大会主席团是由全体代表选举产生的大会组织和领导机构，在教代会开会期间承担着以下几方面的职责：

大会组织和主持等会务工作；听取讨论各代表团和专门委员会对大会各项议题的审议意见；讨论审议提交大会表决的议题、议程以及决议草案等；决定其他重大问题。二是学校工会承担着教代会日常工作机构的责任，要加强学校工会组织建设。三是建立教代会各专门工作委员会。教代会各专门工作委员会是为了完成特定的任务而设立的工作机构。一般来说包括：学校发展改革委员会、教学工作委员会、规章制度委员会、生活福利委员会、提案委员会、监督评议委员会，等等。教代会各专门委员会的任务是对教代会要讨论的重大问题和代表提出的重要提案进行调查研究，提出建议；检查有关部门贯彻教代会决议和处理提案的情况；处理好教代会交办的其他事项。

（二）不断提升代表素质

提高教代会代表的素质是加强教代会制度建设的关键所在。教职工是一个具有高度行动能力、思维能力和判断能力的群体。但是由于种种原因，部分教职工民主参与意识淡薄，没有意识到教职工代表大会是教职工履行民主权利的基本形式。一些教代会代表也因为业务素质不高，加之缺少相应的培训，对自己的权利和义务认识模糊，不能有效履行代表职责，也影响了教代会工作的质量。为此，应有针对性地对教代会代表开展培训工作，培训内容要既侧重于教代会基础知识，也要通过进行思想教育来提高认识，包括进行党的政策和国家有关法律法规的教育，教代会制度的积极作用、职权职能、代表权利、民主管理以及政策解读，提高代表思想水平和业务能力。同时，有针对性地培养一批政治素质高、业务能力强的骨干代表。

（三）正确处理与学校党、政的关系

正确处理与学校党组织、行政的关系，是优化学校内部治理结构的需要，促进学校管理民主化和现代化。在与党组织的关系上，教代会要接受党组织的领导，党组织则要加强对教代会工作的关心和领导。一是为教代会行使权力提供保障；二是通过党员的先锋模范作用和党组织的引领带动作用来保证党的方针政策贯彻实施；三是对教职工开展思想政治教育和社会主义民主政治教育。在与行政的关系上，教代会要支持行政领导行使行政指挥权，学校行政则要尊重和支持教代会行使民主管理权力。一是学校行政工作要建立在民主管理的基础上；二是学校行政要为教代会工作提供条件和便利；三是校长要主动向教代会汇报工作；四是要认真处理教代会提案，主动接受检查和监督。

（四）健全运行机制

现实中教代会职权未能很好地落实，民主管理的作用未能充分发挥，缺少必要的实施细则和考核机制是重要原因。一是要根据《学校教职工代表大会规定》的内容和要求，建立起符合学校实际情况的详细的实施细则，增强操作性；二是学校党政要进一步增强民主意识，将教代会工作纳入学校党政工作视野，列入工作要点，提上议事日程，纳入学校综合考核之中；三是建立教代会自身工作评估制度，构建教代会完整的工作体系，评估内容包括教代会工作机构的工作内容、工作程序、会议程序、提案征集和处理程序以及会议议题产生程序、会议决议产生和通过程序、教代会闭会期间的民主管理工作等，为教代会提供清晰的运转操作规范。

总之，教代会制度作为学校民主管理的基本形式，从 1979 年在部分学校试点算起，已经走过了 30 余年的发展历程，取得了明显的成效。一是由文件规定发展到法律法规，法律地位不断提高；二是由高校发展到各级各类学校，适用范围日益扩大；三是由暂行条例发展到实施细则和工作规程，制度体系日渐完善；四是由会议制度发展到工作制度，制度质量明显提高；五是由工作试点发展到制度规定，职责权利逐渐落实；六是由组织机构发展到组织网络，自身建设日趋加强。实践证明，教职工代表大会在推进学校民主管理中发挥了不可替代的重要作用。

第五章
教育工会与群众性建功立业活动

教育系统群众性建功立业活动，是指各级教育工会开展的旨在激发教职工的主人翁精神和创造活力，团结动员广大教职工积极投身社会主义现代化建设以及教育事业改革发展的一系列教学业务和经济技术活动。其内容主要包括劳动竞赛、合理化建议、技术革新、技术攻关、技术协作、发明创造、技术培训、岗位练兵、教学技能比赛等活动，以及评选表彰劳动模范和先进工作者的管理、服务工作。

第一节　教育工会建功立业活动概述

结合教育系统的特点开展的多种形式的群众性建功立业活动，是教育工会围绕中心、服务大局的重要载体，已经形成了特色和品牌。

一、教育工会建功立业活动的发展过程

1950 年 8 月，中国教育工会一成立，就以提高教师队伍素质为己任，通过了关于教师学习的决议，形成了解放初期广大教育工作者政治学习热潮。1957 年 8 月，联合教育部在中小学校开展了先进工作者运动。1960 年，召开座谈会，号召教职工投身中央提出的教育改革。1981 年，中国教育工会倡导开展了“五讲四美”（“五讲”，即讲文明、讲礼貌、讲卫生、讲秩序、讲道德；“四美”，即心灵美、语言美、行为美、环境美）为人师表活动，得到了教育部的大力支持和肯定。1987 年，中国教育工会设立农村教师家属扶贫基金，开展农村教师家属扶贫工作。1994 年，首次召开全国“三育人”（教书育人、管理育人、服务育人）先进

个人表彰大会，建立了“三育人”表彰制度。1996 年，开展“树、创、献”（树师表形象、创文明校风，为实现跨世纪宏伟目标作贡献）活动，大力加强教师职业道德建设。1997 年 3 月，中国教育工会领导在全国政协八届五次会议上提出加强薄弱学校建设的提案，被国家有关部门采纳。2003 年 9 月，中国教科文卫体工会全国委员会组织开展“对口支援西部教育、慰问西部地区模范教师和困难教师”主题活动，并对甘肃省定西师专进行定向帮扶。

自 20 世纪 80 年代后期以来，全国教育系统工会就开始在各级各类学校相继开展了多种形式的群众性教学基本功、教学技能竞赛活动。2006 年起，全国总工会实施经济技术创新工程，广泛开展了“当好主力军，建功‘十一五’，和谐奔小康”主题竞赛和“同舟共济保增长，建功立业促发展”、“我为节能减排作贡献”等竞赛，大力开展创建“工人先锋号”活动，全委也作出了相应部署。各级教育工会响应全总、全委的号召，掀起了群众性建功立业活动高潮。2010 年 8 月，全委召开了庆祝教师节暨全国教育系统工会创先争优建功立业活动经验交流会，总结交流教育系统工会创先争优建功立业活动的经验，表彰奖励标兵单位和先进单位。近年来，全委与教育部修订并颁发了《高等学校教师职业道德规范》、《中小学教师职业道德规范》、《中等职业学校教师职业道德规范》，初步形成了各级各类学校教师的职业道德规范体系。全委组织指导各级地方教育工会、学校工会开展了师德标兵评比表彰、师德论坛、征文比赛、事迹报告会、师德演讲比赛、巡回演讲等活动。2011 年 9 月，全委召开了全国教科文卫体系统工会创先争优建功立业经验交流会，总结交流“十一五”期间开展建功立业活动的成绩和经验，研究部署“十二五”期间创先争优建功立业工作。2012 年 8 月，全委举办了首届全国高校青年教师教学竞赛活动。全委决定结合教师节庆祝活动，每两年开展一次高校青年教师教学竞赛活动。

教育系统工会建功立业活动富有教育系统特点、具有广泛社会影响、深受教职工欢迎，极大地调动了广大教职工弘扬职业道德、竞比高超技艺、服务经济发展、创造一流业绩的热情，在全社会营造了“尊重劳动、尊重知识、尊重人才、尊重创造”的良好氛围。活动的号召力、影响力不断扩大，已成为社会关注、党政支持、学校认可的品牌活动，积累了宝贵的经验。

第一，坚持服务大局，整合资源，使建功立业活动在推进经济社会和教育发展中切实发挥作用。充分发挥教育系统人才汇聚和知识高地的优势，始终围绕经济建设的中心、教育改革发展的全局，紧扣时代主题，选择好党政所需、教职工所望、工会所能的活动切入点，确定活动的目标任务、内容形式，把活动与抗震救灾、抗洪救灾、抗旱保教等项工作结合起来，与振兴东北老工业基地、促进西部大开发等国家区域发展战略和解决“三农”问题结合起来，在充分聚拢和发挥工会自身优势的基础上，运用党政赋予的各种资源和手段，切实加强领导，全力推进经济社会和教育发展。

第二，坚持以人为本，服务教职工，使建功立业活动在提高教师队伍素质中切实发挥作用。紧紧围绕“立德树人”的根本任务，通过多种形式的建功立业活动，把教职工参与建功立业活动与提高自身素质、促进个人发展、争创一流业绩紧密结合起来，充分发挥工会“大学校”的作用，不断提高教职工思想道德素质、创新能力和教学水平，培养和推出了一大批教学能手和业务尖子，为教师成才和展示才华打造了重要的平台。

第三，坚持不断创新，提高质量，使建功立业活动在推进学校中心工作中切实发挥作用。对“工人先锋号”创建、技能练兵和竞赛以及多种形式的科技创新、扶贫支教、回报社会等活动加以整合，与创建“三型”（学习型、创新型、服务型）工会结合起来。项目设置和活动内容紧跟学科发展前沿，紧贴学校教学和教职工素质的提高，融入学校的中心工作，得到了党政部门、社会各界和广大教职工的普遍认可。

二、教育工会建功立业活动的地位作用

《工会法》第七条规定：“工会动员和组织职工积极参加经济建设，努力完成生产任务和工作任务。”《中国工会章程》规定：“中国工会动员和组织职工积极参加建设和改革，努力促进经济、政治、文化、社会和生态文明建设。”开展群众性建功立业活动是教育工会工作的重要组成部分，在工会工作的全局中具有十分重要的地位，发挥着日益重要的作用。

第一，开展建功立业活动是我国工会的性质所决定的，是工会履行建设职能的重要手段。中国工会是党领导的职工自愿结合的工人阶级群众组织，是职工利益的代表者和维护者，是党联系职工群众的桥梁和纽带，是国家政权的重要社会支柱。我国工人阶级要牢固树立中国特色社会主义理想信念，牢牢把握为实现中华民族伟大复兴的中国梦而奋斗的我国工人运动的时代主题，始终做坚持中国道路的柱石、弘扬中国精神的楷模、凝聚中国力量的中坚，始终以国家主人翁姿态为坚持和发展中国特色社会主义作出贡献，把全面深化改革、推动科学发展、实现稳中求进作为发挥工人阶级主力军作用的主战场，坚持服务大局，整合资源，使建功立业活动在推进经济社会和教育发展中切实发挥作用。

第二，开展建功立业活动是在全面深化改革中充分发挥教职工作用的现实需要。推动经济社会又好又快发展，实现中华民族伟大复兴，科技是关键，人才是核心，教育是基础。百年大计，教育为本；教育大计，教师为本。教师是人类灵魂的工程师，是落实科教兴国战略、人才强国战略，推进教育创新，全面实施素质教育的主导力量，是社会主义事业建设者和接班人的培育者，是学生增长知识和思想进步的指导者和引路人。教职工队伍是一支蕴含着丰富智慧、巨大能力而又充满活力和生命力的优秀群体，迫切需要通过举办具有竞争意识和竞技元素的活动，激发他们的积极性、创造性，使建功立业活动在建设创新型国家、推动经济发展方式转变，实现教育的优先发展、均衡发展、科学发展等方面发挥积极作用。

第三，开展建功立业活动是深化教育领域综合改革，促进教育事业科学发展的迫切需要。党的十八届三中全会对全面深化改革的重要领域和关键环节做出重大部署，特别是围绕党的十八大报告提出的“深化教育领域综合改革”总体要求，明确了教育改革的攻坚方向和重点举措。广大教职工是推动教育事业科学发展的主力军，全体教职工紧密团结、同心同德是深化教育领域综合改革的力量之源。教育改革的目的是为了实现包括教职工在内的广大人民群众的根本利益，教育改革的进程也必然要由教职工来参与、来推动。积极开展多种形式的群众性建功立业活动，有利于工会组织团结带领广大教职工拥护和支持改革、参与和推动改革，做改革的促进者，努力夯实全面深化教育领域改革的群众基础。

第四，开展建功立业活动是提高教职工素质，调动和发挥教职工积极性创造性的有效途径。深化教育领域综合改革把立德树人作为教育的根本任务，作为深化教育领域综合改革之魂。坚持立德树人基本导向，本质要求是育人为本、德育为先、能力为重、全面发展，使受教育者成为德智体美全面发展的社会主义建设者和接班人，对提高教师队伍素质，加强教师队伍建设提出了新的更高的要求。教育工会开展岗位练兵、教学比赛、互帮互学、技能培训和教学成果评选表彰等活动，将不断提高教职工的素质，促进教职工的专业发展，增强他们的竞争能力和创业能力、创新能力，充分调动和发挥教职工的积极性、创造性，为教育发展和国家建设提供人才保证和智力支持。

三、教育工会建功立业活动的主要任务

教育工会开展建功立业活动的主要任务是调动发挥教职工的积极性和创造性，提高教职工队伍素质，推动教育改革和发展。当前，我国正处于全面建成小康社会的关键时期，是全面深化改革、加快转变经济发展方式的攻坚时期。教育工会的建功立业活动要以科学发展观为指导，牢牢把握为实现中国梦而奋斗这个我国工人运动的时代主题，围绕实施科教兴国战略、人才强国战略、国家发展战略，建设创新型国家，推动经济社会发展，进一步把广大教职工的智慧和力量凝聚到现代化建设上来，充分发挥教职工在深化教育领域综合改革中的主力军作用。

第一，围绕深化经济结构调整，推动经济发展方式转变，在教职工中广泛开展“当好主力军，建功‘十二五’，和谐奔小康”立功竞赛活动。团结动员广大教职工面对新形势、新机遇和新挑战，树立全局观念，明确工作目标，增强竞争意识，争创一流业绩，为促进经济持续健康发展，实现“两个一百年”奋斗目标建功立业。

第二，围绕提高教职工职业技能素质，推进科技创新和技术进步，在教职二中广泛开展“岗位练兵、技术比武”立功竞赛活动。激励和带动广大教职工立足本职岗位，学习业务技术，掌握职业技能，争当技术能手，为实现教育改革发展目标提供人才保障。

第三，围绕增强自主创新能力，加强创新型国家建设，在教职工中广泛开展合理化建议立功竞赛活动。深入实施以推动技术进步为主题，

以开发具有自主知识产权的核心技术为重点，以争当“创新示范岗位”、“创新能手”为载体的教职工经济技术创新工程，积极倡导创新精神，大力发展创新文化，引导和激励广大职工充分发挥聪明才智，为实现国家和学校的发展献计献策。

第四，围绕弘扬劳模精神，做好劳模典型的选树工作，在教职工中广泛开展创先争优建功立业竞赛活动。劳动模范是工人阶级和广大劳动群众的杰出代表，是民族的精英、国家的栋梁、社会的中坚和人民的楷模。劳动模范以实际行动弘扬工人阶级的伟大品格，创造铸就了“爱岗敬业、争创一流，艰苦奋斗、勇于创新，淡泊名利、甘于奉献”的伟大劳模精神，是激励广大教职工积极投身全面建设小康社会伟大事业的强大动力。各级教育工会要贯彻落实“尊重劳动、尊重知识、尊重人才、尊重创造”的重要方针，培养和选树新时代楷模，在全社会进一步形成尊重劳模、关心劳模、学习劳模、争当劳模的时代风尚，充分发挥劳模的示范导向作用。

第二节　教育工会建功立业活动的核心内容

劳动竞赛是工会的一项传统工作，也是工会开展建功立业活动、做好经济技术工作的核心内容。考虑到教育工作的特殊性，我们一般称教育系统的劳动竞赛为教学竞赛。主要包括工作竞赛、合理化建议、技术革新、技术协作、发明创造、岗位练兵、教学比赛等活动。

一、教学竞赛的特点

（一）群众性

群众性是教学竞赛的首要特点，教学竞赛所要实现的目标，是建立在教职工自觉自愿基础上的，而不是依靠行政命令。它不仅表现在吸引了千百万教职工自愿参加，而且表现在它在指导思想上和各个环节上都坚持了相信群众、依靠群众、服务群众的原则。它强调尊重教职工的首创精神，强调教职工的主人翁责任感和教职工在竞赛中的主体地位，强调尊重和调动教职工的积极性、创造性和聪明才智，强调在竞赛过程中教职工实行自我教育和自我管理、自我激励，主动为实现教育改革发展目标创一流成绩，作一流贡献。

（二）广泛性

教学竞赛的广泛性主要表现在以下几个方面：一是组织者的广泛性，各级教育工会、各级各类学校工会以及区域性、行业性教育工会组织都可以组织教职工开展教学竞赛活动。组织上由党政工齐抓共管，可由工会单独举办，也可与有关党政部门联合举办。竞赛可以在学校内部进行，也可以在学校与学校之间进行，还可以按区域或行政区划开展。二是参与者的广泛性，教师、行政管理人员、教学辅助人员、后勤管理和服务人员以及劳务派遣人员等非在编人员都可参加竞赛。三是竞赛内容的广泛性，从教学、管理、服务到科研、开发都可纳入竞赛之中，从而全面提高学校的教育质量和教学科研水平。四是竞赛影响的广泛性，在教学竞赛中形成的学赶先进的热潮和产生的先进模范人物，影响和带动着全社会，促进了物质文明和精神文明建设。

（三）创造性

教学竞赛不同于一般的教学活动，其本质在于它的创造性，以普遍提高工作效率和创新能力为目的，有效调动教职工的积极性，激发人们的创造热情，因而竞赛的成果要优于人们在正常工作情况下取得的成果。从实践看，创新创先创优一直是教学竞赛成效得失的重要评判标准。这种创造功能体现得越充分，教学竞赛的成效越显著。

（四）激励性

教学竞赛的激励性是指通过比先进、学先进、赶先进、帮后进、超先进等活动，激发教职工的主人翁责任感，把蕴藏在教职工中的智慧力量、积极性发挥出来，从而产生对工作的热情和进取心，并把这种热情和进取心转化成行动，达到竞赛的目的。教职工通过教学竞赛，付出了辛勤的劳动，“台上一分钟，台下十年功”，竞赛的优胜者应该得到与自身努力和所作贡献相适应的物质奖励和精神鼓励。教学竞赛为激励教职工发挥聪明才智提供了一个广阔的平台，具有强大的生命力。

二、教学竞赛的原则

（一）围绕中心、服务大局的原则

促进经济建设和教育事业改革发展是开展教学竞赛的出发点和立足

点。要紧紧围绕推动科学发展、加快转变经济发展方式和重大工程建设、重点区域开发来开展教学竞赛，把教职工的智慧和力量引导到促进经济发展上来。通过竞赛活动，总结推广先进的工作和管理经验，促进提高自主创新能力。教学竞赛的组织者要了解教育事业改革发展、教师队伍建设以及学校发展的目标任务，熟悉教学、科研、管理、服务过程的各个环节，尤其是关键领域中的难点和薄弱环节，真正把学校迫切需要解决的实际问题选出来，作为竞赛的项目，并在活动中加以解决。

（二）因地制宜、全员参与的原则

各级教育工会、学校工会都有其在职责范围内开展教学竞赛的任务。各省（区、市）和具备条件的地（市）组织的高校教师教学竞赛要包括本专科院校和高职院校，市（县、区）教育工会要组织县以下农村地区教师的教学竞赛，努力让竞赛活动覆盖教育教学的各个岗位，把民办学校及各级各类学校，包括农民工、劳务派遣工在内的广大非在编人员都组织参与进来，构建全方位、多层次、广覆盖的教学竞赛新格局。要坚持“从群众中来到群众中去”的原则，广泛听取教职工意见，按照教职工的“生物钟”来安排组织竞赛活动，注重竞赛活动的全员化、人性化、社会化和长效化。扩大竞赛活动领域和对象，把竞赛活动由高等学校向中小学校扩展，由公办学校向民办学校延伸。竞赛的形式要从实际出发，灵活多样，使活动富有吸引力，切忌脱离群众。活动方法要注意寻找教职工的兴趣点、关注点，带动吸引更多的教职工自愿参与，避免强制性，真正把竞赛活动变成教职工的自愿行动。

（三）公平公正、竞争择优的原则

在竞赛规则的制定上、竞赛程序的设置上、竞赛过程的运行上、竞赛结果的产生上要做到公平公正，营造公平竞争的环境，自觉接受各方面的监督。比赛力求客观公正，要把那些在竞赛中真正优胜的集体和个人评选出来。注意实现学校发展与教职工受益的双赢，教学竞赛应遵守《工会法》、《教师法》、《劳动合同法》等法律法规，应让教职工的付出得到相应的回报，不得借教学竞赛强迫教职工延长工作时间、增加工作强度，在竞赛活动中要坚持互相学习、互相帮助、取长补短、共同提高，不断提高教学能力和水平。

（四）物质奖励、精神鼓励的原则

奖励是教学竞赛的重要环节。做到物质奖励与精神鼓励并重，尊重价值规律，建立健全符合市场经济要求的竞赛激励机制，对优胜者的奖励要与其贡献相适应。在物质奖励上，要对在竞赛中取得好成绩或贡献突出的单位、教职工予以奖励；在精神鼓励上，要对在竞赛中涌现出来的先进集体和先进个人进行表彰和宣传，以激发教职工参加竞赛的主动性、积极性。

（五）争取支持、团结协作的原则

要激发职工群众的劳动热情和创造活力，切实把工作重点放在基层，真正实现工作重心下移，主动为基层提供有效服务。教学竞赛可由工会单独举办，也可采取与党政联办的形式，一方面可增强竞赛的政策支持力度，提升认可度、影响力；另一方面也可扩大竞赛范围，增加覆盖面，使更多的人都来关注和参与竞赛，也使党政部门增加对工会的了解，赋予工会更多的资源和手段，起到良性循环的作用。要积极争取党政部门、地方总工会的重视和支持，发挥教育系统教学竞赛组委会的组织优势，推动形成竞赛活动的长效机制，切实提高竞赛活动的成效，把更多的教职工引导到竞赛中来。

三、教育工会建功立业活动的主要内容

第一，服务经济发展，紧紧围绕科学发展这个主题、加快转变经济发展方式这条主线，不断增强服务经济社会发展能力。自觉参与推动战略性新兴产业加快发展，促进产学研紧密融合，加快科技成果转化和产业化步伐，自觉参与推动区域协调发展，动员和组织教职工开展立功竞赛。以创建各类学习型组织、加强教学班组建设为重点，大力开展“创建学习型组织，争做知识型职工”创争活动和“工人先锋号”、“教工先锋号”、“五一先锋岗”创建活动，调动和发挥教职工的积极性和创造性，促进教育改革和发展，推动国家现代化建设。

第二，服务深化教育领域综合改革，发动教职工开展教学、管理、服务等竞赛活动。以服务教育、服务社会以及实现教育的均衡发展为目标，积极开展“我为教育献良策”、“金点子工程”等合理化建议、科技创新、科技攻关、科技革新、发明创造以及扶贫支教、回报社会等活动。

第三，服务提高教师队伍素质，开展“创建学习型组织，争做知识型职工”竞赛活动。以提高教师教学能力和水平为着力点，坚持开展群众性的岗位练兵、技术比赛、师徒帮教和技术培训等活动。

第四，服务地方经济发展，适应经济社会发展需求开展竞赛活动。加强校企紧密合作、产教深度融合、中高职衔接、职普沟通，开展技术开发、技术转让、技术咨询、技术服务、技术交流、技术协作、技术帮扶等活动，促进技术成果的转化和推动区域经济协调发展。

第五，服务先进模范人物，做好劳模评选和管理服务工作。劳模是在建功立业活动中涌现出来的先进模范人物。劳模工作是工会工作的重要组成部分，也是建功立业活动的重要组成部分，是教育工会围绕中心、服务大局，运用先进模范人物的榜样作用，动员和激励广大教职工推进经济社会发展和教育事业科学发展作贡献的重要职责。要把工人阶级伟大品格和劳模精神作为激励职工奋斗的强大动力，广泛宣传劳模事迹，做好劳模的推荐评选、表彰奖励和管理服务，营造劳动光荣、知识崇高、人才宝贵、创造伟大的社会氛围，发挥劳模的示范带头作用，为劳模施展才华搭建平台。

第三节　教育工会建功立业活动的组织实施

教育工会建功立业活动的核心内容是教学竞赛。根据竞赛的内容不同，教学竞赛可分为立功型竞赛、智能型竞赛和技能型竞赛三类。应根据不同类型的特点和要求，组织实施教学竞赛。

一、教学竞赛的组织实施

（一）立功型竞赛

立功型竞赛即立功竞赛，是旨在调动教职工的积极性，促进经济发展而开展的竞赛活动。主要内容包括：

1. 广泛开展“当好主力军、建功‘十二五’”主题立功竞赛活动，围绕推动科学发展、加快转变经济发展方式和重大工程建设、重点区域发展开展劳动竞赛，全方位、多层次、有重点地动员组织广大教职工广泛开展社会主义劳动竞赛活动，着力开展一批主题明确、重点突出的立功竞赛活动，促进战略性新兴产业、优势传统产业、现代服务业的加快培育和发展。

2. 广泛开展创建“工人先锋号”、“教工先锋号”、“五一先锋岗”立功竞赛活动，按照“创一流服务、一流工作、一流业绩、一流团队”的目标，在教育系统总结选树典型，唱响品牌，深化先进教学班组（科室）的培育工作，以此推动教学班组（科室）工作规范化，不断提高教学班组（科室）执行力和创新力。注重“工人先锋号”的创建过程，以打造高效、创新、和谐教学班组（科室）为目标，进一步增强“工人先锋号”的社会影响力。

3. 围绕推进基本公共教育服务均等化，统筹城乡义务教育资源均衡配置，开展多种形式的手拉手、青蓝工程、扶贫支教、回报社会等立功竞赛活动，加强薄弱学校建设，加快发展农村教育。

（二）智能型竞赛

智能型竞赛是旨在开发教职工智能，促进科技进步、提高教育质量和管理效率而开展的竞赛活动，包括合理化建议、教学革新、科技攻关、科技革新和发明创造等竞赛活动。

1. 合理化建议。所谓合理化建议，指的是有关改进和完善企事业单位工作业务、生产技术和经营管理方面的办法和措施。

一是合理化建议的内容。原国家经委、全总1986年制定的《合理化建议和技术改进奖励条例实施细则》中规定：凡在企业、事业管理的组织、制度、方法和手段等方面提出带有改进、创新因素的办法和措施，经实施后对提高企业素质、管理效能、经济效益或社会效益有明显作用和成效者，均可视为合理化建议的内容。随着合理化建议活动的深入开展，其内容范围将不断拓展。教育工会要结合教育系统的实际，在实践中不断丰富和充实合理化建议的内容和形式。

二是合理化建议的组织领导。在全国范围内，合理化建议活动的组织和日常工作由全总负责，国务院有关部委在指导活动的重点方向、完善和督促落实奖励政策以及配合采纳实施建议项目等方面与工会密切配合，协同工作。全国设立“全国合理化建议和技术改进活动工作委员会”，各地都建立健全了相应的组织领导机构。企事业单位合理化建议的组织领导机构由企事业单位的行政、工会和有关方面负责人员组成。

三是合理化建议活动的管理。合理化建议管理的政策依据是1986年修订发布的《合理化建议和技术改进奖励条例》及其实施细则。按活动的进展规律，活动管理工作的程序大体可分为前期工作（发动、征集）、中期工作（评审、实施）和后期工作（奖励、推广）。

2. 教学革新。所谓教学革新，指的是组织教师集中聪明才智在教学内容、教学方式、教学手段、教学模式等方面进行改革创新，提升师生的人文和科学素养，更加注重创新精神和实践能力培养，不断提高教学质量。

一是教学革新的内容。教学革新的内容要因时制宜、因地制宜，以学生为主体、以教师为主导，通过教学内容、教学方式、教学手段、教学模式等方面的改革创新，提高教师的教学能力和水平。如，优化教学内容，按照教学大纲、教学计划的要求，根据学生认知和接受能力，落实好有助于提高实践能力的教学内容，让学生有更多时间去思考、去动手、去体验、去锻炼；在教学实践中科学选择、综合互补运用各种教学方法和教学手段，倡导启发式、探究式、讨论式、参与式教学，增加与学生的互动交流，增强课堂教学的吸引力和感染力；引导学生掌握科学的学习方式，让学生主动参与、乐于钻研、勤于动手，提高学习的能力和效果，培养学生主动获得知识和信息的能力，提高人才培养质量的教学资源环境；结合教学要求和时代要求探讨教学方法的效果评价问题，建立科学评价教学方法的新视角和观测点，形成用于衡量教与学双边活动的教学方法评价体系与模型，等等。

二是教学革新的具体形式。以提高教师教学技能水平为重点，开展“教坛新秀”的评选、教师教案展评、“精品课程”“示范课程”“优质观摩课程”评定、“优秀教学团队”评选等活动；以提高青年教师教学能力为重点，实施“青蓝工程”，使刚走上工作岗位的青年教师“拜师学艺”，一对一传帮带，尽快成为教育骨干；为女教师提高素质搭建平台，开展“巾帼标兵岗”评比、女教职工“创新能手”评比活动。

3. 科技攻关、科技革新。教育系统特别是高等学校，既是高层次创新人才培养的重要基地，又是基础研究和高技术领域创新成果的重要源泉。科技攻关、科技革新就是利用教育系统的科技优势、人才优势，为实现教学科研目标组织教职工集中力量而开展的群众性科学技术创新活动。

一是主要做法。科技攻关、科技革新具有广泛的群众性，是教职工参与科技创新、技术管理的一种有效形式。它的主要做法：（1）以科研人员、技术骨干为核心，充分发动广大教职工积极参加；（2）有组织、有领导地进行，大学、学院（系、部）、教研室要列入日程，有专人负责；（3）科技攻关、技术革新规划目标要明确，抓住生产工作关键和薄弱环节，把大改大革和小改小革结合起来；（4）落实科技攻关、技术革新的资金、设备、材料和人员；（5）采取多种形式，如组织教职工学习先进技术、举办技术展览、召开技术学术研讨会和举行技术学术讲座等，促进科技攻关、技术革新的可持续开展。

二是表彰奖励。即工会对职工科技攻关、科技革新成果的奖励。2005年全总下发了职工技术成果奖励办法，规定具备下列条件之一的，可以申报职工技术成果奖：（1）发明创造具有新颖性、先进性和实用性，并在本行业产生重要影响；（2）创新技术、设计和改进工艺取得显著成效；（3）研制开发新产品、新工具具有国内先进水平，并取得显著成效；（4）对现有设备进行技术改造取得显著成效；（5）创新操作法，使劳动生产率、产品质量显著提高或在节能降耗等方面取得显著成绩；（6）创新技术，在职业安全与卫生和环境保护等方面起到显著作用。由全总成立评审委员会对职工技术成果进行综合评审，并提出授奖项目和等级的建议。领导小组根据评审委员会的建议，对获奖项目及等级进行审定、公示。

（三）技能型竞赛

技能型竞赛是指旨在帮助教职工掌握教学方式方法，提高教学技能水平而开展的竞赛活动。包括岗位练兵、教学比赛等活动。

1. 岗位练兵。岗位练兵是指教职工在日常工作中通过练习基本功，练习掌握开展教学的基础知识、基本技能，不断提高教学能力和水平的一种方法。

岗位练兵的特点。岗位练兵把工作和训练密切结合起来，通过工作提高技能，通过练兵推动工作。一是突出岗位练兵的针对性，要从实际出发，制定出符合实际、切实可行的练兵计划，并认真组织实施；二是注重岗位练兵的全员性，以专业比武为契机，带动岗位练兵活动的开展。从学校到院系、教研室、年级组都要把学习掌握技能覆盖到各个岗位和每个职工，做到全员动员、全员参与、全员提高；三是强化岗位练兵的科学性，不断总结经验，探索新思路，寻找新载体，组织吸引教师积极主动参加岗位练兵活动，立足教学岗位，增素质、强技能、树形象，使岗位练兵日趋科学化、规范化；四是建立相应的竞争机制和管理办法，营造钻研业务、崇尚技能、提高技能的良好氛围。建立教职工练兵考核数据库，作为教职工竞岗调资、提拔晋级和职称评定的依据。

岗位练兵活动方式。在实践中，广大教职工创造了许多行之有效的岗位练兵活动方式。如学习教育理论大练兵，学习应用教育学、教学法、心理学等基础理论，开展教育法规、先进教育理论读书活动；教学技能大练兵，组织教师苦练教学基本功、掌握教学基本技能、熟悉教学基本规范，重点抓好学科技能的岗位训练；课堂教学大练兵，围绕课堂教学的创新性和有效性，开展课堂教学创新活动，通过教学开放周或教学开放日、公开课等形式，利用多媒体、网络技术等手段，展示、交流课堂教学创新的经验成果，提高课堂教学能力和效率，等等。

2. 教学比赛。教学比赛是指以组织动员教职工为施展教学才华、切磋教学技能、提高教学水平为目的的教学竞赛活动。

教学比赛的优点：教学比赛具有十分灵活的特点。一是其规模大小、项目多少可以自由伸缩、增减，既适用于全国以及省、市、县大范围开展，也适合于行业、学校小范围开展，具有广泛的适应性、普遍性；二是便于把能力的培养与知识的学习有机结合起来，始终把这两者的结合贯穿于活动的全过程，致力于不断提高教职工的职业技能水平，培养和造就具有相应科学文化素质和教学水平的教职工队伍；三是比赛具有强烈的激励作用。竞赛活动把教学比赛和技能人才的评比表彰制度化、规范化，使之具有更加深厚的社会基础和群众基础，起到了激励教职工努力学习教学理论、刻苦钻研本职业务、不断提高业务水平的积极作用。

教学比赛的组织实施主要分以下几个阶段：

一是组织动员。发动群众，在调查研究的基础上，找出教学工作上的关键环节和薄弱环节，明确在教学比赛中重点解决的主要问题，初步形成竞赛的方案，并经多次多方论证、修改补充完善方案。

二是出题命题。教学比赛的命题，包括理论考试题和实际操作题。命题要遵循坚持标准、重视基础、注重操作、全面考核、反映水平的原则。理论考题应注重考核内容的实用性、普遍性、正确性、适量性，可适当增加可选做的加分难题。实际操作题应根据比赛需要，反映三个以上的基本功、考场应具备进行检测和评价的条件、适当增加若干难关，便于优秀人才脱颖而出。

三是制定规则。根据竞赛活动方案，逐一制定相关的科学有效的规则。主要有：（1）竞赛规则。对参赛选手的资格、学科设置、教学手段、竞赛时长、竞赛方式、评委设置、评委选拔等都要有明确的规定，要有规范性和可操作性；（2）评判标准。主要是对竞赛内容的评判标准，要邀请资深专家依照已有竞赛标准结合新的要求，制定切实可行、科学公正的评判准则。如教学竞赛涉及参赛教师的仪容仪表、教态教法、口头表达、内容设计、教具使用、思维拓展、现场气氛等方面，并对每一标准项目确立分值及权重，做到量化评定；（3）组织规定。根据竞赛的实际需要，本着实事求是、提高效率的原则，对竞赛主办单位、承办单位和协办单位要有明确要求，明晰各自职责，共同组成组织领导机构、工作机构，依规对各自负责的环节和工作一抓到底，确保整个赛程的顺利进行。

四是组织比赛。根据比赛的层级和规模，可分为预赛、决赛两个阶段。从教研室、年级组、院系到学校（或地区和整个行业），在层层预赛的基础上选拔出优胜者。把选拔出来的选手集中起来，在规定的地点和规定的时间内进行最后的比赛，决出优胜者。

五是评定奖励。决赛后对比赛工作进行总结，对决赛的优胜者进行表彰奖励。

（四）把握竞赛的几个关键环节

一是做好实施前的准备，主要是做好思想发动工作，让参赛者明确开展竞赛活动的意义、方法和目的要求，使参赛者有良好的竞争姿态和参赛心理，实现互相学习、取长补短、共同提高的目的。

二是做好竞赛过程中的组织指导工作，包括宣传鼓励、通报表扬、总结推广经验，及时协调解决竞赛中出现的问题，保证竞赛活动按照方案顺利进行。

三是做好竞赛的总结，根据竞赛的进展情况，分阶段或定期进行总结，考核目标完成、工作质量和实际贡献，并以此作为表彰奖励的依据。

二、教学竞赛的组织领导

竞赛的组织领导机构一般称劳动竞赛组委会，其主要职责是：研究确定竞赛方式、内容和目标任务，制定竞赛规则，审议竞赛预决算，决定竞赛奖励方案和表彰奖励优胜者等。组委会一般由地方教育行政部门、教育工会、学校党政工负责人以及有关部门的人员组成。办公室设在工会，负责竞赛的日常组织、管理等具体工作。其职责是：提出竞赛计划、目标，制定竞赛实施方案和考核、评选、表彰奖励办法，总结推广竞赛活动的先进典型和经验，指导竞赛活动顺利进行。这种竞赛的组织领导体制有利于从全局出发做好科学决策，有利于发挥党政工各自的职责和优势，整合资源，提高工作效率，共同推进竞赛活动。

要把地方和学校开展建功立业竞赛活动的情况纳入上级总工会及其教育工会对学校工会、地方教育工会的考核评价体系。要总结推广各地将教学竞赛活动纳入当地开展的建功立业活动的总体规划和工作目标，纳入五一劳动奖状、五一劳动奖章和“工人先锋号”表彰范围。对在竞赛活动中取得优异成绩的教职工，在绩效考核、评先评优、职称评定、晋升工资和一次性物质奖励等方面加大激励力度。

三、教学竞赛的目标任务

要从本地区、本单位和本行业的实际出发，确定竞赛的目标任务。着力解决当地经济发展、科技创新以及教学科研开发等过程中遇到的突出问题，在促进工作任务完成的同时，注重提高教职工的素质，增强经济发展实力。确定目标任务要切实可行，既要考虑前瞻性，又要考虑可行性，保证通过努力就能实现。

四、教学竞赛的活动方案

一般而言，竞赛方案应包括以下内容：一是竞赛名称，二是竞赛指导思想，三是竞赛形式，四是参赛范围和人员，五是竞赛评委及其构成，六是竞赛组织领导机构，七是竞赛内容、要求、标准和目标，八是竞赛起止时间，九是竞赛考评和奖励办法，等等。竞赛方案的制订要体现群众性、民主性、专业性、科学性、可行性，为大多数参赛者认可，力求做到指导思想明确、竞赛规则规范、竞赛程序合理、评比奖励公平，有利于调动和保护参赛者的积极性。

五、教学竞赛的评比表彰

评比表彰是竞赛活动的有机组成部分。关于竞赛的奖励问题，1994年全总、财政部、原劳动部联合下发的《关于劳动竞赛奖金列支渠道的通知》规定：“劳动竞赛奖金从企业依照国家规定提取的工资总额中支付，具体支付办法由企业工会与行政商定。”随着竞赛活动的深入开展，有关部门将更加重视竞赛活动，竞赛的表彰奖励将日益制度化、规范化、经常化。

六、教学竞赛经验的总结推广

总结推广先进经验是竞赛的重要环节。通过开展成果评选表彰、发布创新成果、举办培训班、组织现场观摩等方法，总结推广竞赛中创造的先进理念，先进技术，先进管理法、工作法和操作法，从而解决实际问题，提高工作水平。总结推广先进经验，要重视先进集体、先进人物的品牌示范效应，也要注意保护知识产权。

第六章
教育工会与教师队伍素质建设

教师是教育人、培养人、促进人的全面发展的职业，其职业的特殊性质决定了对从业者的素质具有较高要求。我国于2001年开始全面实行教师资格制度，之后又推出教师专业标准。当一名教师，就意味着要不断学习、不断提高、不断自我完善。教师品行不端或专业水平不合格，将误人子弟，甚至影响一个国家和民族的发展前途。因此，教师素质建设是一个永恒的重大主题，它关系到教师自身的职业发展，更关系到国家建设者和接班人的培养大计。

在教师队伍素质建设的系统工程中，教育工会根据自身的特点和优势，找准参与角度，选择具有特色、富有成效的工作策略，充分发挥作用，既是全面履行工会职能的必然要求，也是服务教育事业科学发展的直接体现。

第一节　教师素质与教师队伍建设

一、教师素质的内涵

教师素质属于职业素质，是教师稳固的职业品质，是调节教师与他人、与集体及社会相互关系的行为准则，是一定社会或阶级对教师职业行为的基本要求。

所谓教师素质，是指教师在从事教育工作过程中形成的比较稳定的道德观念、行为规范和道德品质的总和。具体地说，它是教师以先天禀赋为基础，通过科学教育和自我提高而形成的具有一定时代特点的思想、知识、能力等方面的身心特征和职业修养。

教师职业素质的构成要素包括：教师的思想政治素质、职业道德素质、业务能力素质、文化素质。其中，思想道德素质是灵魂，业务素质是主体，文化素质是基础。这些要素从不同方面反映出教师职业素质的特定本质和规律，构成教师职业素质结构模式。

二、加强教师队伍素质建设的重要意义

教育是民族振兴、社会进步的基石，是提高国民素质、促进人的全面发展、提高国家综合竞争力的根本途径。教育大计，教师为本。教师是立教之本、兴教之源。有高水平的教师，才有高水平的教育。教师队伍建设，从本质上说就是教师素质建设。努力造就一支高素质专业化教师队伍，对于推动教育事业科学发展，为加快推进社会主义现代化提供有力的人才保证和人力资源支撑，实现全面建成小康社会的奋斗目标，具有十分重大的战略意义。因此，国家把教师队伍建设摆在教育改革的优先议程，在《国家中长期教育改革和发展规划纲要（2010－2020年）》中就教师队伍建设设立专章，强调要把教师队伍建设摆在更加突出的战略位置。党的十八大报告也特别强调要“加强教师队伍建设，提高师德水平和业务能力，增强教师教书育人的荣誉感和责任感”。习近平总书记在第29个教师节到来之际致全国广大教师的慰问信中，希望全国广大教师牢固树立中国特色社会主义理想信念，带头践行社会主义核心价值观，自觉增强立德树人、教书育人的荣誉感和责任感，学为人师，行为示范，做学生健康成长的指导者和引路人；牢固树立终身学习理念，加强学习，拓宽视野，更新知识，不断提高业务能力和教育教学质量，努力成为业务精湛、学生喜爱的高素质教师；牢固树立改革创新意识，踊跃投身教育创新实践，为发展具有中国特色、世界水平的现代教育作出贡献。

在新的历史时期，教师队伍素质建设出现了许多新问题，也面临许多新课题、新挑战，加强教师队伍素质建设任务十分紧迫。

我国是教育大国，教师队伍总量庞大。长期以来，我国广大教师认真贯彻党的教育方针，默默耕耘、无私奉献，用爱心、知识和智慧点亮学生心灵，培养了一批又一批优秀人才，为我国教育事业发展、为国家发展和民族振兴作出了突出贡献。近年来，我国教师队伍整体素质又有

明显提高，特别是学历达标情况有了大幅度提升。但我们也应清醒地看到，教师队伍素质与党和政府的要求、与人民群众的期望相比，还存在着明显的差距。一些教师思想政治观念模糊，缺乏政治责任感和历史使命感；一些教师理想信念动摇，世界观、人生观、价值观扭曲；部分教师教育观念陈旧、教学能力不足；有的教师学风浮躁、学术不端；个别教师不尊重学生，甚至侵犯学生的人身安全；等等。这些行为损害了人民教师的职业声誉，给教育事业带来不良影响，同时也更加彰显了加强教师队伍素质建设的必要性和紧迫性。

建设一支高素质教师队伍，是我国教育改革发展的迫切要求，也是满足人民群众接受更好教育的需要。只有着力于教师队伍素质建设，通过高素质的教师队伍把政府与社会对教育的支持、期望转化为具体的成果，才能在真正意义上办出让人民满意的教育。

进入新世纪以来，以提高教育质量、推行素质教育为重点的新一轮教育改革全面实施，教育部分别推出了幼儿园、小学、中学教师专业标准，对教师素质提出了新的明确要求。与此同时，随着学校人事制度、分配制度等改革举措的深入实施，提高自身素质越来越成为每一位教师打造职业竞争力的迫切需要。

还应看到，现代科学技术的飞速发展，为教师素质注入了新的内涵。网络社会带来的信息化，给教育带来巨大冲击，使得教育理念、教育手段等都发生着深刻变革。广大教师必须不断更新教育理念，不断更新知识结构，及时掌握现代教育手段，全面提高自身素养，才能更好地胜任教师工作。

三、教育工会在教师队伍素质建设中的责任与总体要求

中国工会是职工群众自愿结合的大学校，教育工会肩负着教育职工不断提高思想道德素质和科学文化素质，建设有理想、有道德、有文化、有纪律的教职工队伍，动员和组织教职工积极参与教育事业改革与发展的责任。教育工会在教师队伍素质建设中充分发挥作用，促进教师素质提高，既是履行围绕大局、服务中心的职责所在，也是维护好教师职业发展权益的需要。可以说，促进教师队伍素质建设是教育工会服务党政所需与服务职工所盼的一个重要结合点。

教育工会在这方面有着优良传统。中国教育工会成立伊始，就把加强教师队伍素质建设作为重要任务，在半个多世纪里始终坚持不懈，为打造高素质的教师队伍做了大量卓有成效的工作，得到各级教育党政部门的高度认可，受到广大教师的欢迎和好评。在新的历史时期，教育系统各级工会在教师队伍建设中发挥更大作用，是党中央对工会组织提出的要求，是教育事业加快改革发展赋予工会的历史使命，也是广大教师对工会组织的殷切期盼。教育工会各级组织和广大工会干部要充分认识加强教师队伍素质建设的重大战略意义，把促进教师队伍素质提升作为义不容辞的职责，纳入重点工作，采取有力举措，努力在培养造就适应教育事业改革发展的高素质教师队伍方面作出新的更大贡献。

教育工会在提高教师队伍素质的系统工程中，要牢牢把握服务教育事业改革发展、服务学校中心工作的大局，紧紧围绕教育教学工作所需，发挥群众组织的优势和特色，从“促进”、“服务”的角度出发，通过营造氛围、引导风尚、启发自觉、反映诉求、搭建平台等手段，深入实施职工素质工程，全面提升广大教师的思想政治素质、职业道德素质、业务能力素质以及文化和心理素质。

第二节　教育工会与教师队伍思想政治素质建设

一、教师职业劳动特点对教师思想政治素质的要求

教师队伍的思想政治素质是教育事业科学发展的保障，是教师职业成长的重要前提。

思想政治素质往往决定一个人的政治信仰，制约一个人的道德原则，影响一个人其他素质的发挥。教师的思想政治素质决定着教育活动的方向，决定着教师的职业态度。良好的思想政治素质，能焕发教师自身的教育使命感和责任感，同时也能感染和教育学生。相反，思想素质差、品行不端的教师，必然会对学生带来负面影响，给教育事业造成损失。

在中国传统文化中，人们对教师形象和工作的期待一直以学高、身正的双重要求为主脉，以正己而后可正人为信念，所谓“学高为师，身正为范”。尤其对于中小学教师来说，教师与学生接触密切，加之少年儿

童特定身心年龄阶段的易感性特征，使得教师的品行、人格素质格外重要，教师的价值观、情感和态度整合在其所有的教育教学工作中，对学生产生着直接的影响。与此同时，现代教师在教育活动中所体现的职业角色已经大大扩展，他们不仅是知识的传递者、辅导者，同时也是学生的伙伴、引导者和榜样，教师在学生面前充当着多重角色，传递着各自的价值观。

教师职业劳动这种培养人、影响人、塑造人的特点，特别是党赋予人民教师培养社会主义事业的建设者和接班人的使命，决定了我国教师职业对教师思想政治品质的特殊要求：

热爱祖国，热爱人民，拥护中国共产党领导，拥护中国特色社会主义制度，遵守宪法和法律法规，贯彻党和国家的教育方针，“不得有损害国家利益和不利于学生健康成长的言行”；

具有科学的世界观和积极的人生观，忠诚人民教育事业，自觉履行好培养社会主义现代化事业的建设者和接班人的根本职责；

勇担社会责任，遵守社会公德，具有为国家富强、民族振兴和人类进步服务的自觉意识，做“富强、民主、文明、和谐，自由、平等、公正、法治，爱国、敬业、诚信、友善”的社会主义核心价值观的践行者、示范者和引领者。

二、教育工会提高教师思想政治素质的基本内容、途径与方法

（一）基本内容

1. 理想信念教育。以中国特色社会主义理论体系、党的路线方针政策等为主要内容。教师能否自觉按照党的教育方针去塑造自我、教育学生，关键在于自身是否具有符合社会主流意识形态的信仰与追求。通过进行理想信念教育，引导广大教师牢记神圣职责，志存高远，把个人的成长进步、把本职工作同中国特色社会主义伟大事业、同祖国的繁荣富强紧密联系在一起，增强教书育人的责任感与使命感，在教育教学活动中自觉同党和国家的教育方针、政策保持一致，不发表有损国家利益、民族团结和易引起政治误导的言论，不传播有害学生身心健康的错误思想。

2. 世界观、人生观、价值观教育。正确的“三观”是教师优良思想

政治素质的集中体现。只有确立正确的世界观、人生观和价值观，具备良好的思想政治素质，才能自觉抵制拜金主义、享乐主义和极端个人主义的侵袭诱惑，坚定地贯彻党的教育方针。要教育引导教师树立正确的“三观”，努力践行社会主义核心价值体系，坚守高尚情操，做学生的道德表率。

3. 与职业有关的法律法规教育。包括《教育法》、《教师法》、《义务教育法》、《高等教育法》、《未成年人权益保护法》、《工会法》、《劳动法》以及《学校教职工代表大会规定》等与教师从业有关、与教师自身权利义务有关的法律法规。要帮助教师学法、知法，自觉履行法定义务和社会责任，依法执教，依法维权，维护校园和谐稳定。

4. 劳动纪律教育。以学校制定的有关劳动纪律方面的规章制度为主要内容。要教育引导教师自觉遵守校规校纪，严格约束自己，正确处理与领导、同事及与学生的关系，注意随时随地给学生以良好的影响。

（二）主要途径与方法

1. 组织各种学习宣传活动，积极配合同级党委做好用马克思主义科学理论、中国特色社会主义理论武装全体教师的工作。工会要切实重视和加强教师思想政治工作，积极参与教师日常政治学习制度的组织和落实，引导教师关心国家大事，增强政治使命感和责任感。组织邀请专家学者举办专题辅导讲座等活动，紧密结合改革开放新时期新阶段的实际，结合时下国际形势的发展变化，以通俗易懂的方式向广大教师讲解马克思主义经典理论和中国梦的科学内涵，巩固马克思主义在学校意识形态领域的指导地位，帮助教师坚定对建设中国特色社会主义的信念、对党和政府的信心，坚定政治信仰，自觉抵制和批判落后、腐朽和反动的思想文化影响与侵蚀，防止错误的思想、思潮扰乱教师的思想，搞乱学校的意识形态。

2. 进行岗前培训，明确职业要求。新教师入职伊始，工会组织要协助行政做好新人岗前培训工作，把思想政治素质教育纳入培训的重要内容，讲理论，讲形势，提要求，画底线，剖析典型案例，并应注意网络文明和纪律方面的教育，让新教师深刻理解教师职业特点对从业者思想政治素质的特殊要求，牢记党中央对教师队伍思想政治素质的明确要求，增强履行使命的自觉性和坚定性。

3. 开展丰富多彩的活动，寓教于乐。利用各种节日组织主题教育活动。借助五一劳动节、七一党的生日节、八一建军节、十一国庆节、教师节以及各地解放日、全国抗战胜利日等重大节日庆祝活动的时机，进行爱党、爱国、爱社会主义教育；开展创建文明校园活动，引导教师树立规范意识、秩序意识、守纪意识，端正教风、学风；组织主题征文、演讲比赛等活动，引导教师间相互交流，深入学习思考，进行自我教育，不断提高思想政治理论素质。

4. 总结经验，选树榜样。及时对基层学校和教师班组在教师思想政治教育方面创造出的新鲜经验和有效做法进行总结推广，开展评选活动，对思想政治品德方面有突出表现的优秀教师进行表彰，并通过大力宣传，营造正确舆论，促进形成重品德、做表率的浓厚氛围。

5. 组织调研，开展帮扶，把思想政治工作与解决教师的实际困难结合起来。思想问题往往产生于现实中的困难与困惑。工会组织应紧密结合教师工作和生活中的实际问题开展调研，尤其是在涉及教师切身利益的改革举措推出前后，要密切关注教师队伍的思想动态，及时进行专题调研，倾听了解教师所想所忧，切实反映他们的利益诉求，促进问题解决。要做好日常性的困难教职工帮扶工作，对生病住院的教师、亲人病故以及生活上遇到困难的教师进行慰问，送上关怀，帮助他们克服消极情绪，战胜困难，渡过难关；对在职称晋升和岗位聘任等方面遇到不如意情况的教师，及时进行思想工作和心理疏导，做好沟通调解，积极化解矛盾，坚决防止因工作或生活困难的积怨而导致报复社会的恶性事件发生。

第三节　教育工会与教师队伍师德建设

一、师德的内涵及加强师德建设的重要性

教师素质，师德为首。

师德，是教师从事教师劳动所应当遵循的行为规范和必须具备的道德素质。它是教师的道德意识、道德关系和道德活动的总和，是教师素质的核心内容。

师德属于职业道德范畴。职业道德是指从业人员在职业活动中应该遵循的行为准则。教师职业道德品质的构成有：教师道德认识、教师道德情感、教师道德意志、教师道德信念、教师道德行为、教师道德习惯。教师职业道德是围绕着为完成教书育人这一任务所应尽到的职责而设立的特殊的、行业性的道德要求。

教师职业道德高于一般行业职业道德的要求。校园是传播知识的殿堂，是培育人才的沃土，教师从事的是教育人、塑造人的事业，教师的师德行为直接影响到学生的思想素质、道德品质和道德行为习惯的养成，因此，教师道德被称为“师魂”。教育部与中国教科文卫体工会联合颁布的《中小学教师职业道德规范》（2008 年修订）、《高等学校教师职业道德规范》明确规定了对教师职业道德的具体要求。《中小学教师职业道德规范》提出的中小学教师职业道德要求为：“爱国守法，爱岗敬业，关爱学生，教书育人，为人师表，终身学习。”《高等学校教师职业道德规范》提出的高等学校教师职业道德要求为：“爱国守法，敬业爱生，教书育人，严谨治学，服务社会，为人师表。”

党和政府历来高度重视师德师风建设，我国广大教师的整体师德表现赢得了全社会的好评。广大教师热爱教育事业，热爱学生，将自己的知识、爱心和精力毫无保留地奉献给学生，奉献给教育事业。但同时也应当看到，当前师德方面的确存在不少亟须引起重视的问题，如不尊重学生人格，甚至违反法律，侵害未成年人的身心健康；学术不端，弄虚作假；从教不廉，以教谋私等等。这些行为虽然是个别现象，但严重损害了人民教师的职业声誉，同时也提示我们必须把师德放在教师队伍建设中更加重要的位置切实抓好。

二、教育工会进行师德建设的基本原则与主要方法

师德建设是一项系统性、长期性的工作，需要有关各方齐抓共管、协调配合。各级教育工会积极参与师德建设义不容辞，大有可为。

工会组织在师德建设中具有独特的优势。其一，工会是最广泛的群众组织，工会会员几乎涵盖了学校全体教师，因此，工会可以把不同身份、不同层次、不同部门和岗位的教师最广泛地组织到师德建设活动中来；其二，工会拥有开展活动的固定载体以及文化阵地，比如俱乐部、

活动站、工会报刊和网站等，这为开展师德师风活动提供了便利；其三，工会工作的“柔性”特点，更加符合道德建设自律性和陶冶性的内在规律。

教育系统各级工会始终把师德建设作为重点，数十年来坚持不懈，做了大量卓有成效的工作，积累了极为丰富的经验。工会进行师德建设要注意从自身特点出发，坚持以人为本、尊重道德形成规律的原则，注重正面教育，将他律约束与自律引导相结合、个体师德建设与群体师德建设相结合。

教育工会促进师德建设的主要途径和操作方法可概括如下：

（一）组织形式多样的学习，加强教师职业道德教育

师德教育是师德建设的重要组成部分，灌输道德理论、原则、规范等方面的知识，是师德教育的基本环节。学校工会和工会小组应利用工会活动时间，进行师德专题学习，组织教师学习《教师职业道德规范》等有关法规和文件，帮助广大教师全面理解《师德规范》的基本内容，准确把握《师德规范》倡导性要求和禁行性规定；学习著名教育家关于师德修养的著述，帮助教师树立正确的教育思想和教育观念。通过系统的、长期坚持不断的师德教育，确立教师的职业道德信念，提高教师的职业道德意识，陶冶教师的职业道德情操，锻炼教师的职业道德意志，使广大教师能够自觉地以自身的人格魅力教育感染学生，做学生健康成长的指导者和引路人。

应当强调的是，在当前社会诚信普遍严重缺失的大背景下，加强师德建设，需要注重诚信教育。近些年来社会诚信度出现整体性下降，教育系统同样存在着急功近利、学术造假等诚信问题。教师是社会的良知，教师坚守诚信是社会文明进步的重要标志。有诚信的教师，才能培养有诚信的学生。增强教师的诚信意识，就是要教育教师自觉维护学术尊严和学者声誉，加强学术自律，恪守学术道德和学术诚信；就是要教师刻苦钻研、严谨笃学，坚守、弘扬实事求是的科学精神，忠于真理，力戒浮躁学风，避免急功近利；就是要教师树立法制观念，保护知识产权，尊重他人劳动成果和权益。

师德教育绝不能简单化，应避免生硬的灌输，避免被动地接受。形式上力求有讲解，有讨论，有交流，有互动，使教师在生动的学习过程

中增长师德知识，提高师德认知水平。

（二）组织开展主题教育活动

开展群众性的师德建设主题教育活动，是工会推进师德建设的有效途径。所谓主题教育活动，就是围绕一个时期师德建设的重点问题，设计具有时代性和针对性的主题，再根据这个主题策划出系列活动。这种主题系列活动的特点，是持续时间相对较长，涵盖面比较广，舆论宣传较为集中，有利于形成师德建设的良好氛围，产生较大的影响。

实际操作中，一要抓准主题，主题要反映师德建设实际中的重点所在，具有较强的针对性；二要重视宣传，发挥舆论的先导性、引导性作用，营造舆论，引导方向，扩大影响；三是思想性与生动性兼顾，尽可能使活动丰富多彩，让教师乐于参加，并能够通过活动受到教育和启迪。

（三）培养典型，选树榜样

榜样的力量是无穷的，尤其是教师身边的榜样，更加具有示范性和感染力。工会要有意识地培养和发现典型，加以总结宣传，大张旗鼓地表彰，发挥模范教师的示范作用，引导广大教师争做品德高尚的模范。

做好先进典型的培养和宣传，一是要求工会干部要经常深入基层，深入职工群众，了解和掌握典型线索；二是要善于运用宣传手段，挖掘先进人物身上生动感人的闪光点，引起教师们的情感共鸣，使人感到可敬可亲可学；三是要注意发动群众，让群众评选出自己认可的榜样。

（四）举办经常性的活动，引导教师不断加深认识，提高师德境界

师德建设需要持之以恒，常抓不懈。工会可以通过组织讲座、研讨、论坛、征文、演讲、竞赛等丰富多彩的经常性活动，推动新时期师德建设准确把握时代要求，与时俱进，使教师不断提高认识，增强师德自觉。

开展群众性师德建设活动，不仅要针对个体，还应重视群体性的创优活动，通过创建文明组室、新风班组、示范岗位等多种形式，开发教师群体的育德功能，产生群体成员携手共进的积极效果。

（五）参与建立师德建设长效机制

一是参与建立约束机制。虽然自律性是道德建设的主要规律，但师德作为一种职业道德，仍需将自律与他律相结合。在他律约束方面，工会可以组织教师集体讨论和制定师德规范实施细则等规章制度，完善教育教学规范、学术研究规范、校外兼职兼薪规范等配套政策措施，将师

德规范的要求落实到教师日常管理之中，让教师的思想、工作和行为有明确指向。二是参与建立考核机制。近年来，随着教师队伍师德方面出现的新问题，各级教育行政部门纷纷将师德表现作为教师绩效评价、聘任（聘用）和职称评定、职务晋升以及评优奖励的首要标准，甚至实行一票否决。师德考核关系到教师个人的职业发展前途和职业稳定，工会有义务、有责任积极参与考核标准和有关制度的制定，促进考核评价指标的科学性、评价过程的公平公正性，维护好教师的合法权益。

第四节　教育工会与教师队伍业务素质建设

一、教师业务素质的内涵及新时期对教师业务素质提出的新要求

教师业务素质也可理解为教师的专业能力。它包括教师的知识结构——理论素养、专业知识等；教师的综合能力——教育科研能力、组织管理能力、表达能力等。

业务素质是教师职业素质中极其重要的内容。《国家中长期教育改革与发展规划纲要（2010－2020年）》明确提出要“把提高质量作为教育改革发展的核心任务”，教师业务素质的提高是教育质量提高的关键所在。

业务素质的高低，决定着教师的教学水平和教学质量，也是教师竞争能力的核心，在全面实施教师聘用制度的背景下，“能者上，庸者让，劣者走”的用人机制使业务素质的高低成为教师工作岗位得失的关键因素。因此，工会理应在支持教师成长发展方面尽心尽力，维护好教师的学习权和发展权。

推行素质教育，要求教师树立现代教育理念，尊重学生主体地位，尊重学生的差异性，尊重学生的个人权利，面向所有学生，保障学生的合法权益，促进他们健康成长。

建立新型师生关系，要求教师具有良好的与学生、家长和社会进行沟通与合作的能力。

培养创新型人才，要求教师拥有创造性的教学能力，具有敏锐的感受能力和灵活的应变能力，具备不懈追求新知和较强的教学科研能力，

对传统的教学方法进行扬弃，对教材有独到新颖的理解，善于激发每个学生的创造潜能，并善于科学地组织学生的实践活动，培养学生的创新精神、协作精神和实践能力。

信息技术革命，要求教师掌握各种现代化的教学手段，熟练运用微博、微信、QQ 等工具与学生进行沟通交流，能够培养学生获取信息、分析信息、处理信息和应用信息的能力。

日新月异的时代发展步伐，对教师树立终身学习的理念和提高学习能力提出了更加紧迫的要求。教师要主动适应经济社会和教育发展的要求，把握国内外教育发展的动向，跟上教育理论的发展步伐，不断充实和完善自己，拓宽知识视野，更新知识结构，提升文化修养。

在教师队伍业务素质建设中，行政是主角，工会是配角，主要是积极配合，做好服务和协调工作。具体工作中，工会一要主动开展工作，争取党政支持。工会开展提高教师业务素质的活动，应在征求党政领导的意见后再付诸实施，并尽可能与行政部门联办，增强活动的权威性和实效性。二要紧紧围绕教育教学中心，根据教师提高业务水平所需开展活动。

二、教育工会提高教师业务素质的主要途径与方法

（一）源头参与，促进教师业务素质提高机制的完善

一是深入调查研究，了解教师在提高业务素质方面的所需所求，积极向行政部门反映教师意愿，配合行政制订好教师业务培训计划；二是千方百计地创造条件，促进培训目标实现；三是促进建立科学合理的业务考评机制和制度。教育教学工作的考评难度很大，又事关教师切身利益，工会必须积极主动地参与其中，通过工会领导进入相关领导小组或工作小组，以及通过教代会等渠道，反映职工的意见建议，促进考核办法科学合理，坚持考核程序公开公平公正。四是促进管理机制的完善。在教师聘用制度推行过程中，工会一方面要倡导公平公正原则，推进完善聘用制度实施方案，做好劳动争议调解工作；另一方面要采取力所能及的措施，配合有关方面落实对待聘教师的业务素质培训，力争使他们在竞争上岗或转岗应聘中取得成功，实现对他们劳动权利的维护。

（二）开展群众性业务培训活动，帮助教师成长

一是开展自学读书、举办读书沙龙等活动，促进教师树立终身学习

理念，引导教师自我学习，提高自我。二是举办论坛和讲座活动，请名家传经，帮助教师构建合理的知识结构，提高学科专业知识水平，不断吸收最新科学文化知识。三是建立群体合作机制，开展群众性教研活动，发挥工会广泛联系各层次教师的优势，组织教师切磋教学艺术和教学风格，互相促进提高。四是开展新老教师结对的“青蓝工程”，深入了解每一位新教师的具体情况以及他们的特长，根据他们的特点，相应地选拔那些师德好、师风正、业务能力强、具有合作精神的学科带头人、优秀教师作为青年教师的导师，从备课到课前准备，从批改作业到家长交流，从语言表达到仪表着装，全方位地给年轻教师以具体的指导。五是开展城乡学校结对帮扶活动，利用假期组织教学名师到农村学校和薄弱学校义务送学、开办讲座。

（三）组织教学基本功竞赛，营造钻研业务风气，为教师成长搭建平台

各级教育工会近年来持续开展的群众性教学技能竞赛活动，成效显著，越来越受到党政部门重视，也深受广大教师欢迎。各级工会要不断总结经验，推动技能竞赛活动制度化、规范化。应争取与行政部门或教育学会、教研室、教科所等方面联合举办，共同表彰，提高赛事组织的权威性，增强科学性，完善激励机制和评价体系，使业务竞赛取得优异成绩的教师在评职、晋级、任用中得到承认，最大限度地激发教师钻研业务的积极性。应注重竞赛成果的转化运用，最大限度地发挥竞赛活动的辐射带动作用。

（四）维护教师专业发展权，推动营造有利于激发创新活力的良好环境

我国《教师法》规定，教师享有教育教学的权利、从事科学研究与学术交流的权利、指导学生和评定学生的权利、对学校教学管理提出意见和建议的权利以及参加进修和培训等权利。工会组织有义务促进这些权利的落实，并帮助教师解决在行使权利过程中遇到的困难和问题。在这些方面，工会应当做、可以做的工作有许多。一是要督促行政部门落实教师培训经费，及时公布相关进修和培训信息，协助行政部门扩大进修和培训渠道，鼓励教师积极参加进修和接受各种形式的培训。同时，就教师在参加培训中遭遇的乱收费、高收费等问题，积极向有关方面反映教师意见，督促改进。二是帮助和支持教师开展科学研究和教育教学研究。可以利用兼职工会干部岗位分布广泛的特点，为一线教师提供继

续教育方面的信息和有关资料，帮助他们及时了解国内外教师提高自身素质的最新动态。如一些基层工会为青年教师编写《科技论文撰写与投稿指南》，有的学校工会每年从工会经费中拨出专款，设立教师“发表科技论文专项资助基金”、“发表教育教学研究论文专项奖励基金”，激励教师在国内外学术刊物上发表论文。三是推动学校建立科学、民主、人文的管理制度。学校内部环境是教师专业发展的重要条件，工会要努力为教师营造民主、宽松、和谐，有利于自主教学、自主创造的工作氛围，积极促进学校教代会制度建设，推进校务公开制度建设，落实教师的民主权利，使教师能够参与学校发展目标的重大决策，认同学校的发展目标，从而积极调适自身的教育行为朝着有利于学校发展、有利于自身职业发展的方向迈进；耐心细致地做教师思想工作，树立正气，抵制歪风，化解教师之间、教师与管理者之间的矛盾，使每个成员互相悦纳、包容、支持。四是发现和宣传具有较强自学能力、研究能力和创新能力，学有专长、教有特色的专家型教育教学骨干典型，帮助他们脱颖而出，更好地施展才华，同时使更多的教师获得感召和激励。五是当教师在教育学生工作中遇到纠纷或受到伤害时，工会要及时站出来，主动参与协调处理。

（五）为教师的专业发展解除后顾之忧

工会要经常深入了解教师在教育教学工作和实际生活中遇到的困难，多为教师办实事、做好事，积极帮助他们协调解决最困难、最操心、最忧虑的实际问题，使他们能够安心地投入学习和工作。

第五节　教育工会与教师队伍文化素质建设

一、教师文化素质的内涵及其在教师素质中的地位和作用

教学是一门艺术。丰富的文化底蕴、良好的文化素养是成功艺术家精彩舞台表演的奥秘。同样，教师文化底蕴的丰富与否，直接关系到课堂教学的深度、广度以及课堂的气氛。

文化素质是教师职业素质的重要组成部分。教师的文化素质主要包含人文素养、科学素养和审美素养。人文素养是指较广博的人文科学知

识，表现为教师对生命的关爱、对人格的尊重、对生活的热爱以及博大包容的胸襟；科学素养是指与学生身心认知发展和社会需要相适应的现代教育理论、现代科技知识，表现为教师认识问题的科学方法，信仰科学、追求真理、尊重他人不同观点和不同意见的科学态度，以及乐于接受新生事物，保护学生的好奇心、求知欲和创造性的品质和能力；审美素质是指高雅不俗的审美品位，表现为对教学内容中美的内涵的挖掘、教学设计实施过程中对美的形式的追求以及对学生的欣赏。

教师的文化素养是经过较长时间培育而逐渐形成的一种从事教育工作所专门需要的涵养，它是教师的学识水平、知识视野、思维品质、创新意识、审美能力、气质品位、价值取向、人格修养等的总和。这些素养通过教师的语言或文字的表达体现出来、通过举手投足、通过日常教育教学的点点滴滴行为反映出来，构成一名教师的魅力。

二、提高教师队伍文化素质的重要性与迫切性

丰厚的文化底蕴，是优秀教师的必备素质。一名优秀的教师与“教书匠”的区别，就在于前者具有深厚的文化素养。优秀的教师能够用自己丰厚的文化素养去培养学生宽广的文化视野，用自己良好的心理素质去培养学生的心理品质；用自己坚强的意志去培养学生坚毅顽强的性格；用自己达观的人生态度去培养学生乐观宽容的心态。

（一）教师队伍文化素质亟待提高

现阶段我国的教师大部分是在中学文理分班、大学专业过窄、科学教育与人文教育分离的教育模式下培养起来的。人文素养薄弱、知识结构欠缺成为许多教师的“软肋”。

教师文化素养缺失给教育教学工作带来种种问题。譬如：视野不宽——教学不活，照搬教参，机械对答案；底蕴不厚——创新乏力，面对学生有深度的探究，一问三不知，无法形成互动的课堂气氛；修养不足——育人乏术，不懂教育艺术，难以承担起学生心灵成长的引路人的职责；情趣不多——生活乏味，人未老心先衰，难与学生交往沟通。

还需引起关注的是，与文化素质密切相关的教师心理素质也不容忽视。诸多调查表明，近些年来，随着教师职业压力的增大，教师心理健康状况堪忧，教师中焦虑、抑郁等不健康情绪人群比例呈快速上升趋势。

教师心理健康存在的这些问题，对其教育教学工作、对学生的健康成长必将带来负面影响，应引起高度重视。实施素质教育，培养全面发展的劳动者和接班人，迫切地呼唤着加强教师队伍文化素质建设。

（二）提高教师文化素质对于全面贯彻党的教育方针具有重要意义

首先，提高教师的文化素质有利于增强教师的育人动机。教育是一项文化事业，教师从事这项事业能够取得多大成绩，取决于教师对这项事业的认识，取决于其对教育事业的热爱，取决于从事教育活动的强烈育人动机。一个有着较高文化素养的教师，能从社会发展的高度、从民族文化传承和弘扬的高度，深刻认识教育的地位和教师的使命。这种自觉的认知和稳定的情感构成了教师强烈的育人动机。

其次，提高教师文化素养是促进学生全面发展的必然要求。教师是塑造人、影响人的职业，教书育人是教师的天职，教师因此被誉为“灵魂工程师”。人的心性、人的智慧很大程度上是在文化的土壤里孕育出来的，学生的文化素质是其成人成才的基础，而学生文化素质如何培育很大程度上取决于教师文化素质的高低。因此，建设一支文化素质优良的师资队伍是提高学生文化素质的重要前提和基础。

再次，提高教师文化素养有利于提高教学质量。具有良好文化素养的教师拥有理性审视一切的习惯，拥有积极乐观进取的态度，拥有宽广的视野和包容的胸怀，拥有高雅不俗的品位。教育的智慧是在课堂上碰撞出来的，而这些智慧绝不是事先预设的，它一定源于教师的文化底蕴。因此，教师的文化素质是一种重要的教育资源，也是学生的重要学习资源。文化素养高的教师能以其渊博的学识，在教学中旁征博引，引导学生在教学中积极思考，使学生进行有效地学习；文化素养高的教师能以其深邃的思想、文雅的举止、优美的谈吐，带领学生在思想、科学和文化的知识海洋里遨游，身心愉快地健康成长。

（三）提升文化素质是教师自身职业发展的迫切要求

其一，教师文化素质是教师思想道德素质的根源。一个人具备了一定的人文素质水平，在此基础上就比较容易形成正确的世界观、人生观和价值观。其二，文化素质是业务素质的基础。人文素质与人的形象思维、直觉思维紧密相连。如果说在知识的获取过程中，逻辑思维发挥着重要的作用的话，那么，在创新过程中，形象思维、知觉思维和体验能力则发挥着更为重要的作用。其三，文化素质对提高身心素质具有重要作用。一个文化素养深厚的人，更容易培养起健康乐观的情绪、承受挫折的能力、社会交际能力和适应环境的能力，从而形成健康的心理素质。

（四）素质教育对教师文化素质的要求

素质教育从某种意义上也可以说是一次教师文化素质的变革。比如，新课程改革中，其中一个明显的特点是加快了基础课程的综合性，实施了课程重组，打通学科壁垒，强调学科之间的综合与相互渗透，新的教育观倡导真正以学生为本的教育，教育的关注不再仅仅是知识，而且是包括知识在内的文化；不再以知识为中心、以知识为本，而是以人为中心、以人为本，让学生受到包括知识在内的整个文化的全面熏陶。将教育的内容从知识扩大到整个文化，要求教师不仅是知识的传授者，更是文化的传播者。因此，教师必须补充综合性知识，关注前沿性知识，并且不仅要了解所教学科的相关知识，还要学习了解其他学科的基本知识，全面提高自身的文化素养。

比如，作为中学语文教师，要想给学生讲解好著名作家的优秀文学作品，就要有广阔的视野、复合型的知识结构。因为优秀的文学作品，往往是融财政金融、哲学、政治、心理学甚至服饰、饮食、建筑、雕刻、绘画等多种文化于一体的作品。作家在建构作品时把各种文化精华加以提炼、浓缩、融合进作品里，而作为文学解构者角色的教师，如果一点不懂相关内容，又如何去解构文学作品呢？相反，如果教师本身具备各方面的文化素养，就能准确深刻理解建构者的意图，讲起课来自然游刃有余，举例信手拈来，生动形象，学生会听得津津有味，授课效果必然非常好。

三、教育工会促进教师提升文化素质的主要途径与方法

文化底蕴影响着教师的职业发展乃至人生幸福，影响着学生的培养质量。帮助教师提高自身文化素质，做一个幸福的教师、成功的教师，是教育工会义不容辞的职责。事实上，工会在这方面有着广阔的作为空间。

当前，教师队伍文化素质建设方面存在着思想上重视不够，认识不到位；环境上人文氛围不浓，人文关怀淡薄；管理模式不当，考核机制

不健全等问题。教育工会参与教师队伍文化素质建设，应从问题切入，有针对性地制定措施：提高认识，纳入总体规划；组织学习讨论，引导观念转变，形成适应文化素质教育发展形势的教育理念；营造氛围，重视人文管理，加强校园文化建设，将文化素养作为教师教学质量和水平考核的重要内容。

（一）积极主动参与学校制度文化建设，创设良好的文化氛围

一所学校的管理制度，体现着学校的文化特色，对师生产生着深刻的、潜移默化的影响。一个好的制度文化，应当是符合学校作为文化教育阵地的特点，符合师生文化需求，有利于教师专业发展和学生全面发展的。工会组织应当大力倡导建设以人为本，民主、包容、和谐的校园制度文化，积极参与现代学校制度建设，参与学校章程制定，重点抓好教代会制度和校务公开制度建设，培育民主和谐、公平公正的校园管理文化，使教师在良好的制度文化的熏陶和约束中，陶冶文化情操，提高文化素质。工会还要在打造温馨之家，营造良好的人文环境上下功夫，开展经常性的慰问帮扶送温暖活动——生日祝贺、生病慰问、婚庆祝贺、丧事吊唁、金秋助学，为教师建立补充医疗互助保险、特种重病团体医疗互助保险、女教师团体互助医疗特种重病保险，以及教师互助帮困基金等等，帮助教师解除后顾之忧，使教师深切体验到人文关怀，并从中牢固树立起人文理念，自觉传递人文理念。

（二）促进建立健全教师文化素质培养考核机制

一是科学制定培养方案。提高教师队伍的文化素质是一项长期的系统工程，工会应当积极主动配合行政部门制定教师培养规划，通过调查研究，了解掌握不同层次、不同年龄段教师群体的文化诉求，帮助学校科学合理地制定好规划，把教师分批、分步骤地纳入到提升文化素质的培养方案中。

二是制定科学的考评机制。在“教师考评方案”及“教师评教办法”中，将提高教师文化素质的标准及要求纳入其中，促使教师在教育教学中树立科学教育与人文教育相融合的理念，把文化素质教育贯穿于专业教育全过程。

（三）引导教师转变观念，提高文化自觉

组织广大教师学习和领会党中央、国务院、教育部有关文化素质教

育的指示精神，学习现代教育理论中关于教师文化素养的论述，引导广大教师更新教育观念，提高对文化素质重要性的认识，形成适应文化素质教育发展形势的教育理念，准确把握文化素质教育的内涵，把提升文化素质纳入自己的职业规划。

（四）组织多种形式的教师自学活动

教师提高自身文化素质最重要途径是学习、学习、再学习，多读书，读好书，滋养心灵，滋润生命。工会可以制定一些教师必读参考书目，提倡每位教师都要阅读些哲学、历史、宗教、文学、伦理学、心理学、美学以及科学史等书籍，读经典名著，读优秀的理论作品，不断丰富自己的文化底蕴；可以组织文化沙龙，让来自不同学科背景的教师在一起交流阅读感想和体会，并在交流过程中研究和探讨，开阔学科视野，互相启发，相互促进；设立“读书之星”奖，举办“读书与实践”征文比赛，鼓励教师博览群书，提高文化素养。

工会还应加强教师阅览室建设，充实配备教师提升文化素养必读与选读书籍，为教师提供丰富的学习资源。

（五）开展专题培训讲座，助力教师提升文化品位

工会可以不定期地邀请在文史哲等方面具有深厚造诣的学者、专家来校讲座，拓展教师对传统文化、文学、历史、哲学等知识的深入理解，也可举办声乐讲座、插花讲座、绘画讲座、摄影讲座、服饰搭配等方面的讲座，帮助教师开阔视野，培养生活情趣，提高审美能力，提升文化品位。

（六）加强工会文化阵地建设，开展丰富多彩的文体活动

基层学校工会大多管理着学校的文化活动场地，这是工会在文化建设方面具有的独特优势。工会组织要建设好教工卡拉 OK 厅、乒乓球室、网球场、篮球场、电子阅览室和各种小型活动场地，利用这些阵地，持续有序地组织开展丰富多彩的文化活动，广泛吸引不同层次、不同年龄的职工参与。比如，组建教师艺术团，成立书法、绘画、摄影、围棋、台球、足球等各种兴趣协会；利用三八妇女节、五一劳动节、教师节、国庆节等节日，举办文艺演出、风采展示活动；举办卡拉 OK 大奖赛，摄影大奖赛，乒乓球、篮球、足球比赛等活动，丰富教师的文化生活，满足教师的文化需求。

（七）多种途径关怀教师心理健康

教师职业的特殊性对从业者的心理健康有较高的要求。教师应具备积极的性格特征，即热诚关怀，宽容真诚，胸怀开阔，自信自强，耐心自制，坚韧果断，乐观向上。做一名教师，一定要拥有一定的心理学知识，有能力对学生进行心理关怀，以自身积极向上的健康心理去培养和影响学生。

值得注意的是，近些年来，随着聘用制度和绩效工资制度等学校人事分配制度改革举措的实施，随着教师职业竞争压力越来越大，教师的心理健康问题越来越突出。工会应当密切关注教师心理健康，及时调查了解教师心理健康状况，千方百计帮助他们排解工作压力。通过举办心理讲座，设立心理咨询室，开办瑜伽训练班等，使教师学会自我心理分析、自我心理保健，懂得一些消除不良心理的简单方法，有效地进行心理调适，增强自我控制能力，较好地应对生活以及工作中的挫折和困难，保持愉悦向上的良好心态。有条件的学校，还可以在“职工之家”设置发泄情绪的器械，当某位教师出现不良情绪时，可以让其到发泄室里尽情发泄，从而减轻心理负担。

各级工会还应坚持组织教师暑期疗休养活动。这项教育系统工会广泛开展的传统活动，既能够让教师放松身心，缓解压力，也有利于教师拓宽视野，增长见识，提高文化素养，是贯彻党和政府尊师重教政策、适合教师职业特点需要的活动，应该坚持不懈地开展好。

第七章
教育工会与校园文化建设

文化是人类在社会历史发展过程中所创造的物质财富和精神财富的总和。文化由人化来，又以文化人。党的十八大指出：“文化是民族的血脉，是人民的精神家园。让人民享有健康丰富的精神文化生活，是全面建成小康社会的重要内容。”十八届三中全会指出：建设社会主义文化强国，增强国家文化软实力，必须坚持社会主义先进文化前进方向，坚持中国特色社会主义文化发展道路，培育和践行社会主义核心价值观，巩固马克思主义在意识形态领域的指导地位，巩固全党全国各族人民团结奋斗的共同思想基础。加强校园文化建设是构建社会主义和谐社会的精神动力、思想保证和文化支持。守护、传承、创新校园文化是所有学校必须承担的新功能，也是学校工会的重要职责。工会“维护、建设、参与、教育”的职能，决定了工会应该成为校园文化建设中的一支不可或缺的重要力量。

第一节　校园文化的涵义、特征和主要功能

校园文化是现代学校制度建设中的重要课题。随着教育发展到一定阶段，越来越多的学校管理者意识到加强校园文化建设的重要性。校园文化有其特定的涵义、特征和功能。

一、校园文化的涵义

校园文化是学校在长期办学过程中形成的以共同价值观为导向的办学理念、人文环境、价值取向和行为准则的总和，是学校传统、作风、

精神和理想追求的综合体现。它渗透在学校教学工作、学习生活的方方面面，是全体师生员工在文化价值观念上的集体认同。校园文化建设包括学校的物质文化建设、精神文化建设、制度文化建设、民主文化建设和廉政文化建设等，它构成一所学校完整的文化形象，代表一所学校的综合实力和核心竞争力。

物质文化。主要体现在全体师生员工学习、工作、生活上，体现在活动设施建设和校园环境设计上，是校园文化的物质基础和基本载体。

精神文化。主要体现在全体师生员工所信守和遵循的价值观、校训、校风、师风、学风上，是校园文化的核心和灵魂，也是校园文化建设的最终目的。

制度文化。主要体现在学校依据教育方针、政策、法规制定的规章制度以及落实制度的措施上，是校园文化的保障系统。

民主文化。主要体现在教职工代表大会制度等民主管理形式上，确保教职工知情有渠道、参与有内容、表达有机会、监督有效能。学校为教职工参与民主管理和监督创造有利条件和良好氛围，是促和谐、求发展的前提。

廉政文化。是廉洁从政的思想、信仰、知识、行为规范和与之相适应的生活方式和社会评价，从根本上反映着一个学校的管理理念、管理目的和管理方式，是廉洁从政行为在文化和观念上的客观反映，它的核心价值是清廉为民做事。

全总十四届十三次主席团（扩大）会议正式提出“职工文化”这一概念，中国工会十五大报告中进一步强调：职工文化建设是职工提高职业技能素质、丰富精神文化生活、激发劳动热情和创造活力的重要载体。职工文化的实质是以职工精神需求为主导的文化，属于人文文化和精神文化范畴。因此，我们说教职工文化与校园文化在价值取向上是一致的。教职二文化是校园文化的重要组成部分，是校园文化的发展之基。

二、校园文化的特征

在全面实施科教兴国、人才强国战略的新形势下，加强校园文化建设，是推动学校改革发展，不断提高办学质量，办好人民满意教育精神的支撑和保证。校园文化具有以下特征：

科学性。具有严格的科学精神、科学内涵、科学方法，能够经得起实践的检验。

时代性。具有鲜明的时代精神、时代活力、时代内容和时代审美要求，能够与时俱进，不断自我完善和发展。

群众性。能够反映全体师生员工共同的理想愿望，满足全体师生员工不断增长的物质文化和精神生活需求。

开放性。具有兼容并蓄的精神、海纳百川的胸怀，面向世界，吸纳一切优秀思想和文化成果。

继承性与批判性。具有深厚的历史文化底蕴，能够对落后、腐朽的文化进行批判，又能在批判中萌生新的先进文化。

三、校园文化的功能

良好的校园文化是凝聚人心、发挥人的主观能动创造性的重要源泉，具有展现校园文明素质和学校文化内涵的多项功能。

导向功能。校园文化蕴含着较深层的价值体系，这一体系是在长期的教学、科研与管理实践中凝结而成的。它为全体师生员工提供了行为参照，潜移默化地影响他们正确认识和处理个人与集体的关系，把个人行为引导到集体目标上来，进而深刻地影响着他们的思想品德、行为规范和生活方式，具有水滴石穿的力量。

凝聚功能。这是指学校的文化氛围特别是良好的校风能激发全体师生员工对学校目标、准则的认同感和作为学校一员的使命感、自豪感、归属感，形成强大的向心力。校风、校训等对于全体师生员工来说，具有很大的同化力、促进力和约束力，能使每个师生员工都在和谐、融洽的人际关系中，最大限度地挖掘内在潜力。这种高凝聚力主要表现为：集体与个人休戚与共；集体对个人有很强的吸引力；个人对集体有很强的认同感。

激励功能。校园中凸现出来的先进、榜样是这个特定的文化区间内涌现出来的正面典型，集中地反映出全体师生员工的精神风貌、价值观念、思想道德素质和生活行为方式。校园先进、榜样真实贴近全体师生员工的生活，其激励的力量是无穷的，它既是校园精神的生动体现，又是校园文化的形象教材，所产生的“共生效应”和魅力效应是推动校园文化全面发展的动力和能源。

四、校园文化在学校整体发展中的地位

建设校园文化是创建特色学校的基础工程，它将为提高学校核心竞争力奠定坚实的基础，在学校整体发展中的地位日益显现。

（一）校园文化建设是社会主义文化建设的重要组成部分

在社会主义制度下，满足人民群众精神文化需要，保障人民基本文化权益，让人民共享文化发展成果，是文化建设的根本目的。校园文化建设就是要以全体师生员工为工作对象和主体，以全体师生员工的文化需要为出发点和落脚点，满足全体师生员工对文化发展的新期待，让全体师生员工享受更多的精神文化产品，感受到国家发展、学校发展、自我发展带来的精神愉悦，进而提升自身的文化素养和精神境界。

（二）校园文化建设是办好人民满意教育的本质要求

学校是传播文化和知识的重要阵地，肩负着培养社会主义现代化建设合格人才、促进社会文明进步的艰巨任务。加快教育事业改革发展，办人民满意的教育，不仅需要从战略上进一步确立教育优先发展的地位，从资源配置上进一步加以均衡，更需要充分发挥好教职工的主力军作用。校园文化建设发挥作用的首要任务就是要用先进的思想文化教育武装教职工，引导教职工坚定不移地走中国特色社会主义教育发展道路，坚持德育为先、能力为重，加强对广大青少年的教育，担当起时代赋予的人才培养重任。

（三）校园文化建设是解决学校现实思想问题的时代呼唤

加强校园文化建设是时代发展的呼唤，是学校科学发展、和谐稳定的客观要求。只有坚持在校园文化建设中引导全体师生员工确立正确的价值观和伦理道德观念，用中国特色社会主义共同理想凝聚力量，用以爱国主义为核心的民族精神和改革创新的时代精神鼓舞斗志，才能自觉抵制和摒弃落后文化，为和谐校园建设奠定坚实的思想基础。

（四）校园文化建设是加强和创新学校管理的内在需要

当前，我国正处于深化改革开放、加快转变经济发展方式的重大战略机遇期，随着深层次的利益调整导致社会矛盾频发，社会管理和服务还存在不少空档和盲区，对加强和创新社会管理提出许多新的课题。教

育牵涉到千家万户，是社会关注的热点，一些未知的、不确定的矛盾处理不慎就会被放大成社会问题，影响社会稳定。社会管理、学校管理说到底是对人的管理和服务。加强校园文化建设，就是要坚持用先进思想教育人、用时代精神凝聚人、用民主方法管理人、用科学制度约束人。

第二节　教育工会在校园文化建设中的作用和任务

校园文化是一种重要的隐性教育方式，在学校的各项工作中有特殊的作用，越来越受到学校管理者的重视。教育工会在校园文化建设中的作用举足轻重，承担着重要的任务。

一、教育工会在校园文化建设中的作用

教育工会作为教职工群众的重要组织，既是校园文化建设的参与者，也是校园文化建设的受益者。教育工会在推进校园文化建设中发挥积极作用，可以进一步发挥工会组织的独特优势，展示工会组织的魅力，提升工会组织的影响力。

（一）推动校园文化建设是发展和谐劳动关系、推进和谐社会建设的重要内容

构建和谐劳动关系需要法律法规、行政管理、工会组织的支撑，更需要文化的支撑。从学校层面上讲，学校行为是否规范，是校园文化的具体表现；劳动关系是否和谐，也是学校文化的具体表现。“和谐”是校园文化建设的最高境界，和谐劳动关系是校园文化建设的一个标志性成果。要发展和谐劳动关系，首先就要通过以人为本的校园文化建设，让和谐理念深入学校、深入人心。无论是学校管理者还是教职工群众都要树立和谐双赢、共同发展的观念。工会通过推动校园文化建设可以促使劳动关系两个主体形成工作共谋、风险共担、发展共建、效益共创、利益共享的价值取向，共同营造学校和谐发展的良好环境，为建设和谐社会奠定坚实的社会基础。

（二）推动校园文化建设是发挥“双维护”作用，增强工会凝聚力、影响力的重要抓手

建设好一个学校，必须创造一种不同于其他学校的优秀的、独特的

文化，形成强烈的向心力和良好的“精气神”。推动校园文化建设正是工会凝聚教职工促进发展、引导学校关爱教职工的重要手段，也是工会做好新时期教职工思想政治工作的重要手段。工会的吸引力、凝聚力、影响力来源于文化的引领、凝聚、弘扬等作用。在推动校园文化建设过程中，工会可以充分发挥密切联系职工群众的独特优势，发挥教职工群众在校园文化建设中的主体作用，坚持文化创新、增强文化活力，形成党政满意、教职工认同、社会欢迎的校园文化。

（三）推动校园文化建设是提高教职工队伍素质，促进学校发展的必然选择

校园文化具有的导向、凝聚、激励等功能会转化为精神力量，促进师生员工提高素质、全面发展，从而推动学校不断向前发展。很多著名的百年老校胜出其他学校的根本原因，就在于这些学校善于给他们的校训、校风、师风、学风不断注入新的文化活力，凭借校园的文化影响力，凭借教职工队伍较高的整体素质，形成百年名校的特色。

（四）推动校园文化建设是满足教职工精神需求，提升教职工幸福指数的主要途径

精神文化权益是教职工权益的重要方面。近些年来，随着经济社会和学校的快速发展，教职工对校园文化需求层次和品位越来越高，而目前的校园文化理念、内容、形式相对滞后，重发展、轻文化，重学校管理、轻教职工精神愉悦的状况不同程度地存在，难以满足当代职工，尤其是年轻职工多层次、多样化、多方面的精神文化需求。工会推动校园文化建设，可以通过校园文化活动，将工会的主张和工作内容融入校园文化建设之中，既能维护好教职工的合法权益，又能满足教职工精神文化需求，愉悦教职工身心，提升教职工的幸福指数。

二、教育工会在校园文化建设中的主要任务

工会在校园文化建设中实际上充当着通过具体策划各种活动，将学校校园文化建设的各种方针、计划最后落实的实践者，主要任务体现在：

（一）突出核心价值观教育，着力改进和创新社会主义核心价值观教育的有效方法

百年大计，教育为本；千秋大业，人才为本。学校培养出的人才要

德智体美全面发展，首要的是要坚信党的领导，坚定中国特色社会主义理想信念。社会主义核心价值观教育要进教材、进课堂，倡导富强、民主、文明、和谐的价值目标；倡导自由、平等、公正、法治的价值取向；倡导爱国、敬业、诚信、友善的价值准则，用核心价值观引领学校思潮，努力消除网络文化和西方文化中的消极影响，形成有利于人才成长的先进校园文化氛围。工会要积极开展多种主题教育、教学实践、社会调查、生产劳动、社会服务等活动，使教职工的思想情操得到熏陶、精神生活得到充实、道德境界得到升华。引导广大教职工积极践行社会主义核心价值观，汇聚起为实现中华民族伟大复兴的中国梦而奋斗的正能量。

（二）突出育人为本，把校园文化建设作为服务学校工作大局的有效载体

工会服务大局就是要紧紧围绕学校教育学生、培养人才这一中心任务，找准学校党政所需、教职工所求、工会所能的结合点，用校园文化陶冶教职工情操，最大限度地把教职工的智慧和力量凝聚到教书育人、管理育人、服务育人和文化育人上来。教育和帮助教职工正确对待改革发展中的利益关系调整，把解决思想问题与解决实际问题结合起来，使广大教职工心平气顺，全身心地投入到教育教学工作中去，努力在学校营造齐心协力谋发展的生动局面。

（三）突出职业道德建设，把校园文化建设作为提高教师整体素质的有效手段

“师者，人之模范也。”教师是人类灵魂的工程师，肩负着开启民智、传承文明的神圣使命。教师的思想政治素质和职业道德水准主导着校园文化的方向，直接影响着和谐校园建设。这就要求工会工作必须在校园文化建设中下大力抓好教师队伍的师德建设，通过开展“师德模范”、先进个人评选表彰和巡回演讲、召开先进模范教师座谈会、师德建设经验交流会等，积极探索新形势下加强教师职业道德建设的有效途径，努力造就一支师德高尚、业务精湛、充满活力的高素质教师队伍。

（四）突出维权机制建设，把维护教职工合法权益作为校园文化建设的有效动力

工会是密切联系教职工的前沿阵地，必须牢固树立做好党的群众工作的观念，把全心全意依靠教职工的方针落到实处，真诚倾听教职工呼

声，真实反映教职工愿望，真情关心教职工疾苦，尽心竭力为教职工解难事、办实事，使教职工群众真正感受到工会组织是最可信任的“教职工之家”、工会干部是最可信赖的“娘家人”。要切实推进和创新基层民主建设，强化民主办学理念，进一步健全和完善教职工代表大会制度，积极开展校务公开工作，组织教职工依法实行民主选举、民主决策、民主管理、民主监督，使教职工群众的知情权、参与权、表达权、监督权得到更充分更有效的保障。使广大教职工时时处处以主人翁的态度自觉关心学校改革发展中的重大问题、热点问题，参与和携手解决学校发展中的难题，自觉为学校的发展贡献力量。

第三节　教育工会在校园文化建设中的优势和需要把握的原则

优秀的校园文化是学校精神风貌的体现，是学校发展的精神动力。工会作为党联系教职工群众的桥梁和纽带，在校园文化建设中具有独特优势。

一、教育工会在校园文化建设中的优势

（一）组织联系优势

教育工会作为党联系教职工的桥梁和纽带，有着广泛的群众基础，完全可以充分利用健全的组织体系和群众工作优势，组织动员、宣传引导教职工情注教育、关爱学校、奉献教学，通过广泛开展主题鲜明、时代气息浓厚、形式丰富多样的思想教育、文化传播活动，潜移默化，正面引导，培育良好的校风、教风、学风和校园精神。通过认真细致做群众工作，服务维护教职工，理顺人际关系，凝聚人心，弘扬正气，为构建和谐校园不懈奋斗。

（二）阵地活动优势

客观上学校文化体育活动阵地十分齐全，为校园文化建设提供了良好的物质条件。随着工会创建模范“教职工之家”活动的深入开展，俱乐部、健身房、活动室、网络、报刊、橱窗等得到进一步加强和完善，丰富了校园文化建设的阵地。广泛开展的“工人先锋号”、“师生回报社

会”、“健康教育进校园”、评比表彰等活动也丰富了校园文化建设手段。

（三）典型引领优势

工会联系着一大批劳模先进人物，可以通过典型的培养和宣传，用身边涌现出的先进模范人物激励和感召教职工，使教职工树立崇高的职业理想和坚定的职业信念，把全部精力和满腔真情献给教育事业，做爱岗敬业的模范；自觉坚持社会主义核心价值体系，带头实践社会主义荣辱观，不断加强师德修养，把个人理想、本职工作与祖国发展、人民幸福紧密联系在一起，树立高尚的道德情操和精神追求，甘为人梯，乐于奉献，静下心来教书，潜下心来育人。

（四）民主监督优势

工会在学校民主政治建设中肩负着特殊的责任，工会要不断适应形势发展要求，可以通过召开教代会、开展校务公开等多形式、多途径的民主管理活动，不断提高教职工主人翁意识和参与管理的积极性。努力扩大民主管理的渠道，引导、动员和组织广大教职工积极参与学校事务管理，在全校营造一个各尽所能、各遂其志、各展其力，齐心协力推进学校管理科学化、民主化和规范化的良好氛围，进而推动学校的制度文化、廉政文化建设。

（五）骨干队伍优势

学校是知识分子的聚集地，学科门类齐全。客观上多才多艺的教职工多，造成校园文化建设的骨干队伍先天强大，为校园文化建设奠定了坚实的人才优势。主观上在校园文化建设的过程中，通过工会搭建的平台，广大教职工的才艺得到充分展示和锻炼。一大批支持工会工作的优秀党政领导和工会积极分子，成为校园文化建设的主力军。

二、教育工会在校园文化建设中需要把握的原则

工会要在推进校园文化建设中发挥作用，促进校园文化建设的持续健康发展，必须结合工作实际，把握好以下工作原则：

（一）不断创新的原则

主题教育要有新思路。各级教育工会所开展的“两争一树”等主题教育活动一定要紧贴时代脉搏，紧贴学校发展，紧贴教职工思想，找准结合点，找到兴奋点，增强吸引力，让传统的教育形式绽放新的活力。

文化活动要有新内容。要为教职工提供更多的培训、锻炼、提高和展示的综合平台，设计健康向上、教职工参与率高、学校有积极性的文化活动，让广大教职工在文化活动中不断提升自我，让他们的创造力充分释放出来。素质教育要有新提升。要继续最大限度地为教职工提供素质教育的服务，推动学校建立健全岗位成才的激励机制，通过民主管理、规章制度，确立公平竞争的制度规则，运用劳动竞赛、技能比武、评模评先等载体，创造教职工比素质、比水平、比实力、比贡献的文化氛围和良好的竞争环境。载体创新要有新手段。运用好微博等现代网络技术和手段，让校园微博成为学校信息发布最迅捷、舆论影响力最大、校园文化引领最有力的平台，即时展示学校发展的成效，提振广大师生员工的信心，统一思想、凝聚人心、汇聚力量。

（二）以教职工为本的原则

人是文化建设活动的主体，也是文化建设活动的客体。人的主观能动性的充分发挥，人的素质的全面发展和提高，既是文化建设的基本前提，也是文化建设应达到的效果之一。校园文化建设是通过学校内各职能部门、各层次人员参与活动及支持过程来实施的，而教职工文化建设过程的有效性取决于广大教职工的意识、能力和主动精神，参与率越高，教职工文化建设群众基础越广泛，校园文化建设就越扎实，校园文化品牌的魅力就越能凸显，校园文化品牌的生命力才能得到体现。同时要不断增强教职工文化建设的互动性，反映教职工文化建设动态、经验和做法，及时掌握广大教职工的所思、所盼、所愿，使校园文化建设更有针对性。

（三）寓教于乐的原则

校园文化建设的一个基本功能是寓教于乐。工会要借校园文化建设的平台，通过一系列文化体育活动，在娱乐身心的前提下，不断提升教职工的精神品位，展示教职工的文化风采，从而实现寓教于乐的效果。通过各种有效载体，深入开展党的基本理论、基本路线、基本纲领，爱国主义、集体主义、社会主义和艰苦创业精神的教育，不断提高教职工的思想政治素质，增强主人翁责任感，坚定理想信念。

（四）坚持主导的原则

在校园文化建设中，最基本的群体是教职工和学生。由教职工群体和学生群体之间的互动而形成和创建的文化构成了校园的整体文化体系。

教职工群体是校园文化中比较稳定的主体，传道、授业、解惑的职业角色决定了他们能够而且必须按照社会主义文化的总体要求来安排和调整校园文化，实行对学生群体的整合，从而实现校园文化所要求的育人目标。通过加强教职工文化建设才能确保教职工在校园文化建设中积极参与并充分发挥主导作用，才能引导校园文化建设沿着正确的方向发展。

（五）整合资源的原则

校园文化建设不是自我循环、自娱自乐，而要切实把握主动权，树立“党政主导、工会协作、多方参与、资源整合、共同推进”的工作理念，真正使校园文化成为党政所想、学校所需、教职工所盼的精神依赖。工会组织在校园文化建设中，必须紧紧依靠学校党政支持，加大与社会各界的合作，形成强大合力，形成叠加效应，把校园文化建设渗透到学校管理的各个层面，让校园文化成为内聚教职工精神、外树学校形象的文化力量。

（六）打造精品的原则

校园文化建设呈隐性形态，具有相对间接性、潜移默化性和深层次性，工会必须精心打造一批在校园长期发展中得到教职工认可的、能够激发教职工内在精神动力的、增强教职工归属感和成就感的、拓展教职工视野和情趣的校园文化活动的精品。要把握先进文化的发展方向，跟踪现代文化的发展态势，运用管理技术、设计艺术等对校园文化建设进行必要的设计和包装，使校园文化建设活动更有创意，进而彰显工会活力。全面考量活动的全过程和每个环节对教职工思想道德、业务技能、兴趣爱好、个性特征、民俗习惯、身心健康的影响，立足于人本性、主体性、普及性、参与性、娱乐性等原则，以脍炙人口的语言、生动活泼的形式、潜移默化的寓意呈现出与众不同的特色，使校园文化活动更精致、更有渲染力、感召力和渗透力，使之更加适应教育发展的需要，更加具有可视、可听、可思考、可传承的现实意义。

第四节　教育工会在校园文化建设中发挥作用的主要路径

校园文化建设是一项复杂而系统的工程，需要全校上下各个部门共同完成。工会必须站在学校发展的大局角度上，紧紧抓住“骨干队伍建设、文化阵地建设、文化环境建设”三个主要路径。

一、大力培育校园文化建设的骨干队伍

培养和造就一支充满活力、整体素质优秀、各类人员结构合理的教职工文化骨干队伍是推进校园文化建设的重要保证。

（一）营造人才成长环境

要充分认识人才对于校园文化建设的重要作用，在校园文化建设过程中要鼓励探索、包容得失，努力创造宽松的环境，形成尊重文化人才、支持创作创新的良好氛围。培育人才脱颖而出的土壤，选拔和培养教职工中的作家、诗人、书画家、歌唱家，宣传他们的成果，使他们的才华智慧都有展示舞台，成就贡献能够得到认可和尊重。建立健全工会文化骨干网络管理体系，重视在日常工作生活中发现文体人才，培养文体人才，制定鼓励工会文化骨干发展的奖励制度。

（二）培育工会文化骨干

善于发现、培养校园文化骨干，造就一支基层工会文化人才队伍，选树扎根在基层、活跃在基层、奉献在基层的校园文化骨干，发挥他们的示范带动作用。要采取“请进来，走出去”的办法，优化培养方式，通过聘请专业人士到学校开办专题讲座，输送文体人才参加上级组织举办的专项培训班，购买理论书籍、辅导资料等办法，帮助文化骨干系统掌握专业知识。通过组织群众性文化创作比赛、文艺演出、文化宣传、体育比赛等，进一步提高创作、表演、竞技水平，不断提高教职工文化骨干的综合素质；要激励和组织他们深入教职工群众的工作和生活，创作出更多弘扬劳模精神、反映教职工生活、学习、学校和谐发展的优秀文化作品。

（三）壮大积极分子队伍

校园文化建设的主体是全体教职工，只有人人参与，才能真正落到实处，产生强大的感染力和凝聚力。工会要坚持开展宣传教育，建立激励机制，纠正教职工认识上的偏差，提高全体教职工的综合素质和文化修养，不断壮大校园文化建设积极分子队伍，带动身边教职工一起参加校园文化建设，夯实文化赖以生根发芽的群众基础。结合学校和工会活动的实际，在教职工中积极推广文化、文艺、体育、车友等群众性文化

组织，定期组织开展读书、书画、烹饪等兴趣小组活动。培养广大教职工参与活动的兴趣，激发教职工参与活动的积极性，健康、和谐、积极向上的生活情趣。由骨干参与变为人人关心校园文化建设、人人参与校园文化建设、人人为校园文化建设作贡献。

二、切实加强校园文化阵地建设

工会要善于整合党政、企业、社会等多方资源，加大投入力度，因地制宜、因校制宜建好校园文化阵地。

（一）重视建好文化宣传阵地

工会要发挥好校园文化宣传的主阵地作用，积极引导、动员教职工积极参与校园文化建设，宣传正面典型，发挥引领作用。在促进学校规范内部刊物、网站等阵地建设的同时，要注意抓好工会自身的宣传橱窗、文化展板、板报、专题简报、工作简讯等传统载体的建设。还可以结合学校实际，建设微博、QQ 群、手机短信等形式多样的新型宣传阵地，为校园文化提供有效的宣传沟通渠道。

（二）不断完善文体活动阵地

文体活动阵地是校园文化建设的物质基础和基本载体。工会文化阵地是满足教职工精神文化需求的重要平台，是校园文化建设重要构成部分。目前，多数学校的文化活动阵地还很有限，跟不上教职工需求。工会要推动学校结合实际建设更加适应时代发展的文体活动阵地，如俱乐部、健身房、活动室、职工书屋等，并制定相应的管理制度和活动计划，有效利用好这些活动场所，使其真正成为传播校园文化的重要阵地。同时注重整合学校的文化资源，特别是高校教职工文化阵地建设得较好，场地大、设施新、设备全，用好这些资源，对二级学院形成带动和辐射作用，发挥更好的效应，使资源利用达到最大化。

（三）放大文化阵地的宣传效应

增加工会文化活动的开放性，发挥好工会“大学校”作用，及时宣传报道社会和学校的新闻、新人、新事，宣传劳动模范、先进人物的事迹和经验，在弘扬主旋律、构建社会主义核心价值观上宣传造势。合理利用商业文化、公共文化资源，根据不同活动主题需要，采取与相应的社会组织、企事业单位联办等方式，提高教职工参与校园文化活动的兴趣和积极性，扩大学校文化建设的影响力，发挥教育系统在社会文化建设中的引领示范作用。

三、强化校园文化建设的保障机制

为了确保校园文化建设取得实效，工会必须建立起行之有效的校园文化建设保障机制。

（一）争取学校党政领导的支持

党政领导是校园文化的设计者、倡导者、组织者，具有总揽全局的作用，只有发挥他们的积极性，才能将校园文化建设深入持久地向前推进。一靠宣传，增加共识。提高党政领导加强校园文化建设的积极性，率先垂范并带动全员参与。二靠活动，体现作为。通过各种活动，真正使校园文化建设融入学校发展的各个层面，才能得到党政领导的真正支持。三靠激励，推动开展。进一步明确校园文化建设的目标，形成有效的指导、监督和考核机制，用好表彰资源和激励政策，激发党政领导建设校园文化的内在动力。

（二）树立科学的校园文化建设的理念

把校园文化建设与基层工会创建“模范教职工之家”活动紧密结合起来，因地制宜、因校制宜，动脑筋想办法，通过“建家”促进校园文化建设，通过校园文化建设，丰富“建家”活动内涵。努力争取学校行政的支持，在工会文化阵地建设、教职工文化活动时间、场地、经费上予以保障。加强并规范对文化阵地的管理服务，坚持“精神引领、制度渗透、活动聚力、阵地保障”，构建多层次的阵地网络，打造与学校传播知识、传承文化社会地位相适应的校园文化建设体系，提供与教职工精神文化需求相适应的文化产品。

（三）加强多方统筹、协调

校园文化建设是实现多方合作共赢的良好平台。工会组织必须在氛围的营造上，增加工会文化活动的开放性，注重社会合作、共同协商、联合开展、联手打造，扩大学校文化建设的影响力，发挥教育系统在社会文化建设中的引领示范作用。在工作落实上，与有关部门共同开展、分工协作、责任到人，全力推进。在资源运用上，力争工会和政府公共文化资源对接，在合作开发的基础上有机融入城市公共文化服务体系。

在经费保障上，积极争取政府和社会对文化项目、专题活动的资助，倡导工会出资、行政投入、社会资助相结合，逐步增加校园文化建设的经费投入。

（四）建立评估机制

在校园文化建设的过程中引进适当的评估机制，不但可以引起学校党政领导和广大师生员工对校园文化建设的重视，调动各方面的积极性，而且可以进一步提升学校的办学水平，促使学校朝着个性化、特色化的方向发展。通过评估机制的建立，找到校园文化建设中急需解决的问题，在原有的工作基础上发现、寻找解决对策。

第八章
教育工会的女教职工工作

广大女教职工作为工人阶级的重要组成部分，作为妇女群众的骨干力量，在全面建成小康社会、实现中国梦的伟大历史进程中，肩负着光荣而神圣的使命，具有不可替代的作用。团结动员包括女教职工在内的全国女职工为实现中华民族伟大复兴的宏伟蓝图和美好前景奉献聪明才智，这是中国工会的重要任务，也是教育工会女教职工组织的重要职责。

第一节　女教职工的群体性特征及其工作特点

做好工会女教职工工作，必须要了解女教职工的群体性特点。据2012年统计数据显示，我国有女教职工1032.4万人，其中女教师844.65万人，占女教职工总数的82%。女教师是女教职工的主体，因此，女教师的群体性特征也就是女教职工的群体性特征。了解和掌握女教职工的特点和规律，是做好女教职工工作的基础。

一、女教职工的群体性特征

在教育系统女教职工尽管有不同年龄、不同学科或不同部门之分，但总体而言，女教职工既不同于工人、公司职员，也不同于公务员，更不同于一般的家庭妇女，她们具有鲜明的群体性特征。

（一）具有较高的文化水平和良好的文化素养

学校是知识女性集中的地方，女教职工一般都受过高等教育，具有大学以上学历，具有良好的专业知识和文化水平，具有独立分析问题、解决问题的能力，善于自我调适和自我教育，具有不甘人后、敢为人先的竞争意识。

（二）女性集中但集体活动较少

学校虽然聚集着众多的知识女性，但由于工作的特点决定她们平常除开会外，极少参与集体活动，基本忙于各自的备课、上课、批改作业、科研等各项工作。

（三）崇尚科学，注重学习和自我提高

崇尚科学，注重学习和自我提高，历来是知识分子特有的天性。女教职工作为知识分子的成员，她们也始终把学习和提高自身素质作为自己终生追求的目标。特别是随着知识经济和信息时代的到来，她们更加认识到学习对于促进人的全面发展的先导作用。据调查，74.5%的女教职工把学习培训、提高自身素质作为目前的第一需要。

（四）兼具知识女性和家庭妇女的双重角色

除特殊情况外，绝大多数女教职工都分别在社会和家庭两个舞台上同时扮演着职业角色和家庭角色。她们走出家门投入工作，就是教书育人为人师表的教师。回到家中就要当好母亲、妻子、女儿、儿媳。由于中国历来存在男主外女主内观念，女教师在家庭角色的扮演方面比男性更为明显。

二、女教职工在教育和社会发展中的重要作用

（一）女教职工在教育、教学和科研中发挥着重要作用

随着我国教育规模的扩大和快速发展，女性越来越多地进入各类学校，其人数和比例在快速上升，已经成为我国教育事业发展的重要人力资源，是我国教育事业发展中一支非常重要的生力军。据教育部2012年统计公报有关数据显示，我国现有教职工1810多万人，其中女教职工1032.4万人，占57%；专任教师1462.88万人，其中女教师844.65万人，占57.74%。不仅如此，学科分布也相当广泛，从事自然科学、科学技术工作的女教师人数越来越多。目前，在我国各级各类学校，女教职工同男性一样，是教职工队伍中的重要组成部分，是学校教学、科研和育人工作的重要力量。

（二）女教职工在中国女性解放发展中承担着特殊责任

从历史上看，中国妇女运动是由于知识女性的首先觉悟、积极发动

和热情参与而开展起来的。可以说没有知识女性的觉悟就没有今天中国妇女解放的局面。女教职工尤其是高校女性教职工作为知识经济时代女性知识化和高素质中国女性劳动者的代表，是中国女性中最富革命性和创造性的群体。20世纪以来，被中国妇女认同、自觉追求、并且长久改变了命运的主要有两件事：教育和职业。教育唤醒了女性的自主意识，不仅可能使女性具备独立谋生的能力，更能使其具备独立自主的意志；而职业则使独立自主成为现实。学校女教职工凭借自己所拥有的高学历和专业技术能力，在教育和职业成就方面是中国其他阶层女性的榜样，具有很好的示范作用。

同时，学校女教职工的思想是其他女性前进的风向标，她们可以向社会传播男女平等意识，让公共决策过程听到更多女性声音；可以在广泛参与全面建设小康社会的过程中，追求和实现女性全面发展的目的，从而构建先进的性别文化。这是中国女性发展对知识女性的客观要求，也是知识女性对中国女性发展必须承担的义务。

三、女教职工面临的压力与挑战

女教职工作为社会生活中的成员，拥有多种身份，同时扮演多种社会角色，日新月异的科技发展和信息时代的汹涌浪潮，使得女教职工面对的挑战与压力更为严峻与激烈。

一是工作的压力与挑战。教学的压力。教师为了提高教学水平，必须不断提高个人素质，不断拓展和丰富自己的知识面。尤其随着对教师学历层次要求的不断提高，尚未达标的女教师不得不为获得相应的学位而再次拼搏。科研的压力。学校对不同职称教师都有不同的科研工作量规定，在现实的科研项目中，女教师不仅课题少，成果少，而且课题主持人也不多，大多是作为男性的副手或课题的参与者。因此，多数女教师内心承受着较重的教学科研压力和被时代淘汰的危机感。

二是家庭的压力与挑战。对女教职工而言，日复一日繁琐复杂的家务常常耗去她们大量的体力和精力，家务的压力无时不在；又由于她们对婚姻质量要求较高，不少高学历女性因难以找到自己的如意郎君还要默默承受“嫁不出去”的舆论压力。另有部分女教职工为了工作、事业和子女，不得不承受着痛苦婚姻或单亲家庭的压力，有的甚至干脆做出终身不嫁或不育的选择。

三是社会的压力与挑战。目前，高校有不少女专家学者在政府机构、大型企业以及社会团体兼任各种职务，参与相关的咨询、培训、指导、决策等社会活动。她们不仅要学会如何灵活地运用自己所掌握的科学技术去解决各种实际问题，还要学会一些社交手段以便处理好各种社会关系。这虽然发挥了高校女教职工的重要社会作用，但对她们也增添了一种社会活动的压力与挑战。

四是生理个性的压力与挑战。女教职工的生理特点使她们一生中要经历经期、孕期、产期、哺乳期、更年期等特殊时期，而这些特殊的生理周期往往不被男性尤其是男性领导所理解与重视。女性依赖、顺从、柔弱、自卑的心理特点往往使她们自觉不自觉地以弱者身份出现，缺乏独立的个性和挑战的勇气。也有部分女教职工在事业上追求过、拼搏过，并取得了较好的业绩。但或者因拼搏过程的过于艰辛，或者为了丈夫的事业、子女的前途，也会在无奈中不得不放弃继续努力，心甘情愿地相夫教子，满足于做贤妻良母。这部分女教职工在内心深处经受着现代女性和传统女性角色转换的压力和挑战。

五是健康的压力与挑战。工作与家庭、理想和现实的冲突常常使女教职工陷入困惑与无奈。她们承担着社会和家庭双重职责，既想成就事业，又要搞好家庭。而两种角色评价标准的矛盾与差异性，使女教职工的知识、能力和体力难以满足全方位最佳双重角色的需要。有相当数量的女教职工为了事业无暇顾及生活质量，甚至以牺牲自己的健康为代价去胜任职业角色。同时，女教职工还要遭遇性别认知中同与异的矛盾、女性双重角色认知中独善与兼顾的矛盾、女性职业角色认知中专业与服务的矛盾等等。如此诸多角色压力使大多数女教职工长年处于超负荷状态，甚至忽视了某些疾病的防治，导致女教职工近年来慢性病、癌症的发病比例上升，而且呈现年轻化的趋势。

四、工会女教职工工作的特点

如前所述，教育工会女教职工组织的工作主体和工作对象，都是拥有较高学历和高深知识、担负着教学、科研、管理工作的女知识分子，主要从事知识创造和文化传承类的精神劳动，对社会发展和国家建设影响深远。因此，工会女教职工组织的工作和活动就要围绕广大女知识分子开展，服务于女教职工工作生活需求，服务于女教职工对知识的生产、创造和应用。学校不仅是学术共同体，更是精神共同体和价值共同体，以追求学术、真理、自由、民主为目标。所以，在组织形式、组织结构和组织目标上，都反映了以知识的传递和创造为追求的特性，在教育内容和教育形式上，也体现了知识的深刻性和精神追求的深邃性，在共同目标上实现了个人目的和社会价值的契合。归根到底教育工会女教职工工作，就是应该具有浓厚的知识底色和鲜明的知识特质。

教育工会女教职工工作是工会工作的重要组成部分，同时女教职工群体的特征决定了女教职工工作的特点。因此女教职工工作既体现着工会工作的一般规律，又具有鲜明的自身特点，主要表现在以下几个方面：

（一）工会女教职工工作的特殊性

女教职工工作的特殊性是由其工作对象决定的。女教职工相对于男教职工有其特殊的生理、心理特点。一是女教职工特殊的生理。女教职工有月经、怀孕、生育、哺乳的特殊生理特征，需要进行“四期”保护；女性的心脏功能、肺功能、骨骼的承受能力等均弱于男性，需要在劳动和工作过程中进行特殊保护。虽然国家依据女性的特殊生理特征对女性的劳动保护作了一系列的规定，但在现实生活中仍然不同程度地存在着忽视女性特殊生理特征的现象。二是女教职工特殊心理。受“男强女弱”、“男主外、女主内”等传统观念的影响，部分女教职工还存在自我束缚、自卑自闭、容易满足的心态，心理承受能力较弱。虽然广大女教职工的参与意识和竞争意识随着时代的发展在不断加强，但是整体来看，女教职工的心理还没有调整到位。

由于女教职工的生理和心理方面的原因，使她们在工作和生活中时常会遇到一些特殊困难。工会作为教职工群众自己的组织，不仅要反映和解决男女教职工的共同要求和问题，还必须专门关心和研究女教职工的特点和特殊要求，帮助她们解决实际问题，从而使广大女教职工的聪明才智和创造力得到充分发挥。

（二）工会女教职工工作的相对独立性

女教职工工作的特殊性决定了它的相对独立性。女教职工一系列特殊问题需要有一个专门的组织机构来独立负责，有针对性地开展工作，以便更全面、更有效地代表和维护女教职工的合法权益和特殊利益。各级教育工会要按照《工会法》、《中国工会章程》、《工会女职工委员会工作条例》等有关法律和规定，建立健全女教职工组织，并从人员编制的配备和经费上予以保证。

（三）工会女教职工工作的综合性

工会女教职工组织的综合性是指女教职工工作与国家有关部门和工会业务部门的工作都有密切联系，涉及女教职工利益方面的工作内容广、领域宽，凡是有女教职工的地方，就有女教职工工作。另外，女教职工工作不能孤立进行，必须融于整个工会工作之中。各级教育工会的职能部门在研究部署工作时，都应将女教职工工作的有关内容纳入其中，积极配合、支持和协助女教职工组织做好女教职工工作。

以上三个特点是教育工会女教职工工作的一般性规律，在各个不同的历史时期，女教职工工作还具有体现时代特征的不同特点，各级工会要不断适应形势的发展变化，针对女教职工工作的特点与时俱进地开展工作。特别需要注意的是，工作中要准确把握定位，围绕中心，突出特色。一方面要紧紧围绕教育工作大局，围绕教育工会工作重点开展工作；另一方面，要坚持从女教职工组织的性质和知识女性的特点出发，有特色地开展女教职工工作，帮助她们解决工作、生活等各个方面遇到的一些特殊问题。要实现好、维护好、发展好女教职工的合法权益和特殊利益，就要有针对性地开展各项工作，在指导思想、组织形式、工作格局、活动方式等方面，突出女教职工工作特点，使女职工组织更具有生命力和创造力。

第二节　工会女教职工组织

教育工会女教职工组织是在同级工会领导下的具有民主性和代表性的女教职工的群众组织，它根据女教职工的特点和意愿开展工作。

一、工会女教职工组织的性质

工会女教职工组织是同级工会领导下的维护女教职工合法权益并具

有民主性和代表性的群众组织。

二、工会建立女教职工组织的法律依据

教育工会女教职工组织的建立受到法律保障，《工会法》、《中国工会章程》、《工会女职工委员会工作条例》对各级工会建立健全工会女职工组织分别作出规定：（1）女职工委员会应与工会委员会同时建立。县和县以上各级地方工会、产业工会依法建立女职工委员会。企业、事业单位、机关和其他社会组织等工会中有女会员10名以上的应建立女职工委员会，不足10名的可以设女职工委员。（2）省、自治区、直辖市、地级总工会女职工委员会，实行垂直领导的产业工会女职工委员会，大型企业、事业单位、机关和其他社会组织等工会女职工委员会应设立办公室（女职工部），负责女职工委员会的日常工作。（3）在工会代表大会、职工代表大会、教职工代表大会中，女职工代表的比例应与女职工占职工总数的比例相适应。（4）女职工200人以上的企业、事业单位的工会女职工委员会，应配备专职女职工工作干部。

三、工会女教职工组织机构

1991年2月5日中华全国总工会女职工委员会成立，由此我国工会女职工组织称为工会女职工委员会，全国总工会女职工部是它的常设工作机构。全国总工会女职工委员会是各地方工会女职工委员会和全国各产业工会女职工委员会的领导机关。

（一）中国教科文卫体工会女职工委员会

教科文卫体系统工会实行产业与地方相结合的组织领导体制，按照联合制、代表制的原则，组建中国教科文卫体工会女职工委员会。

中国教科文卫体工会女职工委员会委员的构成：各省、自治区、直辖市教科文卫体（教育、科技、文化、卫生、体育）工会女主席或女副主席、女职工委员会主任或者女职工工作的负责人；部分省会城市教科文卫体工会女主席、女副主席或女职工委员会主任；本系统部分基层工会女负责人；中国教科文卫体工会对口部委（总局、院）及有关单位女领导、女专家学者；中国教科文卫体工会全国委员会机关部分女领导干部。

中国教科文卫体工会女职工委员会设常务委员会，其中主任1名，

副主任和常委各若干名。

（二）地方性教育工会女教职工组织

地方性教育工会女教职工委员会是按照国家行政区划建立的省（直辖市、自治区）、市（地、自治州）、县（区、自治县）的教育（教科文卫体）工会的女教职工委员会或女教职工部。根据需要设立专职或兼职的工作人员，负责日常工作。

（三）基层工会女教职工组织

基层工会女教职工组织是指各学校的工会女教职工委员会或工会女教职工组织。

各级工会女教职工委员会在接受同级工会领导的同时接受上级工会女教职工委员会的指导。

四、工会女教职工委员会的组织制度和工作制度

教育工会女教职工委员会的组织制度和工作制度依据《中国工会章程》和《工会女职工委员会工作条例》规定建立。

（一）工会女教职工委员会组织制度

1. 女教职工委员会应与工会委员会同时建立。县和县以上各级地方教育工会依法建立女教职工委员会。各级各类学校工会中有女会员10名以上的应建立女教职工委员会，不足10名的可以设女教职工委员。

2. 省、自治区、直辖市和地级教育工会女职工委员会，可设立女教职工部，负责女职工委员会的日常工作；县级教育工会的女职工委员会，根据工作需要设专职或兼职工作人员，也可以设立办公室（女职工部）。

3. 女教职工委员会委员由同级工会委员会提名，在充分协商的基础上组成，也可召开女教职工大会或女教职工代表大会选举产生。

4. 工会女教职工委员会常务委员会由主任一人、副主任若干人、常委若干人组成。

5. 工会女教职工委员会是县或县以上妇联的团体会员，通过县以上地方工会接受妇联的业务指导。

（二）工会女教职工委员会工作制度

1. 工会女教职工委员会实行民主集中制。凡属重大问题，要广泛听

取女教职工意见，由委员会或常务委员会进行充分的民主讨论后作出决定。

2. 女教职工委员会根据工作需要制定有关制度，每年召开一至两次常务委员会会议，也可临时召开会议。

3. 工会女教职工委员会要定期向同级工会委员会和上级工会女职工委员会报告工作。

4. 县以上各级教育工会女教职工委员会要把工作重心放在基层，增强基层女教职工组织的活力，为广大女教职工服务。

五、工会女教职工组织的自身建设

工会女教职工组织的自身建设是工会女教职工组织的自我完善与发展。在新的历史发展阶段，工会女教职工组织要代表和维护好女教职工的合法权益和特殊利益，首先要加强自身建设，增强女教职工组织的凝聚力和战斗力。

（一）加强工会女教职工组织自身建设的重要意义

加强教育工会女教职工组织自身建设是不断适应教育事业发展的需要。目前，我国正处在全面深化改革、加快转变政府职能、转变经济增长方式的攻坚时期和全面建成小康社会的关键时期，深化教育领域综合改革的帷幕正在拉开。教育工会女教职工组织必须适应形势变化的需要，不断加强自身建设，开拓创新工作思路，才能贯彻落实好习近平总书记对工会工作提出的新要求，才能贯彻落实好中国工会十六大提出的各项工作任务。

加强教育工会女教职工组织的自身建设是工会女教职工组织自身存在和应对挑战的需要。随着教育改革的不断深化，女教职工队伍结构、思想观念等方面会呈现出新的特点，女教职工的价值取向和利益诉求也会呈现出多样化特征，工会女教职工工作内容、工作方式等都将面临新的挑战。必须加强教育工会女教职工组织自身建设，切实提高服务广大女教职工的能力，必须进一步夯实组织基础，提高工会女教职工干部队伍的整体素质。

（二）工会女教职工组织自身建设的主要内容

工会女教职工组织体系建设。建立健全教育工会女教职工组织体系，是工会女教职工组织和工作机制得以正常运转的重要保证。为此，一是要抓好各级各类学校工会女教职工组织建设。学校工会女教职工组织是开展工会女教职工工作的基础，女教职工的意愿和要求，需要学校工会女教职工组织去反映，各项工作任务最终要靠学校工会女教职工组织去落实，工会女教职工工作成效最终要靠学校工会女教职工组织和女教职工群众去评判。因此，要把加强各级各类学校工会女教职工组织建设放在重要位置。要坚持哪里有工会，哪里有女教职工，哪里就要建立工会女教职工组织的原则，最大限度地把女教职工组织到工会中来。二是加强工会女教职工组织规范化建设。教育系统工会女教职工组织建设比较健全，但是也存在工作开展不平衡，有的基础薄弱，组织建设不够规范、作用发挥不力，在已建工会中难以实现女教职工组织全覆盖的现状。当前和今后一个时期，加强工会女教职工组织规范化建设是各级工会和工会女教职工组织的重要任务。

工会女教职工工作干部队伍建设。工会女教职工工作干部队伍建设是教育工会女教职工组织自身建设的重要内容，是做好工会女教职工工作的重要保证。当前教育工会女教职工工作干部队伍的突出特点是专职人员少、兼职人员多，特别是在县、市级和学校工会，女教职工工作干部大多是身兼数职，开展女教职工工作的时间难以保证，不同程度存在只挂名难履职或业务能力不强等情况，难以适应形势发展和女教职工工作的新要求。为此，必须切实加强工会女教职工工作干部队伍建设，包括提高女教职工工作干部的素质、加强对女教职工工作干部的管理、重视对女教职工工作干部的培养等。

六、工会女教职工组织与妇联组织的工作关系

工会与妇联同是在党领导下的群众组织。工会与妇联在各自的工作中虽然都包含有女职工领域的工作，但由于主要工作对象和承担的社会职能有所不同，在工作的侧重点与工作方式上也不尽相同。

（一）工会组织与妇联组织的分工

工会是工人阶级的群众组织，具有鲜明的阶级性。女职工是工人阶级的重要组成部分，工会女职工组织的基本职责就是代表和维护女职工的合法权益和特殊利益。工会女职工委员会是广大女职工的代表者和维护者。

妇联是以性别为界的群众性组织，实行团体会员制度，其工作主要是依靠团体会员完成。女职工是妇女群众中的一支先进骨干力量，妇联开展女职工工作是通过发挥工会女职工组织团体会员作用来进行，对工会女职工委员会工作进行业务指导。

根据中共中央办公厅转发的《全国总工会、全国妇联关于在企业女职工工作中进一步加强合作的通知》（中办厅字〔1991〕25 号函）精神以及《工会女职工委员会工作条例》的有关规定，工会在开展女职工工作中与妇联的分工主要原则为：一是企业中的女职工工作以工会为主，妇联配合，妇联不在企业建立组织。二是基层工会女职工委员会是县或县以上妇联的团体会员，通过县以上地方工会女职工委员会接受妇联的业务指导。妇联不直接向基层工会女职工委员会布置工作。

（二）工会组织与妇联组织的协调与合作

工人运动与妇女运动一直是紧密结合在一起的。女职工工作既是工会工作的一部分，也是妇女运动的一部分。工会和妇联应在同级党委的领导下，密切联系，团结协作，互相学习，互相尊重，形成合力，共同做好女职工工作。

工会女教职工委员会作为妇联的主要团体会员，在开展女教职工工作中应注意把握：一是工会女教职工委员会作为县或县以上妇联的团体会员，要主动争取妇联的支持与指导，充分发挥妇联团体会员的作用。二是基层工会女教职工委员会在接受工会领导的同时，通过县以上地方工会女职工委员会接受妇联的业务指导。三是县以上工会和妇联的领导干部实行双向兼职，加强工作联系，相互参与工作意见，使双方在女职工工作中的配合与协作具有可靠的组织保证。四是县以上工会和妇联建立工作联系制度，通过召开联席会议或相互参加会议，互通情况，密切协商，互相支持。

第三节　工会女教职工工作的主要内容

工会女教职工组织是女教职工合法权益和特殊利益的代表者和维护者。做好工会女教职工工作，对于维护女教职工的合法权益，更好地调动广大女教职工参与教育系统深化改革的积极性、主动性和创造性，推动教育事业发展具有十分重要的意义。在新的历史阶段，教育工会女教职工工作主要内容有以下几个方面：

一、维护女教工的合法权益和特殊利益

依法维护女教职工的合法权益和特殊利益，是教育工会女教职工组织的基本职责，这既是党对工会女教职工组织的要求，也是广大女教职工的迫切愿望。女教职工的合法权益是指女教职工除享受宪法及其他法律规定的公民、职工应当享有的同等权益外，还享有国家对妇女和女职工规定的其他各项权益。女教职工的特殊权益是指女教职工除享受国家规定的妇女应享有的合法权益外，还享受国家针对女职工生理、心理特点而制定的相关特殊保护措施。

（一）女教职工合法权益包含的主要内容

女教职工的政治权益。女教职工的政治权益主要是指女教职工参与政治的权利和依法享有的利益。教育工会女教职工组织维护女教职工的政治权利，主要体现在代表女教职工参与学校民主管理，为女教职工参政议政创造条件。坚持在学校教职工代表大会中保证女教职工代表占一定比例，并且保证她们参与讨论学校发展、改革以及涉及教职工工作生活等重大问题，以充分体现女教职工的意愿。坚持在使用和提拔干部上男女平等。

女教职工的文化教育权益。女教职工的文化教育权益主要是指女教职工依法享有接受教育的权利和从事文学、艺术、科学技术和其他文化活动的权利。工会女教职工组织维护女教职工的文化教育权益，主要体现在积极为女教职工提高文化技术素质创造条件，为广大女教职工提供更多的学习、培训机会，全面提高女教职工的整体素质。

女教职工的劳动工作权益。女教职工的劳动工作权益是指女教职工依据《劳动法》等享有的劳动工作权利和利益。主要包括：平等就业和选择职业的权利，取得劳动报酬的权利，休息休假的权利，获得劳动安全卫生保障的权利，接受职业技能培训的权利，享受社会保险和保障的权利，提请劳动人事争议处理的权利。

工会女教职工组织要依据《劳动法》、《教师法》等法律规定，维护女教职工的各项劳动工作经济权利，配合和监督学校做好保障女教职工

各项权益措施的实施和落实。

除此之外，还有女教职工的财产和婚姻家庭权益，女教职工的人身权益（包括生命健康权、人身自由权、姓名权、名誉权、肖像权、隐私权、荣誉权、人格尊严权等）。工会女教职工组织一是要通过多种形式，教育和帮助女教职工学习和掌握相关法律知识，维护自己在家庭和婚姻生活中的合法权益不受侵害，同时开展家庭文化建设活动，发挥女教职工在家庭文明建设中的重要作用。二是要积极参与调查处理侵害女教职工人身权利案件，配合、督促有关行政、司法部门严格依法处理对女教职工的侵权案件，及时了解女教职工的呼声，帮助解决所遇到的困难，使女教职工的各项人身权益得到切实保障。

（二）女教职工特殊利益包含的主要内容

之所以强调女教职工的特殊利益，一是由于女教职工存在与男教职工不同的特殊生理，因此在工作和劳动中需要特殊保护。一方面男女两性在生理上的差别，决定了女教职工不宜从事重体力劳动；另一方面，女性生理机能决定了女职工有经期、孕期、产期、哺乳期（简称“四期”）的生理变化，在此期间需要进行特殊保护。二是女教职工扮演着双重社会角色，集家务劳动和社会教学、科研于一身，使女教职工的精力和体力承受特殊压力。此外，现实生活中还存在着性别歧视现象，由此决定了保护女教职工特殊利益的内容。

（三）维护女教职工合法权益和特殊利益的主要途径

工会女教职工组织维护女教职工合法权益和特殊利益主要通过以下五个方面的途径来实现。

一是注重源头参与，建立女教职工维权机制。工会女教职工组织要履行好维护女教职工合法权益和特殊利益的基本职责，必须加强源头维护机制建设，这是有效维护女教职工权益的根本途径。要代表和组织女教职工积极推动、参与涉及女教职工合法权益和特殊利益相关法律法规和政策的研究制定，积极参与协调劳动人事关系。各学校工会女教职工组织要在推行教代会制度中，体现保障女教职工参与学校民主决策、民主管理、民主监督的权利，积极征集涉及女教职工权益的突出问题提交教代会讨论。监督和协助有关方面落实女教职工权益保障相关规定，依法维护女教职工的合法权益和特殊利益。

二是进行深入细致的调查研究，密切关注、积极跟进每一个时期女教职工最关心、反应最强烈的问题，积极建言献策，及时向有关方面反映广大女教职工的呼声和要求，推动女教职工权益维护方面相关问题的解决。

三是提高女教职工的法律意识，增强女教职工的自我保护意识。采取多种方式向女教职工宣传法律知识，让女教职工了解法律法规赋予自己的权利。

四是整合资源，借势借力做好维护女教职工的权益工作。做好女教职工维权工作不是单靠某一个组织和部门能够独立完成的，而是需要党组织的重视和领导、行政的大力支持。工会女教职工组织要加强与各方面的协调沟通，借势借力维护好女教职工的合法权益和特殊利益。

五是要大力实施女教职工“关爱行动”，努力为困难女教职工办实事做好事。

二、组织动员女教职工开展建功立业活动

动员组织广大女职工积极参与社会发展和经济建设始终是全国各级工会女职工组织一项重要工作内容。2000 年全国总工会女职工委员会三届三次会议决定，“十五”期间在全国女职工中开展以“岗位创新”、“学习成才”、“姐妹献爱心”、“文明家庭创建”为内容的“双文明建功立业”活动。2004 年下发了《关于实施“女职工建功立业工程”的指导意见》。2010 年在总结多年开展的女职工建功立业活动的基础上，把以往开展的女职工建功立业工程和提升女职工素质工程进行合并，提出了开展女职工提升素质建功立业工程，并且于 2010 年 5 月下发了《中华全国总工会女职工委员会关于实施女职工提升素质建功立业工程的意见》，明确了 2010 年至 2013 年实施女职工提升素质建功立业工程的指导思想、目标任务和总体要求。全国总工会每两年表彰一批在建功立业活动中涌现出来的先进女职工集体和个人。对其中成绩突出、贡献较大的前十名分别授予“全国五一巾帼标兵”和“全国五一巾帼标兵岗”称号，同时由全国总工会授予“全国五一劳动奖章”和“全国工人先锋号”。由此可以看出，团结动员组织广大女职工参与国家经济建设始终是工会工作特别是女职工组织工作的一项主要内容。

（一）实施女教职工建功立业工程的主要内容

大力推进社会主义核心价值体系建设，以开展师德建设为载体，不断提高女教职工的思想道德素质。

组织多种形式的岗位练兵活动，提高女教职工的教学技能水平。围绕教学改革的要求和女教职工的特点，开展青年教师教学基本功竞赛、课件比赛、普通话比赛等，促进女教职工教学、科研能力的提高。

激发女教职工的创造活力，组织女教职工积极投身自主创新实践，鼓励女教职工围绕教学、科研等任务，开展创新活动，提升女教职工的创新能力。

（二）实施“女教职工建功立业工程”的基本要求

要加强领导。各级工会女教职工组织要积极争取同级工会和党组织的领导，结合实际制订“女教职工建功立业工程”实施方案，明确活动的总体目标和阶段目标，有工作计划，有检查评比，有表彰奖励制度。要加强与有关部门的协调与合作，争取社会多方面的支持与配合，为实施“女职工建功立业工程”创造良好的外部环境。

要突出行业特色。针对教育的行业特点、不同岗位女教职工群体结构特点，创新“女教职工建功立业工程”的内容和形式，强化活动的针对性和时效性，突出女教职工组织及女教职工工作特色。

要创新活动内容形式。在巩固和发展多年来开展女教职工建功立业活动的经验和成果的基础上，进一步扩大活动范围和领域，总结活动的基本规律，推进“女教职工建功立业工程”的全面开展。

要选树典型。各级教育工会都要高度重视“女职工建功立业工程”中的先进典型的选树和宣传工作，充分利用各种宣传阵地，广泛宣传在活动中涌现出来的先进人物和事迹，激发广大女教职工投身全面建成小康社会、实现中国梦的责任感和使命感，树立中国知识女性的良好形象，扩大工会女职工组织的社会影响。要积极培育、总结和宣传不同层次知识女性参与“女教职工建功立业工程”的工作模式，形成异彩纷呈的工作局面，打造教育工会女职工组织的工作品牌。

三、全面提高女教职工的整体素质

女教职工素质是指女教职工在思想、文化、技能、心理和生理等方面的整体素质，是品质、气质、能力、水平等诸多要素的综合，是决定女教职工自身发展的重要条件。女教职工群体自身就是一个知识分子相对集中的群体，是推动社会发展进步、改革开放和建设社会主义和谐社会的重要力量，是推动教育事业发展、培育人才的主力军。女教职工队伍的素质决定培育出的人才的素质，人才的素质关乎国家的前途命运。提高女教职工队伍整体素质，不仅仅是指文化素质，还包含思想、精神、道德等各个方面。

（一）提高女教职工素质的基本内容

提高思想道德素质。对女教职工思想道德教育的内容，应根据党和工会在不同时期的任务和女教职工的思想状况来确定。各级工会女教职工组织要把开展女教职工思想教育工作作为党的思想政治工作的重要组成部分，把党的路线方针政策渗透和贯穿其中。教育引导广大女教职工牢固树立坚持党的基本路线不动摇的坚定信念和建设有中国特色社会主义的共同理想，坚定改革必胜的信心，发扬主人翁精神，积极支持改革、参与改革。帮助她们树立正确的人生观、世界观、价值观，树立良好的职业道德、社会公德和家庭美德。

提高科学文化素质。广大女教职工具有文化水平较高的特点，但是在当前知识大爆炸时代，为了适应现代科学技术发展和建设学习型社会、创新型国家的要求，作为传授知识的女教职工就要不断更新和掌握更多的知识，才能适应发展的需要，才能在改革的大潮中立于不败之地。工会女教职工组织要结合实际，采取措施，帮助她们不断学习掌握新的知识，提升科学文化素质，跟上时代步伐。

提高岗位技能素质。按照科学规律和教育部教学大纲要求，工会女教职工组织要帮助女教职工立足本职岗位，勤奋学习，刻苦钻研业务技能，不断增加知识储备，成为一专多能的复合型人才。具体途径可以通过教学基本功竞赛、教学课件大赛、公开教学等形式帮助女教职工不断提升自己的教学技能，提升职业竞争能力，激发和调动广大女教职工投身教育事业的主动性和潜能。

提高心理生理素质。良好的心理素质对于激发女教职工投入教学、参与学校发展建设的积极性和创造性至关重要。各级工会女教职工组织要帮助广大女教职工面对工作、生活压力，正确对待和处理各种利益关系变化所带来的冲击；帮助她们建立良好的人际关系，妥善处理事业与家庭的矛盾，增强对社会压力、工作压力和生活压力的承受能力；增强心理调适能力，缓解职场紧张情绪，以积极健康的心态面对工作和生活。开展女性健康知识教育和心理咨询等活动，提高保健意识和健康水平，帮助女教职工塑造时代知识女性形象，展示知识女性风采，使她们以更加健康的体魄和饱满的激情投入教学科研当中。

（二）提高女教职工素质的基本方法

在长期的实践中，各级教育工会女教职工组织结合实际，不断摸索，大胆创新，总结出许多行之有效的经验和做法。

为女教职工提升素质搭建平台。从工会女教职工组织的特点和优势出发，根据不同层面女教职工实际需求，以女教职工喜闻乐见的形式开展各种活动，吸引女教职工广泛参与。

开展主题教育活动。利用三八、五一、七一、教师节等重要节日及重大历史事件纪念日等，在广大女教职工中开展形式多样的主题教育活动，引导其自觉践行社会主义核心价值观，用崇高的精神塑造女教职工，培养女教职工高尚的道德情操和职业操守。

加强对女教职工的人文关怀，提高女教职工的心理生理素质。通过专题讲座、知识竞赛、影视观摩等女教职工喜闻乐见的形式，向她们普及生理心理安全健康知识，传播健康理念，加强心理疏导；组织女教职工参加积极向上、健康有益、适合女教职工特点的文化体育活动，提高女教职工心理素质和身体素质。

开展读书自学活动。结合女教职工的工作、生活实际，组织开展不同形式的读书活动，营造积极向上、清新高雅、健康文明的氛围，激发她们学习交流的热情。

四、推行女教职工权益保护专项集体合同工作

女教职工权益保护专项集体合同工作，是工会女职工组织针对市场经济条件下劳动关系出现的新变化和新问题，在总结和借鉴多年来工会维权工作的理论和实践经验基础上开展的一项创造性工作。目前，女职工权益保护专项集体合同一般在企业推行，教育属于事业编制，因而没有在学校推广。但是，各学校工会女教职工组织可以借鉴并结合教育的

实际，大胆实践，创新推动女教职工权益保护专项集体合同工作。为了便于开展这项工作，简要介绍如下：

1. 女职工权益保护专项集体合同，是用人单位根据国家保护女职工的法律、法规和规章，就女职工合法权益和特殊利益方面的内容通过集体协商签订的专项协议，从法律角度进一步保护女职工在劳动关系中的合法权益和特殊利益，实现了用法律文本的形式规范用人单位的劳动用工行为；是平等协商集体合同制度的重要组成部分，是工会女职工组织维护女职工合法权益的重要载体和手段。

2. 女职工权益保护专项集体合同的形式和主要内容。各地推行女职工权益保护专项集体合同工作根据本地区的具体情况选择签订的形式，可以单独签订女职工权益保护专项集体合同，也可以将女职工权益保护专项协议作为集体合同的附件或专章。其包括的具体内容主要有：

（1）有关女职工的劳动经济权利方面的内容，如劳动就业、同工同酬、休息休假、保险、福利待遇等。

（2）有关女职工的特殊利益方面的内容，如女职工禁忌劳动保护、“四期”保护、妇科病普查、生育待遇等。

（3）有关女职工的政治文化教育发展权利方面的内容，如职业教育、培训、晋职晋级、参与本单位民主管理等。

（4）双方认为应当协商的其他内容。

五、积极推动生育保险制度

我国生育保险制度的建立，体现了国家和社会对女职工担负人类再生产的社会价值的重视，对维护女职工劳动权利、调动女职工的积极性、推动生产力发展、促进人们观念的转变、落实计划生育国策、提高人口质量起到了重要作用。

（一）生育保险制度的建立与发展

生育保险的含义：生育保险是指由国家通过立法，对职业妇女因生育而暂时中断劳动，由国家或单位为其提供生活保障和物质帮助的一项社会制度。其目的是通过向生育职业妇女提供生育津贴、医疗服务和产假等方面的待遇，保障她们因生育而暂时中断劳动时的基本经济收入和医疗需求，帮助生育职业妇女安全度过生育期，并使婴儿得到必要的照顾和哺育。

我国生育保险制度创建于1951年政务院颁布的《中华人民共和国劳动保险条例》，其中对企业女职工的生育待遇做出了具体规定。机关、事业单位的女职工生育保险制度始建于1955年国务院颁布的《关于女工作人员生产假期的通知》，其中规定了女工作人员生产假期。

1988年国务院颁布实施了《女职工劳动保护规定》，统一了企业和机关、事业单位生育保险待遇，将女职工的产假由原来的56天延长到90天，难产假15天，并对多胞胎生育的、流产、哺乳时间、孕期劳动保护和产假工资待遇作出新的规定。

2012年国务院颁布施行了《女职工劳动保护特别规定》将产假时间延长至98天，同时就女职工流产假、享受生育或流产的医疗费用、生育津贴待遇等作出了规定。《女职工劳动保护特别规定》的颁布实施，标志着女职工生育保险待遇得到了进一步提高，加强了对女职工生育权利的保护。

（二）工会在推动生育保险制度改革中的作用和任务

多年来，工会在推动我国职工生育保险制度改革和发展方面做了大量的工作，取得了一定成效，今后工会还将继续推动生育保险制度的不断完善。

通过源头参与，推动完善生育保险制度。各级工会女职工组织深入基层开展了大量的调查研究，对生育保险制度在实施中存在的问题进行调查了解，并对有关生育费用、各种技术问题进行测算，提出了具体的改革建议。同时，工会一方面积极开展宣传教育工作，通过举办培训班、知识讲座、知识竞赛、发放宣传资料等多种形式，加强对生育保险实施办法的学习宣传。另一方面积极推行女职工专项集体合同工作，将生育保险内容纳入合同内容，推动女职工生育保险工作落到实处。

六、积极推进社会性别平等

推进社会性别平等是当今国际妇女运动的主题，是人类社会可持续发展的必然选择。男女平等是我国的一项基本国策，性别和谐是建设和谐社会的重要组成部分。工会尤其是教育工会女教职工组织在推进社会性别主流化中肩负着义不容辞的责任。

（一）社会性别平等主流化概念

社会性别是相对于生理性别提出来的一个概念，它指的是由社会文化和实践所构建出来的男性或女性的群体特征、角色、活动及责任。

社会性别平等是指所有的人，不论男女，都应该在不受各种成见、传统的社会性别角色分工观念以及歧视的限制下，自由发展个人能力和作出各种选择。性别平等并不意味着女性和男性必须变得完全一样，而是说女性和男性的权利、责任、机会、待遇、评价应该平等。

社会性别平等主流化。1995年联合国第四次世界妇女大会通过的《北京行动纲要》中明确提出："在处理建立提高妇女地位的机制问题时，各国政府和其他行动者应提倡一项积极鲜明的政策，将性别观点纳入所有政策和方案的主流。""社会性别平等主流化"被联合国第四次世界妇女大会确定为促进性别平等的全球战略。

（二）工会推进社会性别平等的意义和必要性

工会工作与性别平等工作有着密切的联系。由于工会的性质及其在保护劳动者权益方面的特殊地位，工会必将成为与性别歧视作斗争和推进社会性别平等主流化的倡导者和实践者。

推进社会性别平等更能体现工会以维护女职工的权益为己任。劳动领域中的性别平等问题是社会性别平等主流化中的核心和重点问题。工会应通过影响政府在男女平等问题上的政策来维护女职工利益，通过集体协商、教职工代表大会等手段使涉及社会性别平等和女教职工所关注的一些问题得到充分的重视和解决，通过把女教职工组织到工会中来，使她们的利益得到代表和维护。

有利于增强工会自身的凝聚力。随着社会的进步和发展以及女性劳动者的增加，女职工对各方面的需求也在逐步增长。面对这个群体，积极推进社会性别平等主流化，履行工会维护女职工合法权益和特殊利益的基本职责，可以吸引更多的劳动妇女加入工会，增强工会的吸引力和凝聚力，进一步壮大工会力量。同时在工会内加强女教职工组织建设，进行社会性别平等意识的全面教育，可以使女教职工群体和女教职工问题不再被边缘化，从而有利于工会完成团结动员广大职工为全面建成小康社会、实现中国梦作出积极贡献的历史使命。

（三）当前工会推进社会性别平等的重点工作

推进社会性别平等，将社会性别平等意识纳入各级工会组织的决策之中，维护男女职工平等享有各项权利，是工会近年来积极开展的一项重点工作。

加强以劳动领域为重点的权益保障工作。在我国大部分劳动力市场上，从就业到退休都存在着较为严重的显性和隐性性别歧视，且歧视现象和歧视程度有增大趋势；女性收入与男性收入之间的差距，也有扩大趋势；行业与职业性别隔离现象趋于严重；许多女性的特殊职业保护问题未引起重视；在非正规部门就业的女性其权益受损较为严重；工作场所女职工的尊严保护问题尚未引起足够的重视等。因此，在我国推进社会性别平等，应以劳动领域为重点，加强女职工的维权工作。

加强女职工社会参与平台机制建设。目前各学校和工会干部中女性领导数量和层级普遍偏低，学校教职工代表大会女代表比例不理想，各级工会，特别是各学校要以提升女代表和女领导比例为突破口，加强女教职工社会参与平台机制建设。

加强社会性别平等培训。工会干部和工会会员缺乏社会性别平等意识，对存在的社会性别不平等问题缺乏敏感性，特别是工会领导和决策层存在缺乏社会性别平等意识而导致决策和具体工作中对社会性别平等重视不够的问题，忽视女性权益和忽略女性需求的现象仍大量存在。对此，需要从工会自身加大对普通会员至领导干部各个层次的培训，提升社会性别平等意识，形成全会提升社会性别平等的自觉性。

营造平等氛围，加强社会监督。教育工会女教职工组织要充分利用本系统知识女性集中、高级研究人员集中的优势，积极组织女专家、女学者开展社会性别平等课题研究，从理论上深入探讨推进社会性别平等主流化问题，不断推进社会性别平等主流化进程。

第九章
教育工会组织建设

教育工会组织建设是其自身建设的一项基础工作。它通过健全教育工会组织，发展壮大会员队伍，制定组织原则和组织制度，加强教育工会领导班子和干部队伍建设，为教育工会各项工作的开展提供组织保证和人才保障。

第一节　教育工会的组织原则和组织制度

教育工会组织原则是指教育工会的组织方式、领导体制及内部组织关系处理等方面的基本准则。教育工会的组织制度是指在工会组织原则指导下的各级教育工会组织和工会会员共同遵守的办事规则。

一、教育工会的组织原则

民主集中制是工会的基本组织原则和制度，已经在前面章节作了阐述。教育工会的其他组织原则主要有：

（一）产业与地方相结合的原则

《中国工会章程》第十一条规定："中国工会实行产业和地方相结合的组织领导原则。同一企业、事业单位、机关和其他社会组织中的会员，组织在一个工会基层组织中；同一行业或者性质相近的几个行业，根据需要建立全国的或者地方的产业工会组织。除少数行政管理体制实行垂直管理的产业，其产业工会实行产业工会和地方工会双重领导，以产业工会领导为主外，其他产业工会均实行以地方工会领导为主，同时接受上级产业工会领导的体制。"产业与地方相结合，是工会的组织领导原则，也集中体现了教育工会的组织结构和特点，主要有两个方面的内容。

一是产业原则。将“同一企业、事业单位、机关和其他社会组织中的会员，组织在一个工会基层组织中”，即以教育系统组织工会和实行联合的原则，将在教育系统的会员，不管职业、岗位、职务、身份，组织在同一个教育工会中。按产业原则组织教育工会，有利于教育工会从本产业的性质和特点出发，代表和维护本产业职工的利益，开展具有产业特色的工作，促进教育的改革和发展。

二是属地原则。将“同一行业或者性质相近的几个行业，根据需要建立全国的或者地方的产业工会组织”，“实行以地方工会领导为主，同时接受上级产业工会领导的体制”，即是指以地域为单位组建地方教育工会的原则。按照这一原则，同一地域的两个或两个以上学校可以组成联合基层工会或基层工会联合会，同一地域的学校可以按产业加入地方教育工会，同一地域的教育或性质相近的科技、文化、卫生、体育行业，可以根据需要建立地方教育工会或地方教科文卫体工会。坚持这一原则，符合我国基层党组织和行政关系属地管理的要求，有利于工会接受党的领导，加强与教育行政部门的密切合作，参政议政，及时解决工会工作中遇到的问题，也有利于发挥教育工会和地方总工会两个积极性。

（二）联合制、代表制的原则

《中国工会章程》第十二条规定：“全国产业工会、各级地方产业工会、乡镇工会和城市街道工会的委员会，可以按照联合制、代表制原则，由下一级工会组织民主选举的主要负责人和适当比例的有关方面代表组成。”联合制、代表制是指教育工会的领导机构由其所属基层工会或下级教育工会和适当比例的有关方面代表组成，真正做到工会代表职工，上级代表下级，各级工会为基层、为职工服务的原则。

联合制、代表制原则的主要内容是：一是教育工会基层组织由会员大会或会员代表大会选举本级工会领导人。二是各级地方教育工会是下一级教育工会的联合体，其领导机构主要由下一级工会民主选举的主要领导人组成，是下级工会的领导机关和代表机关。三是参加上级工会领导机构的成员可以实行替补制。四是根据工作需要，教育工会的领导机构可吸收有关方面的代表参加。坚持这一原则，有利于体现教育工会组织的民主性和代表性，有利于理顺教育工会内部的组织领导关系，有利于更好地反映表达广大教职工和下一级教育工会的意见和呼声，更好地发挥教育工会的作用。

二、教育工会的组织制度

教育工会的组织制度主要包括以下几个方面。

（一）会员大会或会员代表大会制度

会员大会或会员代表大会制度是工会的一项根本性制度。各级地方教育工会的会员代表大会是同级工会的最高领导机构，基层教育工会会员大会或会员代表大会是基层教育工会的最高权力机关。

地方教育工会会员代表大会每5年召开一次，基层工会会员大会或会员代表大会一般每年召开一次。工会会员在100人以下的基层工会应当召开会员大会。会员代表大会的代表实行常任制，与基层工会委员会相同，每届任期3至5年。会员大会或会员代表大会任期届满，应当按期换届。在特殊情况下，经工会委员会提议，报上一级工会批准，可以提前或延期举行。

各级会员大会或会员代表大会的职权：一是审议和批准工会委员会的工作报告。二是审议和批准工会委员会的经费收支情况报告和经费审查委员会的工作报告。三是选举工会委员会和经费审查委员会。四是撤换或者罢免其所选举的代表或者工会委员会组成人员。五是讨论决定工会工作的重大问题。

县以上地方教育工会代表大会代表，主要由工会工作者、工会积极分子、先进模范人物、教职工和其他人员组成。会员在5万人以下者，代表为100~200人；5万~30万者，代表为200~300人；30万~70万者，代表为300~450人；70万~120万者，代表为450~550人。基层教育工会代表大会的代表名额按照基层单位的会员人数确定。会员100~500人的单位，代表为会员的25%~20%；会员501~1000人的单位，代表为会员的20%~10%；会员1001~5000人的单位，代表为会员的10%~6%；会员5001~10000人的单位，代表为会员的5%；会员超过10000人的单位，会员代表原则上不超过500人。

教育工会代表大会代表要有广泛的群众性和代表性。基层教育工会会员代表大会的教职工代表，一般应占代表总数的60%以上。女代表、青年教师代表和少数民族代表应占一定比例。会员代表候选人由所在学校（院系、教研室）按照确定的候选人名额和条件，组织会员讨论提名，经所在单位会员大会或会员代表大会选举产生。代表的选举一律采取无记名投票方式进行差额选举。地方教育工会或基层教育工会代表大会代表的差额比例，由同级工会委员会决定。

（二）民主选举制度

《中国工会章程》第十条规定："工会各级代表大会的代表和委员会的产生，要充分体现选举人的意志。候选人名单，要反复酝酿，充分讨论。选举采用无记名投票方式，可以直接采用候选人数多于应选人数的差额选举办法进行正式选举，也可以先采用差额选举办法进行预选，产生候选人名单，然后进行正式选举。任何组织和个人，不得以任何方式强迫选举人选举或不选举某个人。"工会的民主选举，是工会组织性质的本质体现，是推进工会组织群众化、民主化、制度化的重要组织制度。

民主选举主要有差额选举、等额选举、直接选举和间接选举四种形式。按照《中国工会章程》的规定，教育工会各级代表大会的代表和基层工会委员会的委员，必须实行差额选举。各级教育工会委员会常务委员会委员和主席、副主席，可以实行差额选举，也可实行等额选举。具体采取哪种方式，由代表大会决定。选举一律采取无记名投票方式。

各级教育工会领导机构和领导成员的产生以大会选举结果为准，以选举当天生效。按照《中国工会章程》规定和干部管理权限，选举结果报同级党委（党组）和上级工会审批。上级工会和同级党委组织部门应根据大会选举结果，及时进行批复。没有建立党组织的单位，选举结果报上级工会审批。

（三）全委会、常委会制度

全国和地方教育工会委员会由本产业下一级工会组织的主要负责人和适当比例的基层教育工会代表、教育党政部门负责人以及其他有关方面的代表组成全委会，选举主席、副主席和常务委员会委员。

健全全体委员会委员、常务委员会委员的会议制度。明确全委会、常委会的职权，充分发挥全体委员、常委参与教育工会重大决策的作用。

全委会每年举行一次，由常委会召集。由全委主席或通过商议指定的副主席主持。全委会的参加对象为全体委员，工作需要时，可以吸收下级教育工会主席、机关部室和直属单位负责人、基层教育工会主席或有关人员列席。列席人员不具有表决权。全委会议题一般由常委会讨论决定。全委会的主要职权有：一是执行上级工会代表大会的决议；二是审议和批准全委会的工作报告；三是审议和批准全委会的经费收支情况报告和经费审查委员会的工作报告；四是选举产生全委会常务委员会、经费审查委员会和主席、副主席；五是因工作需要可以增补或撤换、罢免、免去委员、常委、副主席、主席；六是讨论决定其他重大事项。

常委会每年举行两次，由主席召集，也可委托副主席召集，必要时可临时举行。会议由主席主持，也可委托副主席主持。常委会会议出席对象为全体常委。工作需要时，可以吸收下级教育工会主席、机关部室和直属单位负责人列席。列席人员不具有表决权。常委会议题一般由主席、副主席讨论决定或由主席办公会议拟订。常委会的主要职权有：一是执行上级工会代表大会、本级全委会的决议、决定，实施全委会确定的任务；二是决定并召集全委会；三是审议批准替补增补全委委员；四是审议提交全委会讨论通过的文件；五是在全委会全体会议闭会期间，履行全委会的职责，定期召开会议，讨论决定全委会及常委会会务和工作中的重大问题。全委会、常委会实行民主集中制原则。与会人员应充分发表意见，少数服从多数。遇重大问题可采用口头、举手、无记名投票三种方式表决。会议的议案及其他需要表决的事项，须经全委会、常委会全体组成人员过半数通过方能生效。

（四）领导班子民主集中制和议事决策制度

健全和完善教育工会领导班子民主集中制和议事决策制度。凡属重大问题由委员会严格按照民主集中制原则办事，坚持集体领导、民主集中、个别酝酿、会议决定的内部议事和决策的基本制度。凡需要决定重大问题，在进行集体研究决策前，要先将相关情况在内部进行通报. 使领导班子成员有充分的思考时间，相互协商、交换意见，避免准备不充分、仓促议事的现象。凡是教育工会组织决策重大问题、重要事项，要召开咨询会、座谈会、听证会，或通过个别访谈等方式，邀请领导、专家、下级工会负责人和部分教职工群众代表参加，反复征求意见。重大问题和重要事项必须由会议决策。表决时，同意人数应超过应到会人数的半数才算通过。决策形成后，在执行过程中，应严格执行程序，确保决策执行的科学化和民主化。坚持集体领导和个人分工负责相结合。集体决策形成后，明确每个领导成员所负的责任，做到事事有人管，人人有专责，在其职权范围内迅速处理，遇事敢于负责，协调各个方面抓好落实，形成民主决策、分工负责、协调高效的工作格局。重大问题未经班子集体讨论表决而做出决定的，个人有责任制止，并向上级工会反映情况，提出纠正意见。

第二节　教育工会的组织体系

教育工会的组织体系是指教育工会会员与教育工会组织及各级教育工会组织之间的相互作用与相互联系所构成的、具有一定的结构和功能的整体。我国的教育工会是在中华全国总工会的统一领导下，由中国教科文卫体工会、各级地方教育工会（含派出机构）和基层教育工会所构成的完整的工会组织体系。

一、教育工会的组成

（一）中国教科文卫体工会全国委员会的建立与组成

全国教育系统工会的领导机关是在中华全国总工会领导下的全国性产业工会组织——中国教科文卫体工会全国委员会（以下简称中国教科文卫体工会或全委会）。中国教科文卫体工会的前身是中国教育工会。在党中央的直接关怀下，1950 年 4 月成立全国教育工会工作委员会，1950 年 8 月成立中国教育工会全国委员会。2002 年 2 月，根据中华全国总工会机构改革方案，中国教育工会扩建为中国教科文卫工会，负责全国教育、科技、文化、卫生、体育系统的工会工作。2003 年，中国教科文卫工会更名为中国教科文卫体工会。

中国教科文卫体工会全国委员会按照联合制、代表制原则组成，每届任期 5 年。在特殊情况下，经中华全国总工会批准，可以提前或延期举行换届。参照《中国工会章程》第二十一条的规定，中国教科文卫体工会全国委员会全体会议的职权是：审议和批准产业工会全国委员会的工作报告；选举产业工会全国委员会常务委员会。全委会由全委机关领导同志，有关处室负责人，本产业下一级工会组织的主要负责人、相关部委（总局）的有关司局负责人和适当比例的事业单位工会代表组成。全委会的名额，根据教科文卫体产业的职工人数和实际工作需要由中华全国总工会确定。全委会的组成和委员名额分配方案，由中国教科文卫体工会提出，报中华全国总工会书记处审批后，通知本产业的省级教科文卫体（教育）工会，并抄送省级总工会。省级教科文卫体（教育）工会根据分配的名额推荐委员候选人，报请所在省级总工会同意后，召开省级产业工会委员会确定产生。有关部委（总局）和全委机关的委员，由全委分党组提名。全委委员实行替补制。当选的全委委员因工作或职务变动、退休等原因需要调整其委员职务时，由全委会机关或省级教科文卫体（教育）工会提出免去其委员职务的建议，并提出相应的替补人选，经全委会确认后予以替补。

全国委员会设立常务委员会，在全委会议闭会期间履行全委会的职责，承担决策责任。常务委员会任期与全委会委员相同，每届任期 5 年。常务委员会由主席、副主席、常务委员组成。主席、副主席候选人由中华全国总工会党组提名，常务委员候选人由全委分党组提名，报经中华全国总工会书记处同意。全委主席、副主席和常务委员由全委会全体会议等额选举产生，选举结果报中华全国总工会书记处审批。

根据 2001 年 11 月实施的《中华全国总工会机关机构改革方案》的规定，中国教科文卫体工会机关的职责：一是负责制定本产业工会建设发展目标规划，年度工作计划并组织实施；二是负责指导本产业工会各系统工会工作；三是负责调查研究本产业职工的特殊权益诉求，代表行业和职工反映突出问题；四是负责组织开展具有本产业特点的职业道德建设和专业技术竞赛活动；五是负责本产业工会领导干部的培训工作；六是负责参与涉及本产业职工劳动关系及与切身利益相关的法律、法规和政策的制定；七是加强与政府有关部门及对口部、局的联系及相关工作的合作与配合；八是负责本产业先进模范人员表彰的推荐和评选；九是在全总领导的安排下开展与对口产业的国际交流活动；十是完成全总党组和书记处交办的其他工作任务。

（二）地方教育工会的建立与组成

地方教育工会包括省级、地（市）级和县（市）级教科文卫体（教育）工会，全国许多地方还设立了乡镇（街道）教育工会组织。

1. 省级教育工会委员会。省级教育工会是指省、自治区、直辖市教育工会。省级教育工会是省（区、市）总工会和中国教科文卫体工会领导下的省（区、市）区域内各级教育工会组织的领导机构。

省级教育工会的设置，由同级地方总工会根据本地区实际情况确定。省级教育工会的组建，可参照全委会的建立办法，经同级地方总工会批准，可以按照联合制、代表制原则组成，也可由教科文卫体（教育）全省（区、市）代表大会选举产生。省级教科文卫体（教育）工会设常委会。独立管理经费的省级教育工会，选举经费审查委员会，并向省级教育工会代表大会或者委员会全体会议报告工作。目前省级教育工会的设置主要有以下模式：一是单独设置的省级教育工会，全国有半数的省级教育工会单独设置；二是参照全委模式，组建教科文卫体工会，全国约有半数省级教育工会设在教科文卫体（教科文卫、教科、教卫科）工会。从隶属关系看，除个别省级教育工会工作关系在省教育厅、人事关系在省总工会外，主要有两种模式：一是驻省级总工会：全部省级教科文卫体（教科文卫、教科、教卫科）工会和多数省级教育工会是驻会产业工会；二是部分省级教育工会驻省级教育行政部门和省级教育党工委。

根据中华全国总工会的有关要求和工作实践，省级教科文卫体（教育）工会的职责可概括为以下几个方面：一是调查研究和反映教职工特殊利益问题，代表教职工积极参与涉及本地区教育事业改革发展和教职工切身利益重大问题的地方法规和政策的制定；二是协助有关部门重点抓好教职工的职业道德、职业纪律、职业技能教育和培训，动员教职工开展具有教育特色的教职工经济技术创新活动；三是会同有关部门建立健全教职工代表大会（教职工大会）制度、校务公开制度和民主评议等制度；四是在省（区、市）总工会领导下，积极推动地（区、市）、县（区、市）的教科文卫体（教育）工会组织建设；五是抓好典型，总结经验，加强对下级教科文卫体（教育）工会和基层工会的分类指导和服务；六是认真完成中国教科文卫体工会和省级总工会交办的工作任务。

2. 地（市）级教育工会委员会。地（市）教育工会是指省会市、省辖市教育工会。地（市）教育工会是地（市）总工会和省级教科文卫体（教育）工会领导下的地（市）区域内各级教育工会组织的领导机构。

地（市）教育工会的设置、组建与省级教科文卫体（教育）工会相同。一部分设在地（市）总工会，一部分设在地（市）教育党政部门。独立管理经费的地（市）教育工会，选举经费审查委员会，并向地（市）教育工会代表大会或者委员会全体会议报告工作。

根据地（市）教科文卫体（教育）工会的特殊地位作用及其工作实践，其职责可概括为以下几个方面：一是调查研究和反映教职工特殊利益问题，代表教职工积极参与涉及本地区教育事业改革发展和教职工切身利益重大问题的地方法规和政策的制定；二是协助有关部门重点抓好教职工的职业道德、职业纪律、职业技能教育和培训，动员教职工开展具有教育特色的教职工经济技术创新活动；三是会同有关部门建立健全教职工代表大会（教职工大会）制度、校务公开制度和民主评议等制度；四是在地（市）总工会领导下，积极推动县（区、市）的教科文卫体（教育）工会组织建设；五是抓好典型，总结经验，加强对下级教科文卫体（教育）工会和基层工会的分类指导和服务；六是认真完成上级教科文卫体（教育）工会和地（市）总工会交办的工作任务。

3. 县（区、市）级及以下教育工会委员会。县（区、市）级及以下教育工会是指县（区）市、乡镇（街道）教科文卫体（教育）工会，是县（区、市）、乡镇（街道）总工会和下级教科文卫体（教育）工会以及学校工会的领导机构。

县（区、市）级及以下教育工会的设置、组建与地（市）教科文卫体（教育）工会基本相同。大部分设在同级教育党政部门，一部分设在同级总工会。独立管理经费的县（区、市）以下教育工会，选举经费审查委员会，并向同级教育工会代表大会或者委员会全体会议报告工作。

县（区、市）级教育工会是我国教育系统工会组织中十分重要的一级组织，直接面对基层，处于维护教职工合法权益、服务农村教育改革发展的第一线，是教育系统工会组织体制中承上启下的关键环节。全国80%以上的教育系统职工工作在全国县以下的广大农村地区，工作对象分布面广、组织链条长的特点，决定了县级教育工会承担着服务职工、指导基层工会组织的繁重任务。

县（区、市）级及以下教育工会的主要职责：一是调查研究和反映教职工特殊利益问题，代表教职工积极参与涉及本地区教育事业改革发展和教职工切身利益重大问题政策的制定；二是指导学校工会重点抓好教职工的职业道德、职业纪律、职业技能教育和培训，组织动员教职工开展具有教育特色的经济技术创新活动；三是指导学校加强学校民主管理工作，建立健全教职工代表大会（教职工大会）制度、校务公开制度和民主评议等制度；四是参与有关群体性事件的调查处理以及日常的教职工信访接待工作；五是构筑工会帮困救助体系和教职工互助互济网络；六是在同级总工会领导下，积极推动教育工会组织建设；七是抓好典型，总结经验，加强对下级教育工会和基层工会的分类指导和服务；八是认真完成上级教科文卫体（教育）工会和同级总工会交办的工作任务。

4. 地方教育工会工作委员会。《中国工会章程》规定："根据工作需要，省、自治区总工会可在地区设派出代表机关。直辖市和设区的市总工会可在区建立区一级工会组织或者设派出代表机关。"部分省、市、县教育工会是上级总工会的派出机构。

工会委员会与工会工作委员会都是工会组织，其组织机构、工作职责、性质等基本是一样的。所不同之处在于：工会委员会的领导机关是民主选举产生的，工会工作委员会是上一级工会组织派出机关，工会工作委员会、经费审查委员会、女职工委员会等领导机关分别由其派出的上级工会任命，按上级工会要求开展工作。

工会工作委员会相对于工会委员会，其批准成立的程序比较简单，决策的效率相对较高，但与教育工会组织作为教职工群众组织的特性还有较大差距，其代表性、广泛性、群众性明显不足。我们在加强工作委员会决策的民主化、科学化的同时，应积极创造条件，完成向工会委员会制度的过渡。

（三）基层教育工会的建立与组成

基层教育工会是指依据《工会法》、《中国工会章程》的规定，在各级各类学校建立的工会组织，它是教育工会组织体系中最基本的组织单位，是整个教育工会组织基础和工作基础。

1. 基层教育工会委员会。第一，基层教育工会的组成。根据《工会法》和《中国工会章程》的规定，企业、事业单位、机关有会员 25 人以上的，应当建立基层工会委员会；不足 25 人的，可以单独建立基层工会委员会，也可以由两个以上单位的会员联合建立基层工会委员会，也可以选举组织员一人，组织会员开展活动。教职工 200 人以上的学校工会设专职工会主席。工会专职工作人员的人数由工会与学校协商确定。基层教育工会具备法人条件，依法取得社团法人资格，工会主席为法定代表人。

第二，基层教育工会的会员（代表）大会。基层教育工会的会员大会或者会员代表大会，每年至少召开一次。经基层工会委员会或者三分之一以上的工会会员提议，可以临时召开会员大会或者会员代表大会。工会会员在100人以下的基层工会应当召开会员大会。

基层教育工会会员大会或者会员代表大会的职权：一是审议和批准工会基层委员会的工作报告。二是审议和批准工会基层委员会的经费收支情况报告和经费审查委员会的工作报告。三是选举工会基层委员会和经费审查委员会。四是撤换或者罢免其所选举的代表或者工会委员会组成人员。五是讨论决定工会工作的重大问题。

工会基层委员会的委员，应当在会员或者会员代表充分酝酿协商的基础上选举产生；主席、副主席，可以由会员大会或者会员代表大会直接选举产生，也可以由工会基层委员会选举产生。基层教育工会会员代表大会的代表实行常任制，任期与本单位工会委员会相同。

第三，基层教育工会的职责。《中国工会章程》第二十九条规定："教育、科研、文化、卫生、体育等事业单位和机关工会，从脑力劳动者比较集中的特点出发开展工作，积极了解和关心职工的思想、工作和生活，推动党的知识分子政策的贯彻落实。组织职工搞好本单位的民主管理和民主监督，为发挥职工的聪明才智，创造良好的条件。"根据《中国工会章程》的规定和学校工作的实际，基层教育工会要从脑力劳动者比较集中的特点出发开展工作，其主要职责：一是执行会员大会或者会员代表大会的决议和上级工会的决定，主持基层工会的日常工作。二是代表和组织职工依照法律规定，建立健全以教职工代表大会为基本形式的学校民主管理制度，组织教职工搞好本单位的民主管理和民主监督。学校工会是教职工代表大会工作机构，负责教职工代表大会的日常工作，检查、督促教职工代表大会决议的执行。三是监督有关法律、法规的贯彻执行。协助和督促行政方面做好工资、劳动安全卫生和社会保险等方面的工作，办好教职工集体福利事业，改善教职工生活。依法参与劳动安全卫生事故的调查处理。参与协调劳动人事关系和调解劳动人事争议，做好工会法律援助，协商解决涉及教职工切身利益的问题。四是帮助和指导教职工与学校行政方面签订聘用合同、劳动合同，并监督执行。代表教职工与学校开展集体协商，签订集体合同。五是组织教职工开展合理化建议、技术革新和技术协作等多种形式的创先争优建功立业活动，总结推广先进经验。做好先进生产（工作）者和劳动模范的评选、表彰、培养和管理服务工作。六是对教职工进行思想政治教育，鼓励支持教职工学习文化科学技术和管理知识，开展健康的文化体育活动。办好工会文化、教育、体育事业。七是积极了解和关心职工的思想、工作和生活，推动党的知识分子政策的贯彻落实。八是搞好工会组织建设，健全民主制度和民主生活。建立和发展工会积极分子队伍。做好会员的发展、接收、教育和会籍管理工作。九是收好、管好、用好工会经费，管理好工会资产和工会的企业、事业。

第四，基层教育工会常务委员会。规模较大、教职工人数较多的学校工会委员会，根据工作需要，经上级工会委员会批准，可以设立常务委员会。在基层工会委员会闭会期间领导基层工会工作，研究决定工会工作中的重大问题。常务委员会由主席、副主席和常务委员会委员组成，可由工会委员会选举产生，也可由会员大会或会员代表大会选举产生，采取无记名投票和差额选举方式进行选举，差额率为10%。常务委员会的任期与本届工会委员会相同，每届任期3至5年。

第五，基层教育工会经费审查委员会。基层教育工会建立工会经费审查委员会，由会员大会或会员代表大会采取无记名等额选举方式产生。经费审查委员会委员名额一般为3至7人，设主任1人，必要时也可设副主任1人，主任、副主任由经费审查委员会推选产生。经费审查委员会的职责是，代表会员群众对基层工会经费收支和财产管理进行审查监督，向基层会员大会或会员代表大会负责并报告工作。

工会基层委员会、常务委员会和主席、副主席以及经费审查委员会的选举结果，报上一级工会批准。

第六，基层教育工会女职工委员会。《工会法》第十条规定："女职工人数较多的，可以建立工会女职工委员会，在同级工会领导下开展工作；女职工人数较少的，可以在工会委员会中设女职工委员。"女职工委员会由同级工会委员会提名，主任由工会女主席或女副主席担任。没有女主席或女副主席的，可由符合相应条件的女职工委员会委员担任。女职工委员会与基层工会委员会任期相同，在基层工会委员会领导下依法维护女职工特殊权益和合法权益。工会女职工委员会是县或县以上妇联的团体会员，通过县以上地方工会接受同级妇联的业务指导。

2. 二级学院（系部、处科、教研室）工会委员会。基层教育工会根据工作需要，可以在二级学院、系部、处科、教研室建立工会委员会，由二级学院、系部、处科、教研室会员大会或者会员代表大会选举产生，任期和工会基层委员会相同。

二级学院（系部、处科、教研室）工会委员会的主要职责：一是对本单位的分工会工作全面负责，并主持分工会的日常工作。根据学校工会布置的任务，负责组织召开工会委员会、工会小组会议，落实工作任务，并做好检查总结工作。二是组织教职工参加学校民主管理活动，参与筹备学校教职工（代表）大会和会员（代表）大会，负责职工代表大会和会员代表大会的筹备和会务工作，认真贯彻大会决议。三是组织教职工积极投入多种形式的建功立业活动和经济技术创新活动。四是开展工会宣传教育工作，办好本单位的黑板报、竞赛（立功）台、栏，组织教职工参加业余文体活动。五是做好教职工的社会保险工作，办好教职工互助会，做好教职工生活困难补助工作。六是经常深入二级学院、系部、处科、教研室，做好调查研究工作。关心教职工的思想、工作、生活，及时向上级反映教职工的意见和要求，组织工会活动。七是负责本单位工会的组织建设工作，建立和健全工会组织及各项工作制度，搞好职工之家建设。了解和掌握工会系统专职干部选用和考核情况，做好对专职工会干部的考核，参与组织工会干部的培训工作。八是了解各单位工会委员及工会积极分子的思想状况和工作情况，及时向学校工会汇报。参与评选和表彰优秀工会积极分子、先进集体。九是审查、发展新会员，建立会员档案，负责做好会员建卡工作，及时转移会员关系。十是督促核实会费收缴，督促企业行政足额拨交经费，定期公布账目，并及时按规定上缴。管好、用好会员经费。

3. 工会小组。基层教育工会或二级学院（系部、处科、教研室）委员会可按照教育和行政单位建立工会小组。工会小组一般以会员 7 ~ 20 人为宜。会员不足 3 人的，可按教学和行政单位性质合建一组，民主选举组长1人，积极开展工会小组活动。

工会小组的主要职责：一是做好小组会员的日常思想政治工作，动员和组织小组会员参加政治、文化、技术、管理知识的学习，开展有益于身心健康的文体活动。二是动员会员积极参加单位的民主管理和教学改革等活动，保证小组的教学、工作计划的完成。三是热心为会员办实事、做好事、解难事，关心会员疾苦，做好困难教职工帮扶工作。四是加强工会小组自身建设。定期召开工会小组生活会或小组会，讨论贯彻上级工会决议。进行会员权利、义务的教育，及时发展新会员。

4. 专门委员会（专门小组）基层教育工会和二级学院（系部、处科、教研室）委员会，可以根据需要设若干专门委员会或者专门小组。除了经费审查委员会、女教职工委员会外，还可成立民主管理、生活福利、宣传教育、文化体育以及青年委员会等专门委员会或专门小组，协助基层教育工会履行职责，做好工作。

二、建立健全教育工会的组织体系

教育工会的组织体系是按照一定的组织规则将不同层次、结构、形式的教育工会机构或组织有机有序地联系起来的联合体。我国教育工会会员众多，已经形成了组织制度健全、组织网络完整，覆盖城乡的教育工会组织体系。建立健全教育工会组织体系，应坚持从中国国情和工会实际出发，与我国政治体制、行政管理体制改革相适应的原则；坚持教育工会与地方工会相结合的组织领导原则，发挥教育工会和地方工会两个积极性；坚持地方教育工会的设置与本地区教育结构调整和教职工队伍发展变化相适应的原则；坚持地方教育工会组织的设置，由同级地方总工会根据本地区实际情况确定的原则；坚持加强地方教育工会和基层教育工会建设，最大限度地把教职工组织到工会中来的原则，逐步建立起组织健全、职责明确、关系顺畅的教育工会组织体系。

针对教育工会建设的薄弱环节，应健全教育工会组织体系，畅通产业工会组织渠道，着重做好下列工作：

（一）重视和发挥教育工会组织的系统领导

建立健全各级教育工会的组织领导关系：一是下级教育工会要结合本地区、本单位的实际，贯彻执行上级工会的决议和决定。二是坚持下级教育工会向上级工会请示报告和反馈重要情况制度，确保工会组织信息灵敏，渠道畅通。三是要按照《工会法》和《中国工会章程》的规定和干部管理权限，教育工会委员会的选举结果，报上级工会批准。教育工会主席、副主席未经同级工会委员会和上级工会同意，不得随意调动其工作。四是坚决制止和纠正随意撤并地方教育工会和基层教育工会的现象。依据《工会法》，各级教育工会具有社会团体法人资格，任何组织和个人不得随意撤销、合并。坚决制止和纠正随意撤并地方教育工会和基层教育工会的现象，已被撤销或撤并的要限期恢复。

（二）加强中心城市教育工会建设

中心城市教育工会是指直辖市、副省级城市、省会市、省辖市和县级市教育工会。中心城市教育工会其工作范围和影响力具有广泛性、辐射性，既是市总工会和上级教育工会的下属组织，又是基层教育工会和下级教育工会的领导机构。中心城市产业工会的发展方向，是要能够全面覆盖县市教育系统的基层工会组织，负责管理直属基层工会组织，又能够承担起对全市所属基层工会、乡镇（街道）工会和县（区）行业工会联合会指导和服务的职责。

中心城市教育工会的职责任务，除了做好相应层级的教育工会工作之外，还要注意做好下列工作：一是参与有关群体性事件的调查处理以及日常的教职工信访接待工作；二是构筑教职工帮困救助体系和教职工互助互济网络；三是组织指导下属工会搞好自身建设，指导推动市属区、县、乡镇（街道）教育工会的组织建设。

加强县（市）教育工会建设是做好中心城市教育工会工作的关键环节。贯彻落实《中华全国总工会关于进一步加强县级教育工会建设的意见》，采取切实措施，建立健全县级教育工会组织体系。县级以上总工会特别是县级总工会要加强与教育、组织、人事、编制管理等有关部门的协商沟通，创造条件帮助县级教育工会搞好机构设置、落实人员编制、配齐配强县级教育工会领导班子、配备好县级教育工会的专职工作人员。加大经费扶持力度，切实解决县级教育工会的经费问题。各地工会要继续认真落实中华全国总工会总工发〔1999〕17号、总工发〔2010〕46号以及全总财务部有关文件的规定，在县教育工会上解的经费中，按2%总额的8%至10%回拨补助给县级教育工会活动经费的规定，进一步加大对县级教育工会的经费扶持力度，确保县级教育工会活动的正常开展。县级以上总工会要创新工作机制，切实加强对县级教育工会工作的领导，高度重视和认真研究县级教育工会工作，定期听取县级教育工会的工作汇报，帮助支持县级教育工会争取党政给予更多的资源和手段，切实解决县级教育工会任务重、人员少、经费紧等瓶颈问题，努力做到有人干事、有钱办事，有章理事，为县级教育工会开展工作创造良好的条件和环境，把县级教育工会建设成党组织信任、行政依靠、教职工信赖，能在教育改革发展全局中发挥应有作用的组织。

（三）建立县（市、区）以下行业教育工会组织

县级总工会可根据教育工会工作需要和基层单位，如农村学校、民办学校、幼儿园和教育培训机构小而分散、教职工流动频繁的特点，根据行业分布、学校规模、教职工人数和工作需要，建立县（区）、乡镇（街道）教育工会联合会。如依托职工人数较多、规模较大、工会工作基础比较好的幼儿园、民办学校或中心学校，建立相应的区域性、行业性教育工会联合会或工作委员会。

在县（区）、乡镇（街道）建立教育工会联合会，应当因地制宜、积极稳妥地推进；坚持以学校工会为基本单位组成、同时接受地方总工会和上级教育工会的工作指导；基层工会组织领导关系保持不变。

（四）重视民办学校工会的组织建设

据教育部《2012 年全国教育事业发展统计公报》统计，2012 年全国共有各级各类民办学校（含教育机构）13.99 万所，占全国 53 万所学校的 26.4%。民办学校普遍存在分布广、规模小、数量多、教职工流动性大的特点，民办学校工会也存在人员流动大、组建难、待遇低、人手少、经费紧、维权难等实际问题。面对民办学校工会组织建设的繁重任务，各地教育工会要解放思想、勇于实践，建立完善纵向到底、横向到边的民办学校工会组织网络。

一是创新组建工作思路。坚持“党建带工建，工建服务党建”的工作机制，形成“党委领导、行政支持、工会运作、各方配合”的民办学校工会建会工作格局。工会的组建原则由“成熟一家、发展一家”转变为“哪里有教职工、哪里有学校，哪里就要建立教育工会组织”；工会的组织形式由单一的工会委员会转变为建立工会委员会与按区域、行业组

建工会联合会或联合基层工会相结合；工会的组建力量由县以上教育工会抓组建为主，转变为地方总工会、有关党政部门共同抓组建；会员的待遇由会员与非会员没有差别或差别不大，转变为丰富为会员服务的内容和方式，探索建立会员服务基地，在卫生医疗、法律援助、生活购物、子女入学入托等方面为会员教职工提供优惠优先服务；工会的组建方法由先组建后服务，转变为先服务后组建、边服务边组建；工会的组建方式由自上而下转变为自上而下与自下而上相结合，继续探索聘用工会“组织员”、“指导员”、“协理员”帮助和指导民办学校教职工组建工会，实现工会组织的全覆盖。

二是创新教职工入会方式。各地教育工会根据方便快捷、高效务实的原则，不断创新与工会组织形式相适应的民办学校教职工入会新方式。如“灵活会籍管理入会”，有些民办学校针对教职工流动性大的实际，采取“流动会员”、“团体会员”和“登记入会”等办法，方便教职工入会；再如“网络入会”，由教职工从网上下载填写递交登记表，建立“网上工会”，由学校工会对会员会籍进行动态管理等，把包括劳务派遣人员、农民工在内的广大民办学校教职工组织到工会中来。

三是加强对民办学校工会工作的指导。各地教育工会一手抓组建、一手抓规范，一手抓发展会员、一手抓发挥作用，不断增强基层活力，巩固建会成果。坚持“促进学校发展、维护教职工权益”的指导思想，不断加强维权机制建设，切实履行工会维护职能。深入推进“两个普遍”，建立平等协商、集体合同制度，维护教职工的劳动经济权益；建立健全以教职工（代表）大会制度为基本形式的学校民主管理制度，深化校务公开，建立工会主席进入学校董事会、监事会，职工代表列席校务会、董事会等制度，维护教职工的民主政治权利；建立劳动人事争议调解组织，加强法律援助，依法调处劳动人事争议，建立困难教职工帮扶体系，构建和谐稳定的劳动人事关系；不断改善教职工工作生活条件，开展丰富多彩的文体活动，保障教职工的安全与健康。

第三节　深化职工之家建设　增强基层组织活力

联系和服务教职工，是教育工会全部工作的出发点和落脚点，基层教育工会是落实工会各项工作的组织者、推动者和实践者，增强基层教育工会组织活力，其核心内容就是要坚持走中国特色社会主义工会发展道路，把基层教育工会真正建设成为自觉接受党的领导、促进学校发展、维护和发展教职工权益、团结教职工的工会组织。

目前，各地创造了许多考核评价基层教育工会工作的方式方法。其中，综合考核评价基层教育工会工作的主要载体是建设职工之家活动。“职工之家”这个称号形象地体现了我国工会的性质、宗旨和特点，整个工会组织要成为“职工之家”，基层工会更应该成为“职工之家”，基层工会干部应该成为职工群众最亲最近的“娘家人”。开展建设职工之家活动，是发挥基层工会作用的重要平台，是增强基层工会活力的有效手段，是全面提升基层工会工作水平的综合性载体。

一、建设职工之家的特点

自1983年3月党中央提出要求把工会组织建设成为职工之家的30年来，各级基层教育工会的建设职工之家活动（以下简称建家活动）经历了组织整顿、深入推进、提高水平和创新发展等几个阶段，形成了鲜明的特点：

一是综合性，建家活动包含了基层教育工会工作的各个方面，具有丰富的工作内容和完整的体系，对建家活动的考核评定就是对基层教育工会工作的综合考核和评定。二是广泛性，建家活动是全体教职工群众参与的活动，得到了学校党组织和行政的大力支持，形成了“党政工共建一个家”的良好局面。三是基础性，建家活动的目的是夯实基层工会的组织基础、工作基础，激发基层工会组织的活力，在工会工作的全局中具有基础性重要作用。四是长期性，建家活动是加强基层工会建设的一项长期战略任务，要坚持在继承的基础上不断创新，与时俱进地赋予新内容，不断增强针对性和实用性，推动建家活动的深入开展。

二、开展建家活动的目标

适应基层教育工会依法履行维护教职工合法权益基本职责的要求，深入推进建设职工之家活动，建立对基层工会的激励约束、综合考评机制，不断推进工会工作群众化、民主化、制度化、法制化，努力建设学习型、服务型、创新型工会，真正把基层教育工会组织建设成为组织健全、维权到位、工作规范、作用明显、职工信赖的名副其实的职工之家。

三、开展建家活动的基本要求

（一）健全组织体系

基层教育工会委员会、经费审查委员会、女职工委员会组织健全，按时换届选举，单独设置工会工作机构，依法独立自主开展工作；依法进行工会法人资格或工会法人代表变更登记；工会主席（副主席）的产生、配备符合有关规定，职工200人以上的学校依法配备专职工会主席；按不低于教职工人数3‰的比例配备专职工会干部；加强工会积极分子队伍建设；加强会员会籍管理，教职工（含农民工、劳务派遣工等非在编人员）入会率达到85%以上。

（二）促进科学发展

围绕加快经济发展方式转变和教育事业改革发展，深入开展以师德师能建设为主要内容的多种形式的群众性争先创优建功立业活动，持续形成建功立业活动热潮；充分发挥教职工的人才优势、科技优势和智力优势，围绕贯彻实施科教兴国战略、人才强国战略、文化强国战略，引导广大教职工积极参与、支持和投身改革，为实现中国梦作贡献，切实发挥主力军作用；加强劳动模范、先进工作者的培养、评选、表彰、宣传和管理，激励教职工立足岗位、勇创佳绩。

（三）履行维权职责

建立和完善以教职工代表大会为基本形式的民主管理制度，推行校务公开，协商解决涉及教职工切身利益的重大问题；指导和帮助教职工签订聘任聘用合同，依法妥善处理劳动人事争议纠纷，提供法律援助，构建和谐劳动人事关系；协助和督促学校落实国家各项涉及职工权益的法律法规，遵守劳动安全卫生等规定；维护女教职工的特殊权益。

（四）提高教职工素质

落实《国家中长期教育改革和发展规划纲要（2010－2020年）》、《全国职工素质建设工程五年规划（2010－2014年）》等文件精神，发挥工会“大学校”作用，深入开展“共筑理想信念、共促科学发展”主题教育活动，弘扬中国工人阶级伟大品格和劳模精神，用社会主义核心价值体系引领教职工群众；开展“创建学习型组织、争做知识型职工”活动，培育“四有”教职工队伍；开展群众性精神文明创建和文化体育活动，满足教职工群众精神文化需求，推动教职工文化和学校文化建设。

（五）服务教职工群众

以教职工最关心、最直接、最现实的利益问题为重点，认真倾听教职工呼声，积极反映教职工意愿，提出政策建议和主张；关心教职工工作生活问题，努力为教职工办实事、做好事、解难事；开展“送温暖”、“金秋助学”等活动，履行帮扶困难教职工“第一知情人”、“第一报告人”、“第一协调人”、“第一监督人”的职责。

（六）加强自身建设

坚持民主集中制，密切联系群众，廉洁自律；健全各项组织制度、民主制度、工作制度，基础资料齐全；坚持会员（代表）大会制度，完善会员代表常任制，实行会务公开，接受会员群众民主评议和监督，保障会员民主权利；开展“创建学习型工会、争做知识型工会干部”活动，加强思想、作风、能力建设，提高工会自身建设科学化水平，建设学习型、服务型、创新型工会；建立单独工会财务账号，独立使用工会经费，收好管好用好工会经费，保护好工会资产；工会工作有创新、有特色。

四、开展建家活动的主要方法

（一）建立完整规范的工作体系

根据活动的内容、条件、标准，制定考核办法并进行评定和比较，定期对建家活动进行考核、检查和评比。

（二）形成党政工齐抓共建格局

基层工会要主动争取党组织的领导，把建家活动纳入党组织的重要议事日程；积极争取行政提供更多的资源和手段，为开展建家创造条件；基层工会内部要建立领导负责，有关部门参加的建家工作领导小组，充实建家工作力量，形成主要领导亲自抓、分管领导具体抓、职能部门共同抓的工作格局。

（三）建立会员评家机制

以会员满意度为标准，定期对获得荣誉称号的基层工会进行复查。对会员不满意的应提出限期整改要求，逾期未改或经整改仍达不到要求的，撤销其荣誉称号。对会员测评不满意的工会主席（副主席），所在单位党组织和上级工会应在核实的基础上对其进行诫勉谈话；连续两年会员仍不满意的，应按照《中国工会章程》的有关规定对其进行组织调整。对三年内未达到合格职工之家标准的基层工会，上级工会应采取措施予以整顿。

（四）分类指导、提高水平

要根据各种类型基层教育工会的特点，提出不同的建家标准，突出针对性，不搞一个模式。公办学校工会要认真对照标准，查找差距，把工作重点放在提高建家水平和增强工会活力上；新建学校工会要着力抓好工会组织的整顿和重建工作，发挥教代会作用，切实维护职工合法权益；民办学校工会要适应学校特点，打好基础、规范起步，切实提高规范建设水平。

（五）建立激励和约束机制

各地教育工会可从实际出发，结合召开会员代表大会，每五年集中表彰一批模范职工之家、模范职工小家、优秀工会工作者、优秀工会积极分子以及优秀工会之友；届中评选表彰一批模范职工之家、全国模范职工小家和优秀工会工作者。职工之家分别设有“合格”、“先进”、“模范”职工之家三种荣誉称号，其中，评选“先进职工之家”、“模范职工之家”是表彰基层工会工作的综合荣誉称号，应与推荐申报本地或上级五一劳动奖状、奖章，评选优秀工会工作者、文明单位等工作结合起来。各层次职工之家的考核条件都应尽量细化、量化，使之便于操作和考核。要坚持建家标准，严格进行复查验收，不搞终身制。

五、开展建设“职工小家”活动

在学校教研室（科室）开展建设“职工小家”活动，是建家活动的延伸和发展。其基本要求是：

（一）加强工会分会、工会小组建设

由会员直接选举工会分会负责人和工会小组长，建立一支热心为教职工服务的工会积极分子队伍。

（二）建立完善制度

建立健全分会、小组民主管理、民主参与、民主监督制度，定期召开民主管理会议，坚持各项公开制度，积极反映教职工的诉求。

（三）做好互助互济

发扬团结友爱和集体主义精神，搞好互助互济，帮助教职工解决实际困难。

（四）突出工作重点

严格监督执行规章制度，开展群众性经济技术创新活动，做好女教职工特殊权益保护工作，不断改进教职工工作生活环境。

（五）加强教育培训

组织教职工进行政治业务学习，不断提高思想觉悟和职业技能。

（六）加强阵地建设

因地制宜，建设好工会活动场所，开展形式多样、丰富多彩的文化体育活动，满足教职工的精神文化需求。

第四节　教育工会的干部队伍建设

建设一支高素质的教育工会干部队伍是加强教育工会组织建设的重中之重，是坚持走中国特色社会主义工会发展道路、团结动员广大教职工为推动教育事业的科学发展、顺利推进各项改革，全面建成小康社会的根本保证。

一、教育工会干部队伍建设的总体要求

教育工会领导班子建设，要按照“政治上靠得住、工作上有本事、作风上过得硬、人民群众信得过”等具体要求，要把“信念坚定、为民服务、勤政务实、敢于担当、清正廉洁”作为工会领导干部的标准。

二、加强教育工会领导班子建设

加强教育工会干部队伍建设的重点是加强领导班子建设，必须按照党的干部路线和方针、政策选拔任用工会领导干部。一是坚持党管干部的原则。严格执行党的干部工作的路线方针政策，以及干部人事制度改革的重大举措；按照干部管理权限由各级党委（党组）决定教育工会领导班子的

管理、任免或推荐、提名；选拔任用教育工会干部必须经党委（党组）按照民主集中制的原则集体讨论决定；坚持同级党委（党组）和上级工会双重管理教育工会领导干部，以同级党委领导为主的原则，正确处理党委推荐干部与教育工会组织依法选举和任免干部的关系。二是坚持德才兼备、以德为先的原则。把政治标准放在首位，大力选拔靠得住、有本事的优秀干部，坚持德才统一的观点，有德无才不堪大用，有才无德不能用。把握干部德才的真实状况，主要看其在工作、学习、生活中的真实表现，特别是看其在关键时刻和重大问题上的表现，看其能否经得起各种风浪的考验。三是群众公认，注重实绩，选拔任用工会领导干部要为大多数群众所认可和拥护，要注重干部在履行岗位职责和执行党的基本路线的实践中取得的实际成效。四是坚持公开平等竞争择优的原则。严格按照干部任用选拔的程序和规定办事。五是坚持民主集中制的原则。正确处理在干部任用选拔上民主与集中的关系、党管干部与群众公认的关系，建立健全干部任用工作的会议制度、集体领导制度和决策程序。

三、协助党委管理好工会干部

按照有关规定，工会领导干部实行以同级党委管理为主、上级工会党组协助管理的“双重”管理制度。这是党管干部原则与干部分类管理原则有机结合的一种干部管理制度。协管工会干部工作，主要是协管工会领导班子和领导干部。地方教育工会党组织与地方党委和有关基层党组织，按照有关规定和干部管理权限，将“双重”管理单位的工会领导干部职务列入管理干部职务名称表进行管理。协管工会干部的职责是：对工会领导班子的配备调整提出建议；协助做好工会领导班子思想作风建设工作；协助做好工会干部的考察、考核、政治审查和监督工作；推荐优秀干部，协助做好工会干部交流工作；指导、规划和组织工会系统干部岗位培训和各类业务培训；协助做好工会后备干部选拔培养工作。

工会作为协管方，应与主管方密切配合，加强联系，互相尊重，互相支持，及时沟通情况，主动做好工会领导班子和领导干部的管理工作。在实际工作中注意把握以下几个环节：一是主管协管双方要共同做好干部考察、考核工作。二是凡任免调动工会干部，主管方须事先征求协管方意见。基层工会主席、副主席任期未满不得随意调动其工作。因工作需要调动时，应事先征得本级工会委员会和上一级工会同意。一般情况下协管方应在接到主管方征求意见函后一个月内，做出书面答复，逾期不复的，可视为同意。三是换届时，主管方应提前两个月发函征求协管方意见。四是工会领导干部经履行民主程序任免职后，协管方要将任免通知抄送主管方。五是主管协管方意见不一致时，要认真协商，充分听取和考虑对方意见。如果达不成一致意见，正职的任免报上级党委组织部门协调，副职的任免由主管方决定。

四、加强县级教育工会领导班子和干部队伍建设

县级以上总工会特别是县级总工会要加强与教育、组织、人事、编制管理等有关部门的协商沟通，创造条件帮助县级教育工会做好机构设置、落实人员编制、配齐配强县级教育工会领导班子、配备好县级教育工会的专职工作人员。要抓好工会干部协管工作，切实落实好县级教育工会主席的配备工作，进一步优化领导班子年龄、知识和专业结构，增强班子活力。县级教育工会一般应配备相应职级的主席；暂时没有条件配备的，可由同级党委（党组）负责人兼任，同时配备专职副主席和工作人员。经济比较发达、教职工人数较多地区的县级教育工会，应增配一定数量的工作人员。加强对县级教育工会干部的培训。要积极协助各级党组织搞好教育工会干部的管理工作，落实好工会干部的政治经济待遇。凡是按照民主程序选举产生的县级教育工会领导人，任期未满，不得随意调动其工作。因工作需要调动时，必须征得县级总工会和上一级教育工会的同意，并履行相应的民主程序。专职工会主席退休或因工作变动，要根据有关程序及时补充相应人选。

五、加强民办学校工会的干部队伍建设

积极探索民办学校工会工作者职业化、社会化的新路子。《中国工会章程》规定："县和县以上工会可以为基层工会选派、聘用工作人员。"即由地方总工会或教育工会通过社会招聘的方式，招收工会"组织员"、"协理员"、"指导员"、"工会主席助理"等为工会工作者，派到民办学校工会工作，或在县（市、区）或乡镇（街道）教育工会活动，由招聘工会给予一定的经费补贴，接受上级工会的领导，工作业绩由上级工会

考核。也有一些地方向民办学校推荐工会主席候选人，既使上级工会有了选人用人的“自主权”，又消除了工会主席受制于学校的后顾之忧。

六、加强工会积极分子队伍建设

教育工会积极分子，是指不脱离教育（工作）岗位，兼职从事工会工作的人员。主要包括不脱离教育（工作）岗位的兼职工会干部或利用业余时间由工会聘请担负某项具体工作的工作人员，由工会聘请的法律顾问或律师、参与平等协商的教职工代表等。工会积极分子一般应具有以下几个特点：一是热爱工会工作；二是密切联系教职工群众，甘于奉献，乐于助人，在群众中有一定的威信；三是有某些方面的特长和爱好；四是具有一定的组织能力、社交能力和活动能力。应通过政治上帮助提高、业务上加强培训、工作上重视支持和生活上关心爱护，建立一支宏大的教育工会积极分子队伍，从而培养和造就“专兼群”相结合的基层教育工会工作者队伍。

七、提高教育工会干部的整体素质

要坚持以人为本、按需施教，全员培训、保证质量，全面发展、注重能力，联系实际、学以致用，与时俱进、改革创新的原则，以建立高素质的教育工会干部队伍为目标，以提高教育工会干部的能力为重点，以改善教育工会干部的知识结构为内容，推动学习型、服务型、创新型工会建设，为坚持走中国特色社会主义工会发展道路，努力开创教育工会工作新局面提供组织保障和人才支持。

提高教育工会干部的整体素质，除一般性的要求外，要加快改善教育工会干部的知识结构。把政治理论、政策法规、工会理论与业务知识、文化素养、技能培训作为教育工会干部培训的基本内容。教育工会干部除要具备做好工会工作的一般素质外，应具有胜任本职工作的相关知识和素养：一是了解教育在社会发展中的作用地位，熟悉党和国家以及当地教育发展的规划、目标及趋势。二是掌握教育的法律法规政策，特别是涉及教职工切身利益的相关法律法规政策。三是熟悉教育管理的概况和特点，掌握教育改革发展的总体情况、不同时期的主要问题及其对劳动人事关系带来的影响。四是熟悉教职工的工作生活环境，民主政治权利、精神文化权益、社会权利和生态文明权益实现的总体情况及其存在的主要问题。五是了解教职工群体的基本状况以及教职工在不同时期的利益诉求和主要呼声。

八、加强教育工会干部的作风建设

结合开展党的群众路线教育实践活动，贯彻落实好党的十八大以来党的重大工作部署和要求，紧紧围绕坚持和发展党的先进性和纯洁性，以为民清廉务实为主要内容，切实加强对教育工会组织全体党员马克思主义群众路线和党的群众路线教育，以贯彻落实中央八项规定为切入点，大兴调查研究之风，切实改进学风文风，进一步转变党风会风，建立健全“面对面、心贴心、实打实服务职工在基层”活动的长效机制。

（一）抓工作作风，解决“四风问题”

形式主义、官僚主义、享乐主义和奢靡之风违背我们党和工会的性质和宗旨，是损害党群关系、干群关系的重要根源。反对形式主义，着重解决工作不实的问题，引导工会干部改进学风文风会风，改进工作作风，在大是大非面前敢于担当、敢于坚持原则，察实情、出实招、办实事、求实效。反对官僚主义，要着重解决对教职工利益不维护、不作为的问题，教育引导工会干部深入实际、深入基层、深入教职工，坚持民主集中制，虚心向教职工学习，真心对教职工负责，热心为教职工服务，诚心接受教职工监督，坚决整治消极应对、推诿扯皮、侵害群众利益问题。反对享乐主义，要着重克服及时行乐思想和特权现象，教育引导工会干部牢记“两个务必”，克己奉公，勤政廉政，保持昂扬向上、奋发有为的精神状态。反对奢靡之风，要着重狠刹挥霍享乐和骄奢淫逸的不良风气，教育引导工会干部坚守节约光荣、浪费可耻的思想观念，做到艰苦朴素、精打细算，勤俭办一切事情。解决“四风问题”要找准靶子，有的放矢，务求实效。要把整治“四风”与加强教育工会机关的作风、会风、行风、文风建设结合起来，与学校的师风、教风、学风、校风建设结合起来，建立健全教育实践活动的长效机制。

（二）建立健全服务职工在基层活动的长效机制

贯彻落实全国总工会关于深化“面对面、心贴心、实打实服务职工在基层”活动建立健全服务职工长效机制的文件精神，实现教育工会服务教职工活动的常态化、长效化、制度化。其中，职工群众满意与否是衡量服务职工成效的主要依据。

为落实“面对面地与职工交流、心贴心地做职工朋友，实打实地为职工服务”的目标，要建立健全工会组织联系职工制度、工会领导干部深入基层调研制度、源头参与制度、为教职工办实事制度、困难教职工帮扶机制及劳动人事争议调处和法律援助机制。

要量化教育工会领导机关服务教职工长效机制的标准。各级教育工会要坚持每年开展多种形式的服务教职工活动，特别是工会领导机关建立服务教职工联系点，中国教科文卫体工会对口联系1～2个省（区、市）；各级教育工会领导干部每年要确定1～2个教职工群众普遍关心的热点难点问题，深入基层进行重点调研，全委机关干部每年下基层调研时间不少于60天，市、县教育工会干部不少于90天。

（三）建立健全联系基层教育工会工作制度

各级教育工会要转变工作作风，深入基层，调查研究，倾听教职工的呼声，反映教职工诉求，总结经验，加强指导，推动工作，搞好指导服务，探索教育工会代表基层工会和教职工的工作方式。建立教育工会与基层教育工会工作联系制度和信息网络，运用网上政策咨询窗口、博客、微博、手机短信、QQ群等新媒体，建立群众工作室（站）、员工诉求中心、在律师事务所和工会帮扶中心设立“教职工维权岗”、发放服务教职工联系卡、建立意见箱等新载体，及时收集反馈基层和教职工的呼声，拓宽教职工意见表达渠道，为基层工会提供理论、政策、法律、信息服务，切实帮助教职工解决困难和问题。各级教育工会着重为教职工解决实际问题，每年制定为教职工办实事计划，实行公开承诺制，并实行服务教职工的绩效考核，建立工会干部联系基层、服务教职工档案制度及工作台账，通过实行办理结果回复制度，向基层和教职工群众通报办理情况，接受教职工群众和社会监督。

第十章
教育工会的财务、资产和经审监督工作

教育工会的财务工作是与教育工会组织的产生、存在和发展紧密相连的，承担着收好、用好、管好教育工会经费的任务，是教育工会围绕中心、服务大局、独立自主地开展各项工作的基础，它对促进教育工会组织的自身建设，保证教育工会活动的开展，有效履行教育工会的各项职能，密切教育工会组织与广大教职工群众的联系提供可靠的物质保证。

工会资产是指在法律上由工会组织拥有所有权的各类资产。包括各级人民政府无偿划拨的土地、房产，用于工会组织办公和兴建工人文化宫俱乐部、职工学校、职工疗养院的场所等，都是工会资产的重要来源。

教育工会的经审监督工作简单地说就是依法对教育工会的经费及资产的收缴、管理、使用实行有效监督的一项工作，是教育工会财务民主管理的重要组织形式。

第一节　教育工会的财务工作

教育工会的财务工作是工会财务工作的重要组成部分，是教育工会组织正常运行、服务职工群众的可靠保证，在教育工会工作全局中具有举足轻重的作用，包括财务管理和会计核算两个部分。财务管理包括预算管理、核算管理、财务体制与经费分成、经费收缴、开支范围与原则等。会计核算包括记账、算账、报账、对账、查账、编制会计报表等。工会会计以收付实现制为基础，以权责发生制为补充。采用借贷记账法记账。本章不涉及会计核算部分。

一、教育工会独立管理经费

教育工会独立管理经费是工人运动历史传统的继承和发展。从1951年开始，工会财务工作实行按产业工会系统垂直管理经费的体制，1954年10月18日制订了“教育工会经费、会费管理使用办法”，12月14日全国总工会转发了《教育工会经费垂直管理方案》。至此，教育工会依法依规独立收缴和管理工会经费。根据2004年全国总工会《关于依法做好工会经费独立核算工作的通知》（总工办发〔2004〕23号）规定，“各企业、行政事业等单位的基层工会应当按照中华全国总工会《基层工会法人资格登记办法》（总工发〔1997〕24号）的要求，取得工会法人资格证书，并凭此证书办理银行账户开户手续，实行工会经费独立核算。产业工会办理银行账户开户手续过程中，确需提供工会法人资格证书的，可以向所在地地市级以上工会领取工会法人资格证书”。

各级教育工会都是独立的社团法人，因此，教育工会必须实行经费独立，否则，就不能以独立的法律关系主体资格开展活动。基层教育工会组织是独立的，并且有自己特有的任务和职能，而要完成这些任务就必须要有自己独立的经费作保障。

二、教育工会财务工作的总体要求

由于工会经费独立的原则，形成了工会独立的财务管理体制。按照工会组织体制，实行统一领导，自上而下进行分级管理的财务体制，根据《工会预算管理办法》的规定，实行“统一领导，分级管理”的工会财务管理体制。工会预算一般分为五级管理，即全国总工会、省级工会、市级工会、县级工会、基层工会。预算管理实行下管一级的原则。

各省级教育工会的财务管理，是全国总工会财务管理的一个组成部分，由同级地方总工会根据本地区的实际情况确定，经费收缴和审查由各级地方总工会确定。

三、教育工会财务工作的目标任务

按照工会财务管理体制的规定和中国工会十六大确定的目标任务和要求，教育工会要坚持依法聚财、科学理财、民主管财、有效用财原则，把竭诚服务职工、服务教育工会全局工作贯穿财务工作始终，完善教育工会财务制度，加大经费收缴力度，优化经费支出结构，收好、管好、用好经费，全面提升教育工会财务工作水平，为新形势下教育工会工作创新发展奠定坚实的物质基础。

四、教育工会财务工作的职能和任务

教育工会财务工作的职能，是对教育工会开展工作所需要的资金与财产进行筹集、分配、使用和管理。教育工会财务工作的任务概括地说，就是收好、管好、用好本级直属高校工会经费及所属单位上解的经费。收好经费是教育工会财务工作的基础，积极组织收入，按时足额上缴经费；用好工会经费与财产是目的，为教职工群众服务，为发展教育事业服务。具体地说有以下几点：

1. 依法收缴经费，努力提高教育工会经费收缴率。

要依据《工会法》、《中国工会章程》的规定收缴经费，努力提高教育工会经费收缴率。依法加强对教育工会经费收缴的管理和监督，督促有关单位按时足额拨缴工会经费；公开教育工会组织的经费管理、监督制度；要采取切实措施，制定具体工作目标，建立以经费收缴率为主要指标的经费收缴考核机制，提高经费收缴率，努力做到应收尽收。

各级教育工会都要认真抓好工会经费的收缴工作，积极协助地方总工会做好所管辖范围内的经费收缴和上解工作，使教育系统的工会经费逐年有所增长。在县教育工会上解的经费中，按工资总额2%的8%至10%回拨补助给县级教育工会。各省级总工会对省、市（地）级教育工会的活动经费也应采取措施，给予合理解决。

2. 争取资源，为教育工会更好地履行职责创造条件。

要继续积极争取和切实用好党政赋予教育工会组织的资源和手段，针对教育工会工作的实际需求，及时向行政部门提出新增项目。各级教育工会要加强对各项资金使用的管理，完善困难职工帮扶资金、劳模补助资金以及教育工会阵地建设补助资金等的使用管理办法，确保资金管理到位、使用规范。

3. 优化支出结构，集中财力为教职工群众和基层工会服务。

要不断优化经费支出结构，保障教育工会重点工作经费投入，促进教职工群众最关心、最直接、最现实问题的解决，把更多经费直接用于教职工群众身上。有条件的省、市、县教育工会要在资金安排上加大对老少边穷地区教育工会的支持，加强对口支援，促进各地教育工会工作均衡协调发展。

4. 厉行勤俭节约，切实加强教育工会财务监督和管理。

一是要加强教育工会经费预算编制的管理，细化项目预算，提高预算编制的科学性、准确性和完整性，着力安排解决好教育工会重点工作所需的资金。二是要加强预算执行管理，完善制度、夯实基础、提高执行力。要建立教育工会经费收支预算执行责任制，提高预算支出的及时性、均衡性和有效性，保证教育工会资金安全。三是要厉行勤俭节约，精打细算，有效控制教育工会行政经费支出，严格执行集中采购制度，坚决制止奢侈浪费，严格控制楼堂馆所建设，不准超标准建设办公楼和豪华装修办公楼。四是要强化预算监督和财务监管，加强内部控制制度建设，建立健全覆盖教育工会经费运行全过程的监督机制，促进财务监督和管理的有机融合。五是要自觉接受教职工群众监督，各级教育工会的经费收支情况要定期向同级工会代表大会报告，做到公开透明。

各级教育工会领导，应高度重视并切实抓好教育工会财务工作，加强业务指导，要高度重视教育工会财务队伍建设，建立健全教育工会财务管理机构，配备相应财务管理人员，维护教育工会财务制度的严肃性，支持财务人员执行国家的财经政策及相关法律法规，不断提高教育工会财务人员整体素质。

五、教育工会的财务纪律

工会的财务纪律由全国总工会统一制定，各级教育工会组织和工会干部都应共同遵守。

1. 必须正确贯彻、执行党和国家的有关方针、政策和法律法规。

2. 必须认真执行全国总工会和上级工会制定的制度和规定。如预决算、工会经费收缴标准、开支范围和标准、经费分成比例、上解经费等，不许巧立名目乱收费，不准随意扩大开支范围、提高开支标准。

3. 必须定期如实向会员公布账目，接受会员监督，向会员代表大会或会员大会报告财务工作，数字要真实可靠。

4. 不得假公济私、化公为私、请客送礼、挥霍浪费、不得担保抵押、不得进行风险投资，不得截留挪用公款、贪污盗窃。不得转移资金私设“小金库”。不得擅自涂改或销毁财务单据、账册和报表。

5. 财务人员必须按照《中华人民共和国会计法》和2009年财政部制定的《工会会计制度》规定，认真履行工作职责，做好会计工作。

凡是违反财务纪律的，要根据情节轻重给予批评、教育或处分，甚至追究法律责任。

六、教育工会的财务机构

《工会财务会计管理规范》总工办发〔2013〕20号通知规定：“按照《会计法》、《会计基础工作规范》以及全国总工会的有关规定设置财务会计机构、配备业务素质相适应的会计人员。”

1. 根据会计业务的需要，设置会计机构，或者在有关机构中设置会计人员并指定会计主管人员；不具备设置条件的，应当委托经批准设立从事会计代理记账业务的中介机构代理记账。县级教育工会有条件的可设立会计机构，不具备设置条件的，则应在有关机构中设立专职财会人员，并指定会计主管人员。由于县级教育工会经费收支和会计核算业务量较少，可只设一个会计机构（或专职会计人员）负责完成本级会计和单位会计的核算任务。

2. 基层教育工会要根据规定建立财务工作委员会或财务委员，并设财务机构或专、兼职财务干部。基层教育工会会员人数、经费数量差别甚大，因此，在建立会计机构上不必强求一致。大型基层教育工会一般应设立会计机构；中型基层教育工会可设立会计机构，也可只设专职财会人员；小型基层教育工会有条件的也可设专职财会人员。

3. 财务机构应建立岗位责任制度和内部稽核制度，会计、出纳要分设，出纳人员不得兼管稽核、会计档案保管和收入、费用、债权、债务账目的登记工作，贯彻“钱账分管”原则，各负其责。

七、教育工会财务工作的基本要求

按照《工会法》第四十六条关于“工会的财产、经费和国家拨给工会使用的不动产，任何组织和个人不得侵占、挪用和任意调拨”和《基层工会经费收支管理办法》“依法取得社会团体法人资格的基层工会，应单独开设银行账户，实行工会经费独立核算”的规定，对教育工会财务工作提出以下要求：

1. 本着为教职工群众服务，为发展工运事业服务的工作方针，在财力上积极支持教育工会各项活动的开展。

2. 各基层工会经费必须单独开户，独立核算。不允许与本单位机关财务或党、团等其他组织财务合并账户集中核算，也不允许将工会财务纳入当地会计结算中心管理。凡是已经合并或纳入的，应予纠正。

3. 每一级工会的财务工作和经费，由本级工会财务部门统一“归口管理”，工会的所有资金，除经上级工会或本级工会委员会批准的特殊项目外，均应由财务部门集中管理。不能擅自多头开设银行结算账户，将单位款项以个人名义在金融机构存储和出租、出借银行账户。

4. 工会经费必须及时、足额收缴。不得截留、挪用，不得用于非职工服务和工会以外的开支，不得支付社会摊派或变相摊派的费用，不得为单位和个人提供资金拆借、经济担保和抵押。

5. 工会经费开支实行工会委员会集体领导下的主席负责制，重大开支经由集体研究决定。

6. 按照工会财务管理体制的规定，各级教育工会按照层级管理本级各项经费，编制本级预决算，向本级会员代表大会和上级工会报告经费收支情况。基层工会组织还要定期向会员公布会费收支情况。

7. 财务人员廉洁奉公，以身作则，遵守制度，接受群众监督。对于弄虚作假，营私舞弊，欺骗上级等明显违法乱纪行为，进行坚决抵制，并向本单位领导和上级报告。

八、教育工会的预算管理

按照工会财务管理体制的规定，各级教育工会按照层级管理本级各项经费，编制本级预决算。

1. 教育工会预算是经一定程序核定的教育工会经费年度收支计划，是收好、管好、用好教育工会经费的重要手段，是教育工会财务管理的重要内容。各级教育工会必须按照《工会预算管理办法》办理本级工会经费的预、决算。

2. 教育工会的年度财务预算，应根据有关政策法规和上级工会要求，按照“统筹兼顾、保证重点；量入为出、收支平衡；真实合法、精细高效”的原则，围绕本年度教育工会的工作计划和要求编制。依法取得的各项收入全部列入预算，不能设“小金库”或账外设账，一切开支均在经批准的预算内执行。预算管理实行下管一级的原则，调整或追加预算，严格履行规定的程序。

九、教育工会的经费收入和支出范围

（一）工会经费收入包括：

1. 会费收入。指工会会员依照规定向工会组织缴纳的会费。

计算公式：预算年度会费收入 = 年平均会员人数 × 月人均交纳会费数 ×12 个月。

会费收缴：各基层学校（单位）工会应健全会费收缴制度，每月发工资前，各工会小组长应查抄本小组会员的工资额，计算出本月每个会员应交会费数并填入“工会小组收缴会费清单”上，在每月发工资后三天内收齐小组会费并交所在单位工会财务委员。“工会小组收缴会费清单”一式二份，工会财务委员签章后，一份退回工会小组向会员公布，一份装订成册，作记“会费收入”账的凭证。

2. 拨缴经费收入。指建立工会组织的单位依照规定向基层工会拨缴的经费，或上级工会委托税务代收后按规定比例转拨基层工会的经费。

计算方式：拨缴经费收入 = 年工资总额 ×2%。

（1）行政拨缴经费的标准：根据《工会法》的规定，凡成立工会组织的企事业、机关单位的行政，应按全部职工工资总额的 2%，按月向工会拨缴经费。拨缴工会经费的工资总额，一律按国家统计局《关于工资总额组成的规定》执行。外籍教师的工资总额，也应计拨工会经费。

工资总额是指各单位在一定时间内直接支付本单位全部职工的劳动报酬总额。全部职工应包括固定职工、合同制职工、临时职工和计划外用工。各单位支付给职工的劳动报酬以及其他根据有关规定支付的工资，不论是计入成本的还是不计入成本的，不论是按国家规定列入计征奖金税项目的还是未列入计征奖金税项目的，不论是以货币形式支付的还是以实物形式支付的均应列入工资总额的计算范围。

（2）拨缴工会经费的方式：基层学校（单位）工会的行政拨缴工会经费时，应填列银行转账支票一份，并填写一式五联的工会经费进账单，由银行从其账户划转到基层工会和上级工会银行账户，这种结算方法不受起点金额限制。工会收到工会经费后，应开具《工会经费收入专用收据》。

（3）拨缴时间和经费分成：基层学校（单位）工会的行政方面，应于每月15日前按上月工资总额的2%向工会计拨工会经费。根据全国总工会财务制度规定，分成比例由省级工会自行规定，基层工会留用经费和上解市（县）工会经费的比例按各省级工会规定比例执行。

3. 上级补助收入。指基层工会收到上级工会补助的款项。

4. 行政补助收入。指所在单位行政按照《中华人民共和国工会法》、《中国工会章程》和国家的有关规定给予工会的补助款项。

5. 事业收入。指工会附属独立核算的企事业单位上缴的收入和非独立核算的附属事业单位的各项事业收入。

6. 投资收益。指基层工会对外投资发生的损益，如购买国债或企业债券取得的收益。

7. 其他收入。指基层工会除上述收入以外的各项收入，如银行存款利息、接受捐赠收入等。

（二）工会经费支出范围

工会经费主要用于为职工服务和工会活动。基层工会要按照所在省级工会确定的经费分成比例，及时足额上解经费。留成经费支出包括：

1. 职工活动支出。指工会为会员及其他职工开展教育、文体等活动发生的支出。基层工会应将会员缴纳的会费全部用于会员活动支出。

（1）职工教育方面。用于工会开展职工教育、业余文化、技术、技能教育所需的教材、教学、消耗用品；职工教育所需资料、教师酬金；优秀学员（包括自学）奖励；工会为职工举办政治、科技、业务、再就业等各种知识培训等。

（2）文体活动方面。用于工会开展职工业余文艺活动、节日联欢、文艺创作、美术、书法、摄影等各类活动；文体活动所需设备、器材、用品购置费与维修；文艺汇演、体育比赛及奖励；各类活动中按规定开支的伙食补助费、夜餐费等；用会费组织会员开展集体活动等。

（3）宣传活动方面。用于工会开展政治、时事、政策、科技讲座和报告会等宣传活动；工会组织技术交流、职工读书活动、网络宣传以及举办展览、板报等所消耗的用品；工会组织的重大节日宣传费；工会举办的图书馆、阅览室所需图书、工会报刊以及资料费等。

（4）其他活动方面。除上述支出以外，用于工会开展的技能竞赛及其他活动的各项支出。

2. 维权支出。指工会直接用于维护职工权益的支出。包括工会协调劳动关系和调解劳动争议、开展职工劳动保护、向职工群众提供法律咨询、法律服务等，对困难职工帮扶、向职工送温暖等发生的支出及参与立法和本单位民主管理等其他维权支出。

3. 业务支出。指工会培训工会干部、加强自身建设及开展业务工作发生的各项支出。包括开展工会干部和积极分子的学习和培训所需教材资料和讲课酬金等；评选表彰优秀工会干部和积极分子的奖励；组织劳动竞赛、合理化建议、技术革新和协作活动；召开工会代表大会、委员会、经审会以及工会专业工作会议；开展外事活动、工会组织建设、建家活动、大型专题调研；经审专用经费、基层工会办公、差旅等其他专项业务的支出。

4. 资本性支出。指工会从事建设工程、设备工具购置、大型修缮和信息网络购建而发生的支出。包括房屋建筑物购建、办公设备购置、专用设备购置、交通工具购置、大型修缮、信息网络购建等资本性支出。

在行政方面承担资本性支出的经费不足、并且基层工会有经费结余的情况下，工会经费可以用于必要的资本性支出。

5. 事业支出。指对工会管理的为职工服务的文化、体育、教育、生活服务等独立核算的附属事业单位的补助和非独立核算的事业单位的各项支出。

6. 其他支出。指工会以上支出项目以外的各项开支。如对会员的特殊困难补助、由工会组织的职工集体福利等方面的支出。

基层工会开展活动的有关费用，如：工会组织的劳动竞赛、技术交流活动所需的奖励费用，职工教育、工会组织教职工疗（休）养活动的费用都应由同级行政解决；行政单位为工会开展活动提供必要物质条件是我国的一贯政策，按照国家规定，工会办公和开展活动的设施及场所等物质条件，由同级政府和行政解决，基层工会的由同级行政解决。

十、教育工会预算的执行和调整

教育工会预算草案报上级备案后，或经上级审批后，即成正式预算，各级教育工会预算由本级工会委员会（或常委会）组织执行，具体工作由本级教育工会财务部门负责。

1. 各级教育工会应按照预算确定的任务积极组织收入，努力挖掘潜力，力求超额完成预算收入。

2. 各级教育工会要按照规定及时、足额拨缴工会经费，不得截留、挪用。

3. 各级教育工会预算在批准之前只能开支必要的基本费用及帮扶、送温暖等支出。因特殊原因必须提前开支的，经工会委员会（常委会）或主席办公会议同意，可控制在年度预算的25%以内。预算批准后，按照批准的预算执行。

4. 各级教育工会应根据年度支出预算和用款计划拨款。不得办理超预算、超计划的拨款，不得越级办理预算拨款。

5. 各级教育工会要加强预算支出的管理，严格执行预算和财务制度，不得擅自扩大支出范围，提高开支标准，不得以领代报，不得擅自改变预算资金用途。

6. 各级教育工会要严格控制行政支出，专项资金必须专款专用。应纳入集中采购范围内的支出，按有关规定办理。

7. 各级教育工会预算在执行过程中，发生项目改变或追加项目，经有关部门审核，报工会委员会（常委会）或主席办公会议同意后，在预算内调整或动用预算预备费。

8. 各级教育工会预算在执行过程中，遇有特殊情况，预算收支总额需要增减变动时，应当编制预算调整方案，每年以一次为限，其编制、审批与预算编制审批程序相同。

第二节　教育工会的经审监督工作

教育工会的经审监督工作是教育工会全局工作的重要组成部分。教育工会经审组织代表会员群众依法开展对教育工会经费收支和财产管理情况进行审查监督，依法履行法定的权利和义务，充分发挥经审监督的作用和功能，实施从“源头、过程到结果”的全面审查监督，通过审查和审计，向会员大会或会员代表大会报告，对会员和会员代表大会（或会员大会）负责，更好地维护国家的财经法纪，促进工会经费的收缴、管理和使用，防范和化解工会资产风险，防止腐败和违规现象的发生，是各级教育工会经审组织所肩负的重要责任。

一、加强经审监督工作是健全教育工会监督制约机制的重要内容

按照“统一领导、分级管理、分级负责”的经费审查监督体制的要求，必须坚持服从服务于大局，把工会经审工作放在贯彻落实工会工作总体思路的全盘工作中去认识和把握，找准经审工作的位置和着力点，在全局中发挥积极作用；必须坚持在同级教育工会的重视与支持下开展工作，加强工作协调，形成工作合力；必须坚持“审、帮、促”相结合相统一的原则，认真履行审查监督的职责，规范教育工会经济行为，促进教育工会财务管理，推动教育工会企事业健康发展和教育工会干部队伍的勤政廉政建设。

各级教育工会经费审查委员会，由各级教育工会代表大会或会员大会选举产生，并由代表大会或会员大会授权对教育工会组织的经费使用和资产管理情况进行审查、监督的组织，在教育工会经济活动的监督工作上具有权威性。充分发挥教育工会经费审查委员会的职能作用，加强经审监督工作是健全教育工会监督制约机制的重要内容。

二、建立健全教育工会监督制约机制的主要措施

按照“依法审计、服务大局、突出重点、注重实效”的工作方针，建立健全教育工会监督制约机制应采取以下主要措施：

（一）对本级工会经费预算、预算执行情况（决算）审查监督

各级教育工会年度经费收支预算草案须经同级教育工会经审会全体会议审查通过。教育工会经费预算执行情况（决算）的审查要建立在审计的基础上。由教育工会经审办对上年度本级教育工会经费预算收入、支出、投资、借款执行情况，以及滚存经费结余的情况进行审计，并将审计情况向同级教育工会经审会全委会报告，由经审会全委会对预算执

行情况（决算）进行审查。

审查内容包括：预算编制的指导思想是否正确，教育工会经费预算编制的原则和要求是否得到贯彻和体现，教育工会中心和重点工作的财力是否得到保证。根据经审会全体会议的意见，同级教育工会对预算方案进行相应调整，再经经审会全体会议通过并做出决议，方可执行。追加预算须经同级教育工会经审会常委会议审查，也可由经审会常委会授权经审会办公室主任审查。

（二）对下级工会经费审计监督

按照工会审计实行“统一领导、分级管理、分级负责、下审一级”的工作体制，上级教育工会经审会对下级教育工会经费的收缴、管理、使用情况进行审计，必要时可以延伸对下级教育工会有投资、拨款补助的直属企事业单位财务收支、资产管理情况进行审计。

审计内容包括：经费收入、分配，是否真实、完整、合规，有无截留、转移收入，漏欠应解经费问题；经费管理、使用，是否符合国家财经法律法规和全总财务有关规定，有无工会资产流失及违纪违规问题。

（三）对工会所属企事业单位财务收支审计监督

由经审办对教育工会直属企事业单位进行定期审计。

审计内容包括：经济目标完成情况；资产、负债、所有者权益状况，国有资产和工会资产保值增值情况，完成上交收益情况，盈亏虚实及经济效益情况；执行国家财经法规、政策和工会财会制度情况；投资、经营决策的成效；内部控制制度的健全和有效程度；其他需要审计的事项审查的重点可放在工会企业、事业单位的效益、内控制度建设、基本建设及重大投资项目和主要负责人履行经济责任情况等方面。目前，工会经审会对工会企业、事业单位的审查监督，主要是通过加强审计监督和定期听取工会资产等有关主管部门的情况汇报来实现。

（四）对工会经费计拨审计

教育工会经费的计拨审计指对学校是否及时足额拨缴工会经费的审计。由教育工会经审组织或其委托的社会审计机构对独立管理经费的单位在工会经费的计提、申报、拨缴、上解等方面进行审计。

按工会法和国家统计局有关工资总额的规定，工会经费的计提一律按国家统计局规定的工资总额的范围计算，提取比例为工资总额的2%。

建立工会组织的企事业单位、机关和社会团体应按月计提工会经费并拨付给基层工会。基层工会对拨缴的工会经费按制度规定使用并按比例上解上级工会经费。

审计内容及要点：工会经费计提基数是否准确，行政财务部门是否按规定按月足额拨款，是否按分成比例的规定上解经费，有无欠交、漏交、截留经费的问题。

1. 关注职工工资总额的构成。一是“职工”范围应避免漏项，对建立工会的企事业、机关团体的职工，不是按会员职工数计算，而是单位的全部职工。除固定用工外，临时用工、合同制用工、计划外用工、外籍用工所发放的工资总额也要计入计拨工会经费的基数。二是职工的工资总额避免漏项，工资总额不只是“应付工资”科目归集数，还包括未列入成本费用的、税后列支、以实物形式发放的等各种属于工资总额范围的职工收入。

2. 核对账目。关注单位列支的工会经费与基层工会的“拨缴经费收入”是否一致，如不一致应查明原因，判断是否另有账户或转移、挪用工会经费等问题。拨入的工会经费是否作“拨缴经费收入”入账，有无将经费收入作暂存款、代管经费挂账。

3. 检查经费的收缴措施和岗位责任是否落实。对工会经费收缴工作不力的应分析原因，督促整改。对单位不拨、拖欠工会经费并多次催收无效的，可向人民法院申请支付令，并对欠缴工会经费收取每日5‰的滞纳金。

4. 核对经费分成。检查基层工会的拨缴工会经费收入是否按比例上解上级工会，是否及时，上解的经费是否入账，是否与上级工会的“拨缴经费收入”数一致。

（五）对各级工会经审工作考核

为了推动教育工会经审工作逐步走上制度化、规范化、法制化的轨道，省级及省级以下教育工会经审会要制定对经审工作的考核办法，建立基层教育工会经审工作台账，对下一级教育工会经审组织的工作进行考核。

三、教育工会经费审查监督工作的任务

教育工会经费审查监督工作的任务由工会经费审查委员会的性质决

定，按照全总的要求：促进收好、管好、用好工会经费；促进工会资产安全、完整和效益；促进工会经济活动的规范运作。加强对基层教育工会经审工作的指导和服务，促其不断完善经审工作制度，规范教育工会经费审查审计监督工作。其内容主要有：

一是认真开展预决算审查审计，着力监督预算编制的科学性和执行的严肃性。二是积极开展工会经费计拨审计，依法规范经费的收缴工作。三是加大对重点领域、重点资金、重点项目的审计监督力度，以重点保证全局，促进各类资金正确使用和经费支出结构不断优化。四是加强对工会资产的管理和监督，促进工会资产安全、完整、效益和工会企事业健康发展。五是强化对财务会计核算、经费审批制度、经费使用效果、审计建议落实等情况的监督，督促被审计单位及时改进工作、加强管理。

县以上教育工会经审组织还要做好对下级教育工会经费审查工作的业务指导和督促检查工作；特别是要加强基层教育工会经费审查委员会建设，增强基层教育工会经审组织的活力，使教育工会经审组织，在密切联系教职工群众，促进教育工会群众化、民主化建设中发挥重要作用。

四、教育工会经费审查监督组织的权利义务

经审会是代表会员群众对教育工会经费收支和资产管理情况进行审查监督的组织。教育工会经费审查的权利义务，是为了保证教育工会经费审查监督职责任务的实现服务的。

（一）教育工会经费审查监督组织的权利

一是审查审计监督权。对同级教育工会组织的各项经费收支、资产管理情况，及其所属企事业的财务收支、经营管理情况进行审查监督；二是知情权。应听取教育工会各项经费收支情况，资产管理情况以及教育工会企事业单位经营管理的情况，列席有关教育工会经费收支、资产管理等内容的会议；可调阅有关会计资料，查阅有关文件，检查财务账表、凭证，进行调查取证等。三是建议权。在审查审计的基础上，对教育工会组织经费“收管用”和资产管理状况提出纠正和改进的建议，同时对违反财经法纪的被审查单位和有关人员，有权建议给予处分，对做出显著成绩者，有权建议给予表扬奖励。

只要是与工会经费和资产相关的经济活动，经审会都有权审查监督。

具体体现为：

1. 经审会有权对同级教育工会各项经费收支、资产管理、基本建设和维修改造工程、专项资金和直属企事业单位的财务收支及经营管理情况进行审计。必要时可以委托审计，但委托审计由经审会或经审会办公室负责实施。

2. 上级教育工会经审会有权对下一级教育工会经费的收缴、管理、使用情况进行审计。必要时，对下一级教育工会有投资、拨款补助的直属企事业单位的财务收支、资产管理情况进行审计；对经费计拨以及撤并教育工会组织的财务清算等进行审计。

3. 教育工会经费收支预算、决算，重大经费开支事项、预算调整等，必须经同级教育工会经审会审查同意并签署意见和盖章，未经审查同意、盖章的不得执行。

4. 经审会有权按照同级教育工会党组的要求，接受同级教育工会组织部门的委托会同有关部门对工会领导干部和直属企事业单位领导人员实施经济责任审计，为考核、任用和奖惩干部提供依据。经审会应当在审计职责范围内对特定事项进行专项审计调查，并向同级教育工会委员会和上一级经审会报告审计调查结果。

5. 各级教育工会经费审查委员会在审查工作中遇有重大问题或与同级教育工会组织发生意见分歧时，有权向上级教育工会委员会和经费审查委员会反映。

6. 没有进入常委班子的经费审查委员会负责人有权列席同级教育工会常委会有关经费和资产的会议。经费审查委员会委员列席同级工会委员会全体会议。经审会负责人或经指定人员，有权参加该级教育工会有关财务工作的会议。

7. 同级教育工会组织及其所属企事业单位，应按审计工作要求及时报送经费收支预算（财务收支计划）、决算和会计报表等有关资料。

8. 上级教育工会有关财经政策、法规、制度及对预算批复等文件，应同时发给下级教育工会经费审查委员会；发给教育工会委员会委员的报刊资料，应同时发给经审会委员。

（二）工会经费审查监督组织的义务

1. 对同级教育工会年度经费收支预算、决算和预算的重大调整、追加，临时重大项目和有关经济责任认证案件等，要按规定的审查方式、程序及时进行审查。

2. 每次审查完毕，写出书面审查结果和处理意见，征求被审查部门、单位意见后，报送同级教育工会委员会，由同级教育工会委员会作出处理决定。

3. 在履行职责和执行任务时，主动与同级教育工会委员会联系，取得支持。

4. 与政府审计机关保持联系，接受业务指导；加强与教育工会财务部门和其他有关部门的联系，互相协作配合。

5. 学习掌握党和国家的财经方针政策、财务工作规章制度，不断提高政策思想和业务水平。

6. 贯彻执行党和国家的财经法纪和财务制度，严格依法进行审查监督。

7. 遵守审计职业道德和审计纪律，坚持原则，秉公办事，不徇私情，尽职尽责。

五、教育工会经费审查监督的程序

经费审查监督的程序，是指经费审查工作从开始至结束整个过程的工作步骤流程。具体可分为经费审查委员会审查程序和经审办审查程序两部分。

（一）经费审查委员会审查程序

1. 会议审查年度预算、决算方案和有关报告的程序

（1）召开经审会全委会，审查本级工会经费上年决算及本年预算方案的报告；（2）经审办提交综合审计情况的报告；（3）表决通过修改后的预决算方案；（4）形成会议纪要。

2. 部分调整年度预算、计划和确定其他重要事项的程序

（1）经审会全体会议闭会期间，遇有重大调整或追加年度预算的项目，应交经审会领导或召开经审会常委会审议；（2）召开经审会常委会审查上半年预算执行情况；（3）形成会议纪要。

（二）经审办审查审计程序

经审办为工会经审会的办事机构，负责经审会的日常和经常性的监

督工作。为使审查监督工作经常化、制度化、规范化，经审办须对被审单位实行定期或不定期监督审查审计。其审查审计程序如下：

1. 准备阶段

（1）编制审计项目计划；（2）拟定审计对象；（3）确定审计范围、重点；（4）制定审计方案。

2. 实施阶段

（1）编制审计项目实施方案；（2）审计组长或主审、成员进行任务分工；（3）下发审计通知；（4）实施审计；（5）编制审计工作底稿。

3. 报告阶段

（1）归集审计工作底稿，撰写审计报告；（2）交换审计意见并修改审计报告；（3）复核签发审计报告；（4）下发审计意见书。

4. 后续阶段

（1）被审计单位对审计报告征求意见的书面回复；（2）检查被审计单位整改落实情况；（3）立卷归档。

被审计单位或者相关责任人员对经审会作出的审计决定不服的，自收到审计决定之日起60日内，可以向出具审计决定的上一级经审会书面申请复审。上一级经审会自收到书面复审申请之日起60日内，应当作出复审决定。复审期间执行原审计决定。

六、对各级教育工会经审工作的要求

按照工会十六大确定的目标任务，围绕中心、服务大局，进一步加强经审组织建设、制度建设、业务建设、作风建设和干部队伍建设，依法履行经审监督职责，努力做到组织更加健全、制度更加完善、审查更加民主、审计更加科学、队伍更加专业、监督更加有力，不断推动经审工作科学发展，更好地发挥经审组织的“免疫”功能和保驾护航作用。

（一）在服务教育工会工作全局上下功夫，不断提高经审工作的“免疫”功能

各级教育工会要切实加强对经审工作的领导，真正做到思想上重视、组织上加强、制度上保证、经费上落实、工作上支持，充分发挥经审工作在教育工会工作全局中的特殊作用。各级教育工会经审组织和广大经审干部要把服务教育工会工作、服务教职工群众作为工作的出发点和落

脚点，在监督中服务，在服务中监督，充分发挥经审工作预防、揭露和抵御的“免疫”功能。

（二）在应审必审上下功夫，不断提高审查审计监督的工作效能

各级教育工会经审组织要依法履行审查审计监督职责，在坚持应审必审、不断扩大监督覆盖面的同时，积极推动审查审计工作的事前介入和深层介入，切实提升经审监督效能。要适应工会经费改革需要，切实加强预决算审查审计，促进预算编制的科学性、预算管理的规范性、预算执行的严肃性。要加大对专项资金的跟踪审计力度，确保专款专用和高效使用。要强化对教育工会资产的审查审计监督，确保教育工会资产的安全、完整和效益。要严格执行中央八项规定，对有违规行为、浪费行为的支出，要开展专项抽查和审查审计工作。完善审计回访、审计整改督查、审查审计成果运用等制度，维护审查审计的严肃性和权威性。

（三）在创新工作上下功夫，不断提高破解难题的实际能力

积极探索审计模式创新，借助社会审计机构强化监督职能，弥补审计力量不足；对经费少或无账户、无专职人员的小型基层工会，可采取上级经审会组织联审、互审、定期抽查，或采取民主理财、账务公开等办法，提升监督效果。要积极推进审计技术创新，以财务、审计信息化建设为依托，大力推行计算机审计，努力提高审计现代化水平。

（四）在自身建设上下功夫，不断提高经审组织的能力和活力

要认真贯彻落实《中国工会审计条例》对经审组织建设、机构设置、干部配备和工作保障等方面的规定，加强县级（含）以下教育工会和基层教育工会经审组织建设。建立健全各项配套制度和办法，努力形成更加完备的经审监督制度体系。要加强经审干部培训工作和经审干部作风建设，切实提高经审干部的综合素质和业务能力，努力打造组织放心、教职工满意的经审干部队伍。

第三节　工会的资产管理工作

资产是价值形式表现的经济资源，其根本特点是有用性和货币计量性两者同时具备。从一般意义上讲，资产与财产是同一概念。

工会资产，是指在法律上由工会组织拥有所有权的各类资产。具体

来讲，它是指工会以各种形式投资及其收益，拨款和接受馈赠所形成的财产或财产权利。同时，也包括依照有关法律法规认定的属于工会的各种类型的财产和财产权利。工会资产实行“统一所有、分级监管、单位使用”的管理体制。

一、工会资产监督管理机构和执行机构

2006 年全国总工会发出通知要求地方各级工会加强对工会资产的监督管理，建立健全工会资产监督管理机构，不单独设立工会资产监管机构的县、市（县级）总工会。要明确工会资产监督管理的责任部门。各级工会的资产归工会统一所有，全国总工会对全国各级工会资产拥有终极所有权。各级工会资产监督管理机构的执行机构为事业发展部。

二、工会资产的组成

工会资产的组成主要有五个方面：一是党和政府拨付工会的房产、地产和其他固定资产；二是政府对工会的各种专项拨款形成的工会资产；三是各界的捐赠形成的工会资产；四是工会会员会费和工会经费形成的工会资产；五是依照法律法规认定的应属于工会的资产。

三、教育工会资产监督管理的任务

工会资产是工会组织的宝贵财富，是工会联系职工、服务职工、凝聚职工必不可少的物质基础。教育工会资产监督管理的任务是：各级工会的资产是属于工会的社团资产，各级教育工会都应认真地管理好。在总量上监管好、经营好工会资产，不断盘活存量、优化增量，使工会资产在流动中保值增值。

按照“守土有责”谁主管、谁负责的领导责任机制，科学论证、民主决策的决策机制，分级管理、层层把关的监督制约机制，依法保护工会资产的维权机制和权责明确、管理规范、上下协调、精干高效的组织体系，努力构筑完整的工会资产监管体系。

工会资产监督管理要以法律、经济手段为主，配合必要的行政手段，提高资产利用效率，实现工会资产保值增值。

四、工会资产管理的目标任务

1. 解放思想，抓住机遇。积极争取党政在资金政策等方面的支持，加大工会组织资金投入，促进工会企事业及资产发展壮大。

2. 加强资产监管和资产运营。完善工会资产监管体系，加强机构建设和制度建设，落实监管职责，提高制度执行力；要优化配置，整合资源，盘活资产，形成规模化优势，提高资产运行质量和效益。

3. 推进工会企事业发展与改革。要加强宏观指导，重点发展职工文体教育事业、职工互助保障事业、职工疗休养事业和职工旅游服务业。切实抓好工会事业单位分类改革工作，争取将工会公益性事业单位纳入国家公益类事业单位序列，创新机制，增强活力，壮大工会资产，不断提高服务职工群众的能力和水平。

4. 加强领导，提高监管效能。要把工会资产监管和企事业改革发展作为战略任务摆上重要议事日程，建立领导责任制，加大源头参与力度，协调和解决工会企事业改革发展中的重大问题，制定工会企事业中长期发展规划，促进企事业协调可持续发展。

第十一章
教育工会基本工作方法

教育工会的基本工作方法是教育工会组织在长期实践中积累的结果，各级教育工会组织和干部要组织广大教职工会员实现和完成教育工会的目标任务，掌握和运用适合的工作方法非常重要。教育工会工作方法具有十分丰富的内容，本章着重介绍教育工会工作实践中常用的几种基本工作方法。

第一节　调查研究方法

深入实际，深入教职工群众，开展调查研究，了解当地、学校工会和教职工的全面情况，这是做好教育工会工作的前提和基础性工作，是参与源头决策和制定工作规划、计划、方案的首要工作方法。

一、调查研究的目的意义

教育工会开展的各项工作和活动都要把实现好、维护好、发展好广大教职工的根本利益作为出发点和落脚点。如何全面、客观地了解教职工的所需、所想，如何使教育工会工作适应教育改革发展的形势需要，如何实现教育工会的维护、建设、参与、教育四项职能等等，都需要每位教育工会工作者全面、客观、正确地认识和把握第一手资料，要全面、系统、科学地做好工作，离不开调查研究。调查研究方法在各行各业的工作方法体系中具有极其重要的特殊作用和意义，决定着其他工作方法运用的成果。做好调查研究这篇文章，是谋事之基，成事之道。

第一，调查研究的过程是向教职工群众和工会干部认真学习的过程，通过深入的调查研究，能够了解到真实的情况，发现问题，找出矛盾，能够学习和总结出解决这些问题、矛盾的经验做法。

第二，调查研究有利于提高理论与实际结合的能力，解决在工作中存在的“汇报工作情况少，反映问题分析少，决策研究建议少，提出措施依据少，解决问题的办法少，协调工作思路少，工作经验总结少”等问题。

二、调查研究的要求

（一）坚持实事求是原则

必须客观地了解事物的全面真实的情况，不要先入为主，坚持不唯上、不唯书、只唯实。要依靠群众，倾听群众的意见和声音，但不是对群众意见的简单收集，而是要从众人的意见中探寻事物的真谛。调查研究过程中应坚持全面与客观性，首先是内部消化，去粗取精；其次是横向融合，去伪存真；再次是纵向结合，由此及彼、由表及里，综合提炼。

（二）解决问题避免失误

调查研究，一种是以直接解决问题为目的，另一种是研究制定有关方针政策或以完成一项重要工作和活动为目的。第一种调研就是要全面客观地反映群众的情况，协助党政或独立为教职工办实事、解难事。调研过程是做教职工思想工作的过程，也是指导、研讨、交流工作的过程。第二种调研是解决宏观战略或重要工作和活动所采取的工作步骤与方法，以便使决策与工作科学有效、富有成果，把失误降到最低程度。

（三）坚持传统的方法与现代方法相结合

传统的调研方法，主要是调查座谈会、参观访问、驻地跟踪等方法。在当今信息社会里，调研方法已注入更多的现代科技资源和手段，如系统论、模糊理论、数理方法，计算机技术以及网络手段等。传统调研方法结合现代科技资源和手段，就能突破传统调研中存在的周期长、覆盖面小、样本量不够、主观性影响较大等不足。

（四）调查研究的类型

调查研究有不同的角度和标准，比较常见的分类有以下几种：

一是依照调查研究对象，分为全面调查研究与部分调查研究，又称普查和抽查。二是依照调查研究的内容，分为综合性调查研究与专题性调查研究。三是依照调查研究的作用与目的，分为描述性调查研究与解释性调查研究。四是依照调查研究的方法，分为统计调查研究与实地调查研究。

教育工会的任何调查研究都是对社会领域中教育、教职工存在的实际问题寻求规律性认识，做出决策或提出解决问题的办法所必须采用的工作方法。是有目的、有计划、有步骤地实现一个时期或阶段的重要任务的工作方法。

三、调查研究的主要内容

根据教育工会特点，调查研究主要有以下内容：（1）教职工劳动人事关系调查；（2）教职工的职业状态调查；（3）教职工的生存状态调查；（4）教职工的精神文化情况调查；（5）工会组织情况调查。

四、调查研究的主要程序

教育工会常用的调研类型有全面调查、专题调查、重点调查、典型调查、抽样调查等。无论哪种调查，都要有目的、有计划、有步骤地进行，主要过程有以下三个基本阶段：

（一）调研的准备阶段

一是确定调研目的任务。认真确定课题方向和切入点。每次调查最好只选择一个中心，集中精力，以便取得较深入的研究成果。选题应主要围绕教职工群众所关心的需要解决的问题进行。

二是设计调研方案。指标体系设计、问卷设计、抽样方案设计，确定调查的对象、规模、时间进度、人员组织等计划和安排。

三是成立课题调研机构。根据调研的目的任务，确定参加调研的负责人、课题人员和调查报告执笔者，按调查研究需要进行分工，开展必要的培训，包括学习有关政策、讲解调查研究的方式和有关业务知识等；还要认真讨论调查研究过程中可能遇到的问题和困难，应有对策预案，明确调研工作的注意事项和纪律。

四是落实调研地点、时间和经费。选择具有典型性和代表性的调查地点和单位，合理安排调研时间，落实调研经费。

（二）调研的实施阶段

一是按调研设计的要求做好资料的收集工作。组织调研人员按计划深入实际，深入群众，采取各种有效的方式，收集必要的信息、材料和情况。在实施调研时，既重视活材料，又重视搜集被调查对象的书面资料，做到掌握有用的材料，善于发现新情况和新问题。

二是资料的收集方式。主要有座谈会方法、问卷方法、访谈方法、观察方法，以及资料（记录、统计报表、新闻稿件、历史资料、讲话报告）分析法等，具体采取哪一种或哪几种方法，可以根据调查的目的和要求灵活选择。

三是调研材料的整理、分析与研究阶段。主要任务是：第一，把调查中搜集来的个体的、片断的材料集中起来，进行加工分类，做到系统化。同时，注意校正资料，改正错误，一旦发现疏漏，及时补齐，保证调研材料的准确和客观性，为深入调研做好准备。第二，对调研收集的材料，进行分析研究，要以辩证唯物主义和历史唯物主义的世界观和方法论为指导，坚持实事求是，不要先入为主，确保得出的结论客观、真实、科学，并提出解决问题的方案或对策与建议。第三，把调研结果写成有事实、有分析、有理论观点的书面调研报告。

第二节　沟通协调方法

当前新一轮教育系统综合改革已进入关键阶段，尤其是教育系统公开招聘、城乡交流、全员聘用（任）、绩效工资等“四制”改革已全面推行，各类教职工群体的利益需求多样化、复杂化，带来许多新情况、新问题、新矛盾，教育工会如何参与社会管理，建立起教职工利益诉求表达的常态的、理性的、多样的、有效的平台，协助党政组织化解改革中出现的矛盾和问题，沟通协调方法有着积极的作用和意义。

一、教育工会的沟通协调方式

所谓沟通，是人与人思想和信息的交换；所谓协调，即配合得当，和谐一致。沟通是基础，协调是目的，二者紧密相连、密不可分。现代社会的人与人之间、单位与单位之间都需要进行沟通协调，在互通信息的基础上实现互相理解、达成共识，促进既定目标任务的完成。沟通协调是教育工会常用的工作方法。

二、教育工会沟通协调的主要内容与方法运用

实现教育工会的目标与任务需要教育工会与教职工会员沟通协调，需要与教育系统的党政组织沟通，需要与地方总工会、产业工会、社会其他组织沟通协调，需要与国外教师团体沟通协调。如果教育工会缺乏沟通协调或关系处理不当，就会失去广大教职工的信任和拥护，就不能得到党政组织和总工会的理解和支持，就会失去其他社会组织团体的合作，教育工会就难以履行职能、发挥作用，其地位和社会价值就会大大削弱。

（一）教育工会与教职工会员沟通协调

教育工会要成为教职工的职工之家，工会干部要成为教职工的娘家人，就必须与广大教职工建立常态化的沟通协调机制。沟通协调的目的，是培养会员群众对工会组织的认同感、归属感，或称之为向心力、凝聚力，更好地引导教职工听党话，跟党走。

一是必须真正扎根到教职工会员中去，倾听他们的呼声和要求；二是根据教职工群众的实际情况、社会主流的价值取向进行科学的引导；三是如实地反映教职工群众的意见和建议，敢于和善于维护教职工的合法权益，办事公道正派，善于排忧解难，化解教职工之间、教职工与管理者之间的矛盾与问题，成为教职工会员的知心朋友。

（二）教育工会与党组织的沟通协调

教育系统的各级党组织是领导教育事业的政治核心和保障。教育工会必须自觉接受党的领导，教育工会的重要决定和决策、主要负责人的推荐与产生、涉及教职工切身利益的重要问题、组织开展的重要活动、教育系统的民主管理等工作都必须得到党组织的同意和支持，教育工会向党组织主动请示汇报，与党组织及时沟通协调，是完成好教育工会各项任务的根本保证。只有在教育系统党组织的领导下，教育工会才能更好地承担起维护教职工合法权益的重任，代表和组织好教职工群众参与教育事业和学校的管理，把广大教职工紧密地团结在党的周围，引导广大教职工群众为完成党和政府提出的各项任务不懈奋斗。

（三）教育工会与教育行政组织的沟通协调

教育工会与教育行政是两个不同的社会组织。教育行政是国家管理

教育事业的职能部门，属于国家的政权机构。教育工会是教职工自愿结合的群众组织，属于社会政治团体。教育行政和教育工会虽然同处教育行业，但它们之间不存在隶属关系与领导被领导关系，而是相互合作和配合的关系。就教育工会而言，只有有效地实现沟通和协调，才能取得教育行政对教育工会的理解、信任和支持，从而使教育工会代表和维护教职工合法权益的工作真正落到实处。

各级教育工会必须自觉地把自己的工作看作教育事业的一部分，放眼于教育事业发展与改革的全局，在全局中找到自身的位置，在教育行政的支持下独立自主地开展工作，为教育行政分忧解难，为全局工作的开展作出贡献。要通过联席（联系）会、专题会、协调会、通报会等多种形式，将基层工作和教职工的工作、学习、生活状态，尤其是教职工的思想动态、面临的主要困难、涉及全局有影响的重大事件、工会需要解决的重要问题，及时、客观地向教育行政反映，使之在制定政策、规定、措施时能更加符合实际。同时，教育行政也要积极支持工会代表和组织教职工参与教育事业的管理，为教育工会开展工作创造条件。

（四）教育工会与总工会、上下级教育工会的沟通协调

加强教育工会与总工会的沟通协调。教育工会是中国工会系统的特殊产业工会，其服务对象主要是知识分子，教育工会要在各级总工会的领导下，结合服务对象的特殊性做好工作。在工会业务上接受同级地方总工会的领导，根据总工会的工作目标，结合产业实际情况，创造性地完成工作任务。教育工会应当经常主动向总工会报告教育改革发展情况和教育工会工作情况，接受总工会对教育工会的工作检查指导，让总工会真正把教育工会的工作和建设作为工运事业的重要组成部分，为教育工会在当地开展工作创造良好的外部环境。

建立与完善上下级教育工会沟通协调的常态化机制。上级教育工会对下级教育工会进行业务领导和直属学校工会直接管理。各级教育工会之间应当加强业务指导、请示、报告、信息传递、经验宣传与推广的沟通协调，并使之程序化、制度化，加强工作交流平台、信息网络化建设，使教育工会各级组织更好地发挥教育界重要社会政治团体的职能。

（五）教育工会与其他群众团体的沟通协调

教育工会与妇联、共青团等其他群众团体有着密切的工作、活动等

方面的联系，这种联系表现为团体宗旨的统一性、团体成员的交叉性、工作内容的相关性。随着我国改革开放的深入和社会发展的加速，各类社会组织的工作联系越来越紧密，工会工作愈来愈具社会性，并相应地受到越来越多的社会因素的制约，改善和加强与其他群众团体的关系，建立相互合作的关系，已成为教育工会工作的一项新任务。

为了加强和改善与其他群众团体的交流、合作关系，各级教育工会应当从以下几方面努力：一是主动与其他群众团体进行沟通，相互支持，通过信息沟通、联合开展活动等方式，加强相互联系。二是厘清各社会组织的职能交叉、重复等问题，争取工作上的真诚合作。如企事业已有工会女职工组织，就不需要建立重复的相关组织。三是参与、支持各类群众团体的活动。尽力为有关团体的活动提供帮助，使这些活动成为工会群众性活动的重要组成部分，以此来发展良好的关系。

（六）教育工会与各国和台港澳地区教师组织的沟通协调

教育工会各级组织自成立起，就与世界许多国家和地区的教师组织进行交流、访问，建立了友好关系。当前我国教育事业不断发展，更需要加强与各国和台港澳地区教师团体的交流合作，学习借鉴他们的先进理念、经验和做法。明确与各国和台港澳地区教师、教师组织交往的目的和任务，坚持爱国主义和国际主义相结合的原则，高举“和平、发展、工人权益”的旗帜，致力于推动国际工运新秩序的建立。必须根据自己的特点，组织教师、教育工会干部与发达国家和地区进行业务交流、探讨和合作。邀请友好教师团体和教育工会到国内或内地、大陆进行交流、访问。加强与台港澳地区的教育工作者、教育工会团体的实质性的交流与合作。

三、教育工会沟通协调的原则

（一）坚持全方位多渠道的原则

各社会组织和群众团体开展工作和活动，都有各自的平台和资源、手段，要做好教育工会工作，各有关社会组织和群众团体的理解、帮助和支持是不可或缺的。因此，教育工会无论是与党政组织、上下级教育工会组织，还是其他社会组织之间都十分需要沟通协调。沟通协调内容非常丰富，包括文体活动、情报信息、思想感情、意见办法等。

（二）坚持积极主动有秩序的原则

在现实社会关系中，群团组织需要积极主动与富有资源手段的组织沟通协调。教育工会组织也必须积极主动寻求社会有关组织的配合、协助。在现实中，一次沟通协调成功的并不多，因此在实际沟通协调中，时间上不能过于求快，目标上要恰当适度，步骤上要有逐渐实施的过程，应建立常态性的有序的沟通协调机制。

（三）坚持真实及时有效的原则

要使教育工会与其他组织交流沟通及时有效，首先要确保情报信息的真实可靠。组织之间、组织与人和人与人之间传递情报信息、交流思想感情、意见主张，必须建立在真实、真诚的基础之上，才能够达到合作的默契、行动的一致。

第三节　活动凝聚方法

本节所讲的活动，是指教育工会直接组织或参与组织教职工进行的群众性、社会性活动。它是教育工会为了达到一定的具体目标，履行一定的社会职能，有意识地调动和组织教职工积极参加的一种行动，也是一种工作方式。

一、活动凝聚的意义

活动是教育工会组织活力的标志。任何社会组织的生命力都是通过一定的社会活动显示出来的。生命力越强，活动能力就越强。活动是树立教育工会组织形象，体现教育工会号召力的有效措施。通过活动，特别是具有社会影响的活动，可以从一个侧面体现教职工的主人翁精神、显示教育工会重要社会团体的形象和力量。活动是增强教育工会凝聚力、向心力的途径。通过丰富多彩、生动活泼的活动，可以增强组织对广大会员的吸引力，使广大会员在活动中受到启迪与教育、增长知识、增进友情、提高能力。同时，也加强了与党政和社会各界的联系，联络了工会与各方面的感情，便于取得各方面的理解、支持和帮助。活动是完成教育工会各项目标、任务的基本手段和方式。教育工会的性质不同于党政组织，难以靠自上而下的强制性的统一部署和要求开展工作，履行职能，而必须通过经常性、丰富多样、教职工会员广泛参与的活动，来实现对广大教职工的吸引、组织、引导、教育、服务，起到党政组织和其他社会组织不可替代的作用，达到党组织所希望的最大限度地把广大教职工团结在党的周围的目的。

活动凝聚方法是教育工会、基层学校工会最普遍使用的工作方法。

二、活动凝聚的类型

教育工会的活动可以划分成不同的类型。

一是根据活动的性质分类。大致可以分为权益维护类、业务提高类、民主参与类、政治道德类、文体健康类、帮扶解困类等。这种分类是以活动的直接目的和效果为标准的。

二是根据活动的层次分类。可分为：与党政联动活动、与上级工会联合活动、基层工会的自主活动、与社会其他组织共同组织的活动。一般来说，需要广泛地吸引和动员广大教职工直接参加的群众性活动主要在基层学校、单位开展，而县以上教育工会领导机关的活动应侧重在反映教职工群众的意见和要求，参与和教职工会员切身利益密切相关的劳动分配、社会保障、工作权益等法规政策的制定、检查，搞好民主参与和社会监督，进行理论政策指导，培训工会干部，等等。

三是根据活动的责任分类，可分为工会主办活动与协作单位联合开展活动。即按组织的职能划分为工会独立自办或工会为主联合其他组织开展的活动。

三、活动凝聚的原则

第一，活动凝聚方法，必须坚持正确的政治性与思想性。教育工会组织开展的政治活动、思想教育活动、教书育人活动、送温暖活动、文化体育活动等等都必须把思想性和教育性作为重要的活动准则。教育工会活动的思想性、教育性是通过引人入胜的活动来实现的，即“寓教于乐”。应注意通过不断满足教职工会员多方面、多层次的兴趣和需求来达到教育的目的。因为自愿接受和参与的活动，才能产生自觉的行动，才能坚持与持久，枯燥单调的活动不能引起教职工的兴趣，也就达不到提高思想认识的目的。

第二，活动凝聚方法，必须具有针对性，从教职工的工作、学习和生活需要出发。这种针对性，一是要适合教职工的年龄、性别的差异；二是适合教职工文化层次和兴趣爱好的差异；三是适合学校中心工作的要求和解决教职工存在问题的需要，也就是我们常说的“贴紧三个实际”（贴紧教育改革和发展实际、贴紧学校工作实际、贴紧教职工实际），这样才能受到党政和教职工群众的欢迎。

第三，活动凝聚方法，必须体现广泛性和实效性。开展活动时必须做到着眼于大多数教职工会员群众，即从大多数教职工的愿望出发，为大多数教职工服务，使大多数教职工感到方便，能给教职工群众带来某种物质或精神方面的满足，能推动教职工完成教育、教学、科研、生产任务，从而产生良好的社会影响。

第四，活动凝聚方法，必须实现开放性与社会性相结合。一要精心组织能产生较强积极反响的活动，并注重向社会进行宣传，在增进社会效益的同时，扩大教育工会组织的社会影响，增进社会对教育工会的理解。同时对涉及教职工利益并引起社会反响的事情要及时作出积极的反应，主动开拓与社会交流的渠道，争取社会方方面面对教育工会工作的支持。二是要在工会活动的空间上和对象上扩大开放性。空间上，从校园内拓展到校园外，组织教职工走向社会，服务社会，帮助教职工在实践中提升自我。对象上，从教职工扩展到党政领导，活动尽量邀请党政领导参加，鼓舞教职工群众，融洽干群关系。

第五，活动凝聚方法，务必坚持因地制宜、勤俭节约的方针。教育工会开展活动必须从最需要、最可行、最有效的活动切入，有所为，有所不为，坚持勤俭节约，少花钱、多办事。根据自身条件，尽量开展活动场地要求低、风险小、经费省的项目，因地、因时、因条件制宜。

四、活动凝聚的内容

（一）群众性的政治活动

是指对国际、国内重大政治性问题、事件，教育工会以一定方式表达教职工会员的态度、主张和行为的活动。如在一定区域内教职工会员的集会、论坛、会议、咨询等。开展活动时要坚持与党中央在政治上、思想上、组织上、行动上保持一致。

（二）群众性的业务活动

是指组织开展教职工业务学习、教学科研等活动。如学习型组织活动、教师教学技能竞赛活动、教育教学讨论与论坛活动、优秀教职工的疗休养活动、教职工的发明创造活动等。开展活动时要坚持以党政、业务职能部门为主，教育工会主动积极参与为前提。

（三）群众性的文体活动

是指组织开展或通过文体协会、俱乐部等开展教职工文化体育活动。如教职工才艺活动、组织合唱等歌咏活动、球类和棋类等体育健身活动、书画摄影文学艺术等创作活动等。开展文体活动应做到经常性、基层性、多样性、科学性、趣味性和实效性。

（四）群众性的互助活动

是指组织开展教职工生活上的互助互济、救济帮困活动。如开展送温暖活动、医疗互助活动、金秋助学活动、五必访活动、家属子女就学就业服务、组织互助储金会活动等。开展活动时要坚持团结友爱、广泛多样、参与自愿，从实际出发、重实际效果。

（五）群众性的思想教育活动

是指结合形势任务开展教职工思想教育活动。如组织开展各种形式时事政策学习、讨论、知识竞赛、座谈会，与教职工的谈心活动、师德教育活动、群众性的社会实践活动等。开展活动时要坚持思想性和教育性、针对性和趣味性、社会性和开放性兼具。

第四节　典型激励方法

抓典型，带中间，以点带面是教育工会工作的重要工作方法。所谓典型，是指工作中所抓的典型单位、典型人物和典型经验，这些组织、人物、事物应有代表意义和个性特征。激励是指激发人们的积极性和能动性，促进追求和实现目标的过程。

一、典型激励的目的与原则

运用激励方法的目的是通过研究和满足教职工群众的生理、心理需要而激发其积极性，使教职工的聪明才智得以充分发挥。教育工会运用激励方法必须了解各类教职工的需要，要做细致的工作，分析动机，引导行为，指向目标。教育工会工作者应掌握激励手段，善于运用激励的方法和技巧，充分调动广大教职工的积极性，更好地推动教育事业的改革和发展。

运用激励方法应坚持的原则是：第一，精神激励与物质激励相结合，以精神激励为主；第二，奖励与制约相结合，以奖励激励为主；第三，核心利益与普适利益相结合，以核心激励为主；第四，注重公正性、针对性、竞争性和民主性。

运用激励手段要注意以下事项：第一，激励手段与日常思想政治工作相结合，以保证激励手段的正确运用，并增强和巩固思想政治工作说服教育的效果；第二，要选择适当的激励时机，采用及时激励与延时激励、规则激励与不规则激励等技巧，强化激励的作用；第三，要了解和满足人的审美需要，促使人们对客观事物和行为作出积极的评价，由此产生健康的审美情感。

二、典型激励法的类型与运用

（一）目标激励法

目标激励法作为一种期望，是人的各项活动所追求的结果在主观上的超前反映。它对个体行为具有引发和推动作用，对群体行为具有协调和聚合作用。教育工会组织根据实际，确定恰当的目标，就能激励教职工朝着一定的方向，去追求既定的成就或结果。

目标激励法的运用，关键要制定好激励标准。标准既要体现激励的基本原则，有较高的目标价值和鼓动性，又要考虑到成功的概率，不让人望而生畏，也不让人感到轻而易举。要结合各教育工会、学校工会的具体实际，与国家的激励制度相吻合。既有概括性的定性要求，又有具体的定量要求；既有一定的高度，又是经过努力可以达到的；既体现长远的根本利益，又体现近期的实际利益；既考虑到集体的利益，又兼顾到个人的利益；特别是在集体目标和个人目标的关系上，要做到有机结合与统一，使二者相互渗透、融为一体。此外，还要保持相对的稳定性，不可朝令夕改，以避免让人对目标缺乏信任感。

（二）荣誉激励法

荣誉激励的方法，主要在对个人、集体的荣誉表彰、奖励或表扬、鼓励中体现。

每个人在为自己的集体作出贡献时，都会有一种成就感、自豪感和荣誉感。个人的这种成就感、自豪感、荣誉感以及细微优点和长处，一般都希望得到他人的、集体的肯定和尊重。因此，对教职工中的先进事迹和取得的成绩，工会组织应当适时给予表扬和鼓励。另一方面，个人的努力奋斗只有同集体联系在一起，才能取得更大的成绩，获得更多的满足。集体也使个人的全面发展成为可能。对集体的表扬或奖励，不仅使个人产生强烈的荣誉感，而且有助于培养教职工团结互助、关心集体的团队精神，从而提高教职工队伍的整体素质。

荣誉激励法简便易行，容易为广大教职工群众所接受，是教育工会经常性的工作方法。

（三）典型激励法

典型激励法，即榜样激励法。此方法主要是通过树立集体和个人的典型以起到激励教职工的作用。

一是典型的选择要有先进性、代表性和时代性。要深入实际，深入群众，认真调查，反复比较，坚持标准，树立过硬的典型和榜样。还要注意典型的多样性、生动性、示范性，并努力揭示典型的内在品质，发掘典型的思想深度。二是典型的宣传和培养有客观性和适度性。恰当地估价典型所起的客观作用，不把某方面的典型说成全面、完美的典型，如实反映典型成长的过程而不粉饰，并教育帮助典型谦虚谨慎，与时俱进，不断取得新业绩。在树立典型实行激励的过程中，对于不正确的态度和意见，要坚持原则，扶正压邪，为先进典型撑腰。三是典型的培育和发展的阶段性。一方面，要培育老典型使之与时俱进；另一方面，要善于发现和培育新的时代精神的代表者，使之成为新的学习榜样。

（四）情感激励法

情感激励的方式主要有三种：一是语言激励。教育工会工作者要经常、主动与教职工会员和他们的家庭成员交流谈心，交谈过程中切忌漫不经心，使人感到不被重视；谈话时要有一定的幽默感，产生和谐欢乐的气氛，增强对教职工会员的吸引力。二是非语言激励。以热情、开朗的神态对待会员，以免“脸色”不好使人敬而远之。可借助手势等动作，加强语言的感染力。三是情感移入。对教职工会员的困难能够感知并有共鸣性的情感反应，就是有些事情一时不能办好做到，也会使教职工会员得到安慰和理解。

运用情感激励法，应注意不同年龄、不同性别、不同技术职务、不同个性特征的会员在情感需求方面的区别。青年人为尽快取得社会的认可，对情感的关注比中年人要强；女同志比男同志更善于体察对方情感的变化；重情感的人要求工会干部的情感也要细腻；自尊心强的人对工会干部的情感要求也比较高，往往一个眼神、表情，或很简短的一句话，他们也常常思来想去。工会干部在不同个性会员面前的情绪表现要有分寸，才能收到恰当的效果。

（五）竞赛激励法

竞赛激励法，主要是强化教职工的“争先创优”意识和“力求优越”的心理，从而激发其创造性和潜能，使教职工自觉地提高教育教学科研水平和工作效率。这就要求竞赛的组织者在教育教学等竞赛的目标设计、中途管理及总结评比各个阶段，熟练地掌握和运用激励原理。

一是设计科学、合理的竞赛目标。竞赛目标既有实现的可能性，又有明显的可比性，使“先进有超头、后进有赶头，中间有奔头”。二是运用情绪控制方法进行竞赛。以经常的和适当的外部刺激，使参赛者的情绪经常处于良好的激活状态，保持充沛的体力和旺盛的热情。三是运用满足需要的方法进行竞赛的总结评比。掌握不同层次教职工的需要，结合竞赛的成果，采用灵活、多样的奖励措施。

（六）反馈激励法

反馈激励法，是通过一定的方式或途径，使人们了解和掌握自己活动的结果，并使人们对自己活动的结果作出客观的评价。教育工会组织对会员的表现作出客观评价，反馈给会员，并通过一定的奖励或批评的方式加以肯定或否定。在教育教学竞赛和合理化建议活动中，采用指导检查、通报表彰和批评、开庆功会、树立典型及组织评比、经验交流等方法，可以使教职工充分了解自己竞赛的结果，及时作出反应，有效激发教职工参加教育教学竞赛和合理化建议活动的积极性。

运用反馈激励法，要注意掌握几点：一是对每一项教职工活动的结果都要及时反馈，多渠道、多方式地反馈。二是对活动的结果要作实事求是的评价，坚持其科学性，避免报喜不报忧。三是对活动结果进行总结，吸取教训，以明确今后的改进方向。

三、典型激励应注意的问题

（一）典型的选择和培养

一要有代表性，必须有坚实的群众基础，得到教职工群众的认可，根植于其中；二要有先进性，必须体现时代精神和鲜明的个性特征。

（二）典型的宣传和推广

宣传是为了使更多组织和个人接受新的理念、方法、做法，推广是要使某个组织或个人的一种行为转变为更多的组织和个人的行为。

（三）典型的真实和有效

组织和个人的先进性必须体现其真实性，不应人为拔高，或不能反映其本质；有效性就是可以使更多的组织或个人接受、借鉴并受到启发，不能靠简单说教去推动。

（四）典型的保护与提高

组织和个人的典型不可能十全十美，必须在制度或环境中对典型加以保护，否则就可能削弱典型的作用，甚至可能造成负面效果。典型本身有一个不断自我完善的过程，社会组织与人们应以客观、积极的态度对待典型，形成相互理解、相互促进的社会氛围。

第五节　宣传引导方法

教育工会宣传引导工作方法是指教育工会组织有效地运用传播沟通手段，加强教育工会组织内外的双向宣传信息交流，树立良好的形象，在教育工会组织与会员群众及社会公众之间建立相互了解、信赖、支持和合作的关系，促进教育工会事业的发展，服务教职工。

一、教育工会宣传引导的主要内容

从教育工会的性质、活动方式和发展目标看，教育工会宣传的特定公众对象是：教职工会员（含会员家庭）、党组织、行政（政府机构）、同级和上下级工会组织、其他群众团体、社区、新闻媒体、各国和港澳台地区教师组织等。

（一）对教职工的宣传引导工作

通过宣传引导活动，使教职工群众了解工会组织的性质、作用、职能，提高入会的积极性；同时深入到他们中间开展宣传教育活动，及时掌握他们关心的问题，更好、更有效地解决教职工思想和工作生活中的问题。生动活泼的宣传引导活动可以进一步促进劳动关系和谐，激发教职工爱岗敬业，创造一流工作业绩；富有鲜明特色的宣传引导活动可以增强教职工会员参与和支持教育工会各项工作与活动的积极性。

（二）教育工会宣传引导的主要工作

各级教育工会的宣传引导活动必须围绕教育改革发展、新时期教育工会的工作重点和服务教职工来展开。如配合各级教育行政，组织动员广大教职工为实施国家中长期教育改革和发展规划纲要开展建功立业活动的宣传引导，组织教职工参与学校民主管理，发挥好主人翁作用建言献策活动的宣传教育，等等。通过典型单位与人物的发现、培育，通过多渠道、多样化的宣传引导活动，起到鼓励先进、带动后进的作用。

（三）教育工会的新闻宣传工作

教育工会新闻宣传工作是及时、准确地把教育工会组织的有关情况传播到社会公众中去，这就必须借助新闻媒体来完成信息传播的任务，各级教育工会组织都应与新闻媒体建立长期的信赖与合作关系。

一要熟悉新闻媒介的特点和工作规律。在了解各新闻媒体采编情况的基础上，积极主动地配合新闻部门的工作。二要与新闻界人士交朋友。无论大报还是小报，都以礼相待，不厚此薄彼。三要尊重记者和编辑的选择权利。四要注意遵守新闻规律，讲究报道的真实性和时效性，更好地把教育工会有价值的信息传播出去，扩大社会影响。

教育工会新闻宣传的主要内容：一是遇到重要节日或活动，教育工会应召开新闻通气会、发布会。教育工会组织还要定期或不定期就涉及教职工和工会的重大问题和重点工作向教职工、工会系统、社会等方面报告，以增进了解、理解和争取支持。二是日常的新闻宣传。应以教育工会重点、特色工作，以及教职工关心的问题、好经验作为日常宣传报道的重点，充分发挥教育工会宣传新闻渠道、阵地的作用。三是重大事件、突发事件的宣传报道。准确及时地反映教职工及事件的情况，积极配合党政等有关组织，妥善化解矛盾，促进和谐稳定。

二、教育工会信息传播的主要方法

信息传播，或称为信息沟通、信息交流。

（一）信息传播的基本类型

社会组织之间和人与人之间的信息传播有如下类型：正式传播与非正式传播、纵向传播与横向传播、口头传播与书面传播，还可分为内部信息传播和外部信息传播、单向传播和双向传播等。根据所要传递的信息，选择合适的传播类型和技术手段，会明显地提高传播的效果。

（二）信息传播的媒介和方式

教育工会内部信息传播媒介和主要手段有：通过电子计算机技术和因特网高速发展的平台载体，如微信、微博、QQ、电子邮件的广泛使用，为信息交流，特别是远程信息传播提供快捷、方便和经济的技术手段。传统的刊物、广播电视系统、黑板报、宣传窗、电话、电视电话会议、公益广告、意见箱、对话活动、相互交谈、业务研修活动、会员会议、岗前培训、会员活动等，也是基础和常规的方式方法。教育工会对外信息传播的主要媒介和手段有：新闻媒介、网络平台、各类函牍、简报、各类口头交谈等。

（三）提高信息传播的效果

1. 不同时期、不同的工作和活动应选择合适的交流传播手段。第一，按传播目的选择。较为大型的会员活动，一般通过报刊、电台、电视台等新闻媒体，把活动的信息迅速准确地公之于众。基层教育工会密切与会员的沟通，一般采用直接对话、小型座谈会或内部刊物等口头或书面交流。第二，按信息的内容选择。对较为复杂、需要经过思考判断才能理解的信息，采用文字形式传播，协商性信息一般采用口头沟通。第三，按传播对象选择。社会各界知名人士，由于平时社会活动繁忙，最好采取单独约请交谈或小型座谈会的形式，对范围较广的一般会员群众，可使用单位内部有线电视网交流。对于会员家庭情况的信息沟通，则可采用家访的形式进行。第四，按节约的原则选择。即采用的传播手段尽可能节约财力和时间，少花钱多办事。

2. 信息传播既要重视形式，更要重视效果。事先要做好工作，防止产生传播障碍。第一，语言障碍。包括口头语言和书面语言。要做到语言表述清楚明白，不含糊其辞；注意语言表达的方式和技巧，使别人乐于接受传播。第二，个性因素、社会风俗习惯及文化差异引起的障碍。在交流时要注意对方的风俗习惯，避免引起不必要的传播障碍。第三，信息内容与时机、场合三者不相协调引起的障碍。这种情况往往是在传递信息时，时机和场合选择不妥造成的，应注意预防。

3. 报告与演讲是直接有效的宣传引导。在对内信息传播中，教职工会员是教育工会干部工作的主要对象，具有较高的文化精神需求；在对外信息传播时，听众往往对教育系统的演讲者有更高的素质要求。特别是目前不少基层教育工会在领导班子换届改选时，采取候选人公开演讲的方式，让教职工群众了解候选人的基本情况，这些都使教育工会工作者尤其是教育工会的领导干部特别要注意讲话的艺术，提高演讲的效果。因此要做到：第一，报告与演讲内容充实、正确、有吸引力；第二，语气肯定、果断；第三，态度要亲切、和蔼、从容；第四，注入情感，使人听来自然贴切，恰到好处。

4. 宣传引导与倾听，是教育工会与教职工实现信息对称的重要方式。宣传的目的是教育，要达到其目的，学会倾听是一种重要技巧。在倾听的过程中可以获得直接和间接的信息。要真正做一位好听众，需要做到：一要全神贯注地听。在倾听的时候用眼睛认真注视，并用姿态、面部表情来表示你在全心全意地倾听。二要求补充说明。在合适时，可以建议对方说得更详细点或补充说明一些情况。三要适当地给予支持。当发现对方很希望得到你的同情和支持时，可以插话表示赞同和鼓励等，表示和对方有同感。

5. 宣传引导的基本载体，生动的口头表达与严谨的书面表达不可偏废。教育工会干部除了对各种报告、计划、总结、函牍写作规范比较精通外，还应掌握其他多种文体的写作技巧，如演讲稿、新闻报道、通讯等，作为实现顺利传播的必备手段。此外，对散文、诗歌、小说、戏剧的创作也应有所了解，至少能够欣赏，能够发表一定的见解，这对与广大会员和社会各界交流沟通大有裨益。

第十二章 以改革创新精神推动教育工会建设

中国工会十六大报告指出，必须以改革创新精神推进工会建设。加强自身建设是工会工作创新发展的内在动力。社会在变化，事业在发展，教育工会工作要跟上时代的步伐，在推动教育事业发展中发挥自己的作用，在推动工运事业发展中彰显自己的特色，就必须勇于解放思想，深化改革、革故鼎新，就必须勇于创新，推动工会理论创新、实践创新、制度创新。只有这样，才能提高教育工会工作科学化水平，不断焕发教育工会组织的生机与活力。

第一节　教育工会改革创新的背景与意义

党的十八大胜利召开，向全党全国人民发出了“坚定不移沿着中国特色社会主义道路前进，为全面建成小康社会而奋斗”的动员令、进军令。举世瞩目的十八届三中全会对全面深化改革作了总体部署，描绘了一幅壮丽的中国全面改革路线图。中国工会十六大牢牢把握为实现中国梦而奋斗这个我国工人运动的时代主题，明确了今后五年工会工作的目标任务。《国家中长期教育改革和发展规划纲要（2010－2020年）》的颁布及其实施三年来，实实在在地带来了中国教育发展的新面貌、新起色、新格局。新形势新阶段，教育工会履行四项社会职能的任务较以往任何历史时期都更加繁重而艰巨，既面临前所未有的巨大挑战，也面临前所未有的发展机遇。

一、教育工会改革创新的背景

（一）国际国内发展的基本形势向教育工会建设提出了新挑战

当今世界正处在大发展大变革大调整时期。国际形势十分复杂，国内改革发展稳定任务艰巨繁重，我国发展进入新阶段，改革进入攻坚期和深水区，我国正处在改革发展的关键阶段，正处于经济转型的关键期，正处于全面建成小康社会的决定性阶段。

当今世界的综合国力竞争，说到底是民族素质的竞争。随着世界多极化、经济全球化深入发展，科技进步日新月异，人才竞争日趋激烈。国际经济格局发生新变化，综合国力竞争愈加激烈，知识创新越来越成为提高综合国力和国际竞争力的决定性因素，人力资源越来越成为推动经济社会发展的战略性资源，许多发达国家都把教育和人才优势作为国家核心的战略利益。进入新世纪以来，我国社会主义现代化建设全面推进，综合国力显著增强，但资源环境约束日益强化，人口、资源、环境压力日益加大，深化改革开放和转变经济发展方式任务艰巨，社会思想文化多元多样多变，都凸显了提高国民素质、培养创新人才的重要性和紧迫性。在这样的形势下，确保我国在国际竞争中占据更为有利的位置，迫切需要提高全体国民素质。因此，要深度开发人力资源，使我国人力资源的数量、结构、质量和贡献处于全球领先地位，把我国建设成为人力资源强国，必须高度重视教育，大力发展教育。

教育是民族振兴、社会进步的基石，是提高国民素质、促进人的全面发展的根本途径，寄托着亿万家庭对美好生活的期盼。强国必先强教。优先发展教育、提高教育现代化水平，对实现全面建成小康社会奋斗目标、建设富强民主文明和谐的社会主义现代化国家具有决定性意义。实现中华民族伟大复兴的中国梦，关键靠人才，基础在教育。

教育在全面建成小康社会中具有基础性、先导性、全局性的重要作用。加快转变经济发展方式，坚持走中国特色新型工业化、信息化、城镇化、农业现代化道路，大力推进生态文明建设，增强我国发展后劲、自主创新能力和国际竞争力，必须更多依靠劳动者大军和各类人才队伍素质的持续提高；走中国特色社会主义发展道路，建设社会主义文化强国，必须坚持把社会主义核心价值体系融入国民教育全过程，特别是从青少年开始筑牢全国各族人民团结奋斗的共同思想道德基础，积极培育和践行社会主义核心价值观；在改善民生和创新管理中加强社会建设、社会治理，必须把教育摆在健全基本公共服务体系、推动社会主义和谐社会建设的特殊重要位置。总之，社会主义经济建设、政治建设、文化建设、社会建设、生态文明建设五位一体总体布局的不断完善和全面提高党的建设科学化水平，迫切要求培养造就数以亿计的高素质劳动者、数以千万计的专门人才和一大批拔尖创新人才。

国运兴衰，系于教育；教育振兴，全民有责。实现教育兴国梦，加快从教育大国向教育强国、从人力资源大国向人力资源强国迈进，需要全民行动。教育工会是教育事业科学发展、快速发展的重要推动力量，教育工会工作改革创新的成效如何，直接影响到对教育事业的推动力。

（二）教育改革发展的基本态势为教育工会建设提供了新机遇

面对前所未有的机遇和挑战，我国教育还不完全适应国家经济社会发展和人民群众接受良好教育的要求。为推动教育改革发展，2010 年 7 月召开了改革开放以来的第四次全国教育工作会议，颁布了《国家中长期教育改革和发展规划纲要（2010－2020 年）》。纲要的颁布实施不仅指明了未来 10 年中国教育的发展方向，也以国家意志确立了教育优先发展的战略地位。

按照“优先发展，育人为本，改革创新，促进公平，提高质量”的工作方针，教育规划纲要实施以来，涉及民办教育综合改革试点、基础教育综合改革试点、高等教育综合改革试点、职业教育综合改革试点的 425 个国家教改试点项目顺利推进；国家财政性教育经费支出占国内生产总值比例达到了 4%，实施了学前教育三年行动计划，义务教育逐步实现从“有学上”到“上好学”，启动了高等学校创新能力提升计划；颁布实施了《关于全面提高高等教育质量的若干意见》、《教育督导条例》、《关于当前发展学前教育的若干意见》、《关于进一步加大财政教育投入的意见》、《关于建立健全中小学师德建设长效机制的意见》、《高等学校教师职业道德规范》、《关于加强教师队伍建设的意见》等；国家教育咨询委员会、国家教育考试指导委员会等“智库”相继成立。这一连串举措，是中国对“钱学森之问”的求解，对创新型人才的呼唤，是对“培养什么人、怎样培养人”提出了更加明确的要求。

教育领域的重大突破和改革创新，不仅是中国教育面向未来的庄重宣言，回应民生在教育领域的翘首期待，也为教育领域最大的教职工群众组织——教育工会的建设提供了新机遇。

（三）努力办好人民满意的教育赋予教育工会建设新使命

党的十八大报告把教育放在改善民生和加强社会建设之首，强调要“努力办好人民满意的教育”，从坚持教育优先发展、全面贯彻党的教育方针、深化教育改革创新、推动教育协调发展、大力促进教育公平、加强教师队伍建设和加强高校党的建设等方面，明确提出了下一阶段教育事业科学发展的战略性目标和任务，充分体现了党中央对教育事业的高度重视和优先发展教育的坚定决心，为我国教育改革发展指明了方向，提出了更高要求。

党的十八届三中全会通过的《中共中央关于全面深化改革若干重大问题的决定》作为新一届中央领导集体的施政纲领，将改革从面对具体的经济问题转向面对相互交织的经济社会矛盾，提出了从经济体制向经济、政治、文化、社会、生态文明体制全面推进的重要举措，是我们党在新的历史起点上全面深化改革的科学指南和行动纲领。其中第四十二款重申了继续“深化教育领域综合改革”，这实际上在《国家中长期教育改革和发展规划纲要（2010－2020年）》的基础上强调了教育领域改革的系统性和整体性，要求教育领域的改革要讲时机，要积累形势，要全盘考虑，也说明教育领域改革的面广，内容多，需要进行综合改革，更需要教育的各领域、各层次、各学校都要积极进行教育改革的探索，尤其是基层改革探索经验对推进教育改革非常重要。

国以人立，教以人兴。教育大计，教师为本。有好的教师才有好的教育。深化教育领域综合改革，努力办好人民满意的教育，不断推动中国特色教育事业的科学发展，必须加强教师队伍建设，这是教育改革发展面临的最基础的工作任务。党的十八大明确提出：“加强教师队伍建设，提高师德水平和业务能力，增强教师教书育人的荣誉感和责任感。”习近平总书记在第29个教师节到来之际，代表党中央、国务院向全国1400万教师所致慰问信指出：“教师是立教之本、兴教之源，承担着让每个孩子健康成长、办好人民满意教育的重任。”这对于以教师为主体的教育工会组织来说，中央的要求，既是动力，也是鞭策。如何发挥教育工会的组织优势、政治优势，最大限度凝聚教职工共识，为教育改革顺利推进营造和谐氛围，教育工会肩负新的使命。

（四）工会工作新目标向教育工会建设提出了新要求

中国工会第十六次全国代表大会的召开，是在我国进入全面建成小康社会决定性阶段召开的一次十分重要的会议。大会总结了过去五年的工作和十年的主要经验，突出了牢牢把握为实现中国梦而奋斗这个我国工人运动的时代主题，明确了今后五年工会工作的目标任务。

党中央对这次大会高度重视，习近平总书记在同全总新一届领导班子成员集体谈话时发表的重要讲话内涵丰富、思想深刻、高瞻远瞩，是继2013年4·28重要讲话后对我国工运事业大政方针的又一次集中阐述。讲话从党和国家工作全局和实现中国梦的战略高度出发，对新的时代条件下我国工会的职能作用作了深刻、系统、清晰的阐述，进一步明确了工会在为实现中国梦而奋斗中的历史使命和具体任务，并对工会在新形势下更好维护和发展职工利益以及改进工作作风提出了更高要求。这一系列新思想、新观点、新论断、新要求，为进一步做好新形势下的工会工作指明了前进方向，提供了强大思想武器。

深入贯彻党的十八大精神，落实中央领导同志的重要指示，完成中国工会十六大的主要任务，是时代赋予我国工人阶级和工会组织的庄严历史使命。牢牢把握为实现中国梦而奋斗这个我国工人运动的时代主题，唱响团结职工群众为实现中国梦而奋斗的时代强音，是广大教职工和教育工会、教育工会干部的光荣任务。

二、教育工会改革创新的意义

（一）加强教育工会的改革创新是不断克服教育工会自身存在问题的需要

我们必须清醒地看到，面对时代发展、社会变化和教职工需求的变化，特别是教育改革的不断推进和实现工会十六大提出的工作新目标带来的新情况和新任务，教育工会的工作还存在一些不足或不适应：服务教育事业科学发展、服务教职工不断变化的多样化需求、维护教职工合法权益的工作的能力有待提高；参与学校劳动关系协调、化解学校劳动关系矛盾的源头参与渠道还不够畅通，机制有待进一步健全，能力有待进一步提升；教育工会组织体系、领导体制和工作关系有待理顺完善，分类指导的力度还需进一步加强；学校工会组织开展工作的资源和手段不足，制约了工作活力；新建学校、民办学校工会建立后，作用发挥不够充分，凝聚力有待提升；教育工会工作还存在机关化、行政化倾向，少数教育工会干部脱离教职工群众，作风亟待改进。教育工会的各级组织和学校工会组织，必须高度重视这些问题，通过不断地改革创新，采取有力措施加以解决，以适应新要求，完成新使命。

（二）加强教育工会的改革创新是适应学校劳动关系变革的需要

在当代中国，劳动关系已经成为最重要最复杂的社会关系。随着社会主义经济体制改革的深化，我国劳动关系呈现市场化、契约化等特征，也对教育工会工作的改革创新提出了客观的要求。首先，社会利益结构出现多元化趋势。教育领域内的劳动关系由计划经济体制下的利益主体单一化逐渐转变为利益主体多元化，劳动关系的运行机制由计划经济体制下行政控制向市场机制调控过渡。劳动关系利益主体多元化导致教育领域利益主体间的冲突日益加剧，这对劳动关系中教育劳动者权益的保障提出了新的要求。其次，劳动关系的市场化使教育系统劳动者的身份发生变化。长期以来，我国学校对教师的管理采用行政管理模式，手段单一。随着市场经济体制改革的深入，市场经济要求学校实行新的人事制度，把学校与教师之间固定的行政关系变成一种契约关系，实现由行政管理向契约管理的转变，教师聘任制应运而生。学校法人地位的确立以及办学自主权的扩大，使教师身份由计划经济体制下的“国家干部”变为学校聘用的劳动者。实行教师聘任制给教育带来生机和活力，但教师合法权益如何得到切实有效的保护，就成了需要努力解决的问题。这就需要教育工会通过维权以稳定教育领域中的劳动关系，以保证教育改革的顺利进行，构建社会主义和谐社会。

（三）加强教育工会改革创新是维护教职工合法权益的需要

在教育系统，人事制度改革、收入分配制度改革等一系列涉及教职工切身利益的改革正在逐步实施，利益矛盾日益凸显，学校管理出现诸多新情况、新问题。学校人事制度的改革，建立起以契约为主要形式的劳动关系，要求强化教职工主人翁地位；学校收入分配制度的改革，学校内部收入差距拉大，形成多元化利益格局，要求在“效率优先兼顾公平"的前提下处理好分配方面的矛盾。在办学体制改革方面，公办学校和民办学校共同发展，政府办学为主与社会力量参与办学相结合，发展中外合作办学，形成了多种办学模式和管理模式。党的十八大和十八届三中全会继续强调推进金融、教育、文化、医疗等服务业领域有序开放，鼓励引导社会力量兴办教育，这必将出现参与、监督中的诸多矛盾。同时，随着各类学校区域布局调整、教职工定编聘任、非在编教职工的使用等也将遇到许多难以预料的问题。这就要求强化教育工会作为教职工利益维护者、代表者的地位和作用。教育工会必须通过改革创新，在劳动关系调整中保障教职工的合法权益。

（四）加强教育工会改革创新是促进教育事业改革发展的需要

贯彻党的十八大关于办好人民满意的教育的要求，认真推进《国家中长期教育改革和发展规划纲要（2010－2020年）》的实施，实现十八届三中全会关于深化教育领域综合改革的目标，推进教育事业的顺利发展，必须依靠教育工会这个群众组织发挥作用，要求教育工会更加有效地团结动员广大职工充分发挥工人阶级主力军作用，要求教育工会更加有效地保护好、调动好、发挥好广大教职工创先争优建功立业的积极性和创造性。因此，教育工会加强改革创新，增强凝聚力、影响力、号召力，将直接影响到教育事业的发展。教育工会只有通过加强改革创新，在组织上、思想上、作风上和机制运作上更加适应教育事业的需要，更加适应党对教育工会工作的要求，切实围绕和服从教育改革发展稳定的大局，为科教兴国的伟大事业提供有力支撑和有效服务，才能体现独特的作用和价值。

第二节 教育工会改革创新的指导思想和原则

教育发展靠的是在教育战线工作的广大教职工。调动广大教职工的积极性，各级教育工会义不容辞。作为教职工自愿结合的群众性组织，教育工会在深化教育教学改革，组织和代表教职工参与学校的管理等方面有着重要的作用。但面对新形势，教育系统工会必须进行改革。其改革既要坚持走中国特色社会主义工会发展道路，又要尊重教育发展基本规律；既要积极又要稳妥，维护教育战线的和谐稳定。

一、教育工会改革创新的指导思想

（一）坚持中国特色社会主义工会发展道路

刘云山代表党中央在中国工会十六大的祝词中指出：“做好工会工作，要坚定不移走中国特色社会主义工会发展道路。”

关于中国特色社会主义工会发展道路问题，中国工会十六大工作报告进行了高度概括和全面阐述：中国特色社会主义工会发展道路是在改革开放和发展中国特色社会主义的历史进程中不断探索形成的。这条道路是中国工会80多年、新中国成立60多年、改革开放30多年特别是新世纪新阶段以来党的理论创新与工会实践相结合的科学总结，是我们党关于新时期工人阶级和工会工作重要思想的集中体现，是对马克思主义工运理论的继承和发展。中国特色社会主义工会发展道路适应时代要求、符合基本国情、体现工会性质、契合工运规律，科学回答了“走什么样的工会发展道路、建设什么样的工会、工会发挥什么样的作用”的重大时代课题。实践充分证明，这条道路是指引中国工运事业蓬勃发展的必由之路、成功之路、胜利之路，必将随着时代发展不断丰富、完善。

中国特色社会主义工会发展道路的核心是坚持自觉接受党的领导，体现的是中国工会的政治属性；根本是坚持工会的社会主义性质，体现的是中国工会的制度属性；关键是坚持维护职工群众合法权益，体现的是中国工会的社会属性。深刻反映了中国工会坚持中国特色社会主义道路、中国特色社会主义理论体系和中国特色社会主义制度的高度自觉。

党中央高度肯定中国特色社会主义工会发展道路。习近平同志在2013年4·28讲话中强调，中国特色社会主义工会发展道路是中国特色社会主义道路的重要组成部分，深刻反映了中国工会的性质和特点，是工会组织和工会工作始终沿着正确方向前进的重要保证；要始终坚持这条道路，不断拓展这条道路，努力使这条道路越走越宽广。

坚持走中国特色社会主义工会发展道路，是教育工会改革创新必须坚持的指导思想，具有十分重要的现实意义。教育工会组织和广大工会干部要按照党中央关于坚持和拓展中国特色社会主义工会发展道路的要求，深刻理解探索和坚持这条道路的历史必然性和现实必要性，准确把握这条道路的科学内涵、精神实质和理论实践要求，坚定不移沿着这条道路前进，把教育工会组织建设好、发展好，把教育工会建设成广大教职工高度信赖的职工之家。

（二）牢牢把握为实现中国梦而奋斗的工人运动的时代主题

党的十八大以来，习近平总书记提出了为实现中华民族伟大复兴的中国梦而奋斗的宏伟愿景，极大地激发了全国各族人民团结奋斗的信心和决心。中国梦的基本内涵，就是实现中华民族伟大复兴，国家富强、民族振兴、人民幸福。中国梦集中反映了全体中华儿女的共同心愿，生动形象地表达了全体中国人民的共同理想追求，昭示了中华民族更加光明的未来和美好前景，成为当今中国昂扬的时代旋律，成为团结凝聚中华儿女的精神旗帜。

习近平总书记在同全国劳动模范代表座谈时强调，实现中国梦必须充分发挥工人阶级的主力军作用，必须紧紧依靠工人阶级发展中国特色社会主义，必须坚持崇尚劳动、造福劳动者，必须大力弘扬劳模精神、发挥劳模作用。党中央的重大决策和一系列重要指示，进一步明确了我国工人阶级的奋斗目标，为我国工运事业指明了前进方向。

教育工会的改革创新，要牢牢把握为实现中国梦而奋斗这个工人运动的时代主题，团结广大教职工群众为实现中国梦而努力奋斗。为此，教育工会要广泛宣传中国梦，使之深入人心，真正同每个教职工的教育理想、个人理想和工作生活紧密结合起来，真正落实到行动之中；要深入开展中国特色社会主义和“中国梦·劳动美”教育，引导教职工群众坚定理想信念，不断巩固马克思主义在意识形态领域的共同思想基础，自觉把个人梦与中国梦紧密联系在一起，以领跑者的风貌解读中国梦，以劳动者的佳绩共创中国梦，以创新者的姿态拥抱中国梦；要进一步推动党的全心全意依靠工人阶级根本方针在学校的贯彻落实，做好新形势下职工群众工作，调动教职工群众的积极性、主动性、创造性，提高教职工队伍整体素质、深化师德师风教育、加强和改进教职工思想政治工作、维护教职工群众合法权益，进一步焕发教职工的主人翁精神和伟大创造力量，努力推动教育事业科学发展，维护教育战线的和谐稳定；要在教育系统大力弘扬我国工人阶级的品格和劳模精神，倡导辛勤劳动、诚实劳动、创造性劳动，让劳动最光荣、劳动最崇高、劳动最伟大、劳动最美丽的观念深入每一位教职工，在教育战线蔚然成风，发扬光大，在实现个人梦想的辛勤耕耘中推动伟大中国梦的实现。

（三）切实履行维护教职工合法权益的基本职责

中国特色社会主义工会发展道路的关键是坚持维护职工群众合法权益。维护职工的合法权益是工会的基本职责，体现了中国工会的社会属性，体现了中国工会同它的组织基础职工群众之间的关系。

保障职工群众经济、政治、文化、社会权益是我国社会主义制度的根本要求，是党和国家的神圣职责，也是发挥广大职工群众积极性、主动性、创造性最重要最基础的工作。教育工会做好维权工作，要赢得教职工群众信赖和支持，要把教职工群众满意不满意作为根本标尺，必须通过组织体制和运行机制的改革创新，脚踏实地抓重点，锲而不舍抓难点，做好维护教职工切身利益工作，促进社会公平正义。离开了这一点，教育工会就失去了自己存在的基础，也难以真正让教职工认可。

教育工会维权既要全面，也要突出重点。重点就是广大教职工最关心最直接最现实的利益问题，就是教职工面临的最困难最操心最忧虑的实际问题。教职工的工作权益、专业水平提高、收入分配、社会保障、安全卫生、扶助困难教职工等问题，应该摆在教育工会工作的重要议事日程上，经常抓、反复抓、深入抓，锲而不舍。同时也要密切地结合我国的基本国情和发展阶段，要切合实际。在我国现有发展阶段和发展水平上，一些教职工在工作、生活、学习等方面确实面临不少困难和难处，需要我们千方百计创造条件加快解决，不断提高教职工群众生活水平和质量，使他们不断分享改革发展成果。同时，由于复杂历史和现实原因，也有一些问题不可能一蹴而就地解决，需要一个过程，需要在经济发展的基础上才能解决。教育工会要教育和引导教职工群众充分发扬识大体、顾大局的光荣传统，正确认识和对待改革发展过程中利益关系和利益格局的调整，依法表达合理诉求，自觉维护社会和谐稳定。

切实维护教职工的利益，要求教育工会在维护全国人民总体利益的同时，更好地维护教职工的具体利益。教育工会要认真贯彻落实《学校教职工代表大会规定》，进一步健全以教职工代表大会为基本形式的学校民主管理制度，使教职工的知情权、参与权、表达权、监督权得到更充分更有效的保障；教育工会要更好地代表教职工主动参与立法和政策制定，从制度上源头上保障教职工利益、发展教职工利益。

教育工会的改革创新，必须立足于坚持全心全意为教职工服务，把实现好、维护好、发展好教职工群众的根本利益作为一切工作的出发点和落脚点，切实保障和维护教职工权益，才能赢得教职工的信赖。只有让教职工群众真正感受到工会是真正的“职工之家”，工会干部是最可信赖的“娘家人”，才能团结全体教职工，凝聚正能量，实现中华民族伟大复兴的中国梦。

二、教育工会改革创新必须把握的原则

（一）坚持正确的政治方向

政治方向决定前途命运。对工会组织来说，能否牢牢把握正确政治方向，不仅关系到工运事业的成败，而且事关党的政权稳固和国家长治久安。因为工会是做工人阶级工作的，而工人阶级是我们党最坚实最可靠的阶级基础。显然，坚持正确政治方向，是工会做好工作、发挥作用的根本，也是工会作为党领导下的工人阶级群众组织的行动准则。

工会工作坚持正确政治方向，核心就是要坚持中国共产党领导和社会主义制度。90 多年的中国工运史已经昭示，坚持党的领导是工运事业蓬勃发展的政治保证；新中国成立 60 多年特别是改革开放 30 多年来的发展历程一再证明，只有坚持社会主义制度，中国才有光明前景。面对当前复杂的国际国内形势，只有牢牢把握这一核心，脑子里始终绷紧这根弦，工会组织才能在大是大非面前始终头脑清醒、立场坚定、行动坚决，工会工作才能不走偏路、有声有色、扎实有效，并把坚持党的领导和社会主义制度落实到广大职工群众中去。

教育工会坚持正确政治方向，第一，必须坚持党的领导，自觉接受党的领导。中国特色社会主义工会发展道路的核心是坚持自觉接受党的领导，体现的是中国工会的政治属性。这个核心因素进一步明确了中国工会与中国共产党的关系，是中国工会必须遵循的政治原则、本质要求和根本保证，也是中国工会区别于西方工会的根本特点。第二，必须在思想上政治上行动上始终与党中央保持高度一致，坚决贯彻落实党的大政方针和决策部署，始终围绕党的中心任务开展工作，并在火热的工运实践中不断增强对中国特色社会主义的道路自信、理论自信、制度自信。离开了这一点，中国工会就会失去正确的方向，就不能在党和国家工作

大局中真正发挥作用。第三，必须树立全局观念、增强大局意识，自觉服从服务于党和国家工作大局，把教育工会工作放到这个大局中去思考、去把握、去推进，团结动员广大教职工为实现伟大中国梦而奋斗。第四，必须坚定不移地走中国特色社会主义工会发展道路，保持战略定力，增强坚持和拓展这条道路的责任心和使命感，勇于实践、勇于创新，努力使这条道路越走越宽广。

教育工会在实现伟大中国梦的历史新征程中，牢牢把握正确政治方向，就能更好地巩固和发挥政治优势组织优势，就能永葆生机活力，从而书写推动教育事业发展的崭新篇章。

（二）坚持与政治体制改革、教育体制改革同步发展

改革是时代的大趋势，是解放生产力和发展生产力的必然要求，是我国实现社会主义现代化的中国梦的必由之路。《中共中央关于全面深化改革若干重大问题的决定》对我国未来的改革开放进行了全面部署，并强调“改革开放是党在新的时代条件下带领全国各族人民进行的新的伟大革命，是当代中国最鲜明的特色”、“改革开放是决定当代中国命运的关键抉择，是党和人民事业大踏步赶上时代的重要法宝”。教育工会改革创新要处理好与政治体制改革、教育体制改革的关系，并使三者同步发展，这是教育工会改革创新的关键。

从改革的实践看，政治体制改革和教育体制改革势在必行而且正在同时进行。“改革是全面的改革，包括经济体制改革、政治体制改革和相应的其他各个领域的改革。”由于改革是全面的改革，这就决定政治体制改革和相应的其他各个领域（如教育）体制改革密不可分，相互影响，相互作用，应该同步协调地发展。如果我国教育体制改革超前或者滞后于政治体制改革，那么我国的教育事业发展势必会受到一定的影响。因此，正确处理政治体制改革和教育体制改革的关系是至关重要的，它关系到教育改革的深入，关系到整个中华民族教育的振兴和人才的培养。

教育工会改革创新同政治体制改革和教育体制改革一样，是一项复杂的系统工程，需要一条正确的改革思路，需要一种科学的态度。教育工会改革创新的目标和方式会受政治体制改革与教育体制改革的影响和制约，政治体制改革和教育体制改革能为教育工会改革创新指明方向。因此，教育工会要进一步明确自身的职能，理顺教育工会与党的关系，

与教育行政的关系，坚持与政治体制改革、教育体制改革同步进行的原则，把教育工会改革创新放进整个改革的进程中通盘考虑，使教育工会改革创新适应整个改革形势的发展。

（三）坚持积极稳妥的原则

教育工会改革是一项关系着广大教职工权益的改革，既要积极又要稳妥。由于我国许多基层教育工会是计划经济体制下建立起来的，随着我国市场经济体制日益成熟，其组织体制和运行机制在许多方面已不适应市场经济发展的需要，不适应教育改革发展的需要，教育工会改革创新势在必行。教育工会的改革创新既不能消极等待，也不能急功近利，要在党的领导下，依靠宪法、法律和中国工会章程独立自主地开展工作，坚持积极又稳妥的原则，持续有序地向前推进。

第三节　教育工会改革创新的方向和目标

教育工会的改革创新既是适应政治体制改革、经济体制改革和教育体制改革的要求，也解决自身工作方法、工作手段落后、组织发动能力不强等内部压力和实现中国工会十六大提出的工作新目标的需要。要全面审视工会的组织体制、运行机制、活动方式，增强创新意识、转变思想观念，从实际出发，积极地试、坚决地改。工会十六大报告指出："工会工作要与时代同步伐，就必须深化改革、勇于创新，把自身建设摆在更加突出的位置，推进工会工作群众化、民主化、制度化、法制化，努力建设学习型、服务型、创新型工会"，"使工会组织的凝聚力影响力显著增强"。推进工会工作群众化、民主化、制度化、法制化是教育工会改革创新的方向，建设成为学习型、服务型、创新型工会是教育工会改革创新的目标。

一、教育工会改革创新的方向

工会群众化、民主化、制度化、法制化是相互关联、缺一不可的整体。民主化是实现群众化的必要条件，群众化则是实现民主化的必然结果；群众化、民主化，需要制度化、法制化来推动、来规范、来保证；而群众化、民主化的发展反过来又推动制度化、法制化的建设。

（一）群众化

工会性质决定了工会工作的群众化特点。工会群众化，是指工会必须进一步突出自己的群众性特征，必须真正成为职工合法利益的代表者和维护者。工会工作群众化的最本质的要求和体现主要在以下三个方面：在工会工作的出发点和落脚点上要体现群众化；在工会工作的任务和内容上要体现群众化；在工会工作的方式和方法上要体现群众化。

工会作为群众组织，是做群众工作的，开展工作必须而且只能坚持群众化，如果行政化、衙门化、官僚化了，就失去了群众组织的特色，就脱离了职工群众。所以工会要按照群众组织的特点和群众的需要来开展工作，认真贯彻党的群众路线。在坚持党的群众路线、密切联系职工群众方面应该作表率。工会扎根于职工群众，力量源泉来自职工群众，工会组织最大的优势是密切联系职工群众，最大的危险是脱离职工群众。一旦离开了职工群众，工会为增强党的阶级基础、扩大党的群众基础、巩固党的执政地位作贡献就将成为一句空话。

实现工会工作群众化，教育工会干部就要求真务实，改进工作作风，牢记党的重托，贯彻党的群众路线，不忘工会职责，力戒形式主义、官僚主义、享乐主义和奢靡之风，始终同教职工群众心连心；就是要面对面、心贴心、实打实地做教职工群众的服务者，教职工合法权益的维护者，不搞花拳绣腿，不做表面文章，使教育工会工作更加贴近基层、贴近教职工群众，更加符合教职工群众意愿。教育工会就要力戒衙门作风，克服机关化、行政化倾向，将工作重心下移，多到教职工群众中去，去看看广大教职工的真实生存状况，听一听他们有什么烦心事，问一问他们有什么利益诉求、呼声建议；就要蹲下身子，放下架子，以踏石留印、抓铁有痕的决心，用优良作风更好地凝聚教职工群众，使广大教职工都感到教育工会确实是教职工自己的家，是教职工信得过、能替教职工说话办事的组织。

（二）民主化

工会工作必须民主化。根据《工会法》的规定，维护职工合法权益是工会的基本职责，工会是一个“维权”的组织；根据《学校教职工代表大会规定》，学校教职工代表大会是教职工依法参与学校民主管理和监督的基本形式，教代会是一个“民主管理”的机构。所以教育工会要切实履行维护基本职责，要履行好教代会日常工作机构的职责，就必须充分发扬民主，坚持民主集中制的原则，建设好自身的民主制度。按照邓小平同志的要求，工会要为工人的民主权利奋斗，反对形形色色的官僚主义，它本身就必须是民主的模范。工会只有“成为民主的楷模”，才能充分调动好教职工群众的积极性。

所谓工会民主化，是指工会会员通过一定途径参与工会内部事务管理，参与工会重大决策，充分地行使自己的民主权的制度设计与行为模式。它是工会自身改革和建设的重要目标，是开创工会工作新局面的重要保障。同样，教育工会民主化体现了教育工会作为教职工组织的民主性实质。

如何实现教育工会民主化？第一，坚持民主集中制的原则，实行民主决策。民主不一定能保证把事情做得最好，但是民主能杜绝最坏的事情发生；民主因为强调过程和程序，可能对工作的效率带来影响，但是经过民主程序的决策一旦实施，却能高效率地推进。教育工会的各项任务和决定的制定，必须经过一定的组织程序和民主程序。要建立决策民主化、科学化制度，防止重大决策失误；工会领导人要定期向会员代表大会报告工作，接受会员代表大会的评议和监督。第二，对工会领导人实行民主选举。推进教育工会民主化，必须加大教育工会负责人特别是基层工会负责人的直选，要不断完善教育工会干部的工作考核、群众评议、民主测评等制度。第三，对教育工会干部实行民主监督。教育工会干部一定要学习和养成兼听则明的好习惯，养成能够听取来自方方面面的意见和呼声的习惯，养成自觉接受工会会员监督的习惯，总之，要养成民主的好习惯。要定期民主评议教育工会工作，民主评议教育工会领导人；要定期召开民主生活会，教育工会领导人要向会员述职，通过与会员对话座谈，接受群众的监督。第四，教育工会干部要发扬民主作风，切实保障教职工的民主权利。要注意克服工会行政化倾向，密切与广大会员和教职工群众的联系，尊重教职工，认真听取教职工意见，接受教职工的监督，畅通教职工的利益诉求和利益表达渠道。第五，教育工会要通过维护教职工的物质利益和民主权利等多种途径反复宣传教育工会的性质、职责和任务，增强教职工的主人翁责任感。

（三）制度化

制度化是指群体和组织的社会生活从特殊的、不固定的方式向被普遍认可的固定化模式的转化过程。制度化是群体与组织发展和成熟的过程，也是整个社会生活规范化、有序化的变迁过程。中国工会十六大报告指出，着眼于发挥制度的规范作用、保障作用、基础作用，自觉推动制度完善和制度创新，把在实践中行之有效的做法上升为制度。因为制度具有根本性、长期性、全局性和稳定性。

由于种种原因，目前有些基层教育工会组织群众化、民主化建设亟待加强。有的不能很好地坚持工会内部民主制度，不按照法律和章程按时换届选举，有的长期不召开会员（代表）大会，有的违背会员群众的选举意志，指定工会负责人等，这是不符合党的关于扩大基层民主政治要求的。教育工会组织要不断健全自身的民主制度。民主运行的关键是制度建设，结果是否民主首先看程序是否民主，而程序需要制度作保障，同时制度还是确保这个单位有序、规范运行的基本条件。

教育工会要全面审视自身的组织体制、运行机制、活动方式，全面加强教育工会的思想建设制度、组织建设制度、作风建设制度、干部队伍建设制度以及确保工作高效运行的各项具体的工作制度建设，实现教育工会工作的制度化。教育工会的制度化，对教育工会的群众化、民主化、法制化建设必将起到巨大的促进作用。只有这样，才能发挥教育工会联系、组织和宣传教职工的优势，避免脱离教职工，也才有可能为教职工群众说话办事，真正成为教职工和会员合法权益的代表者和维护者，为推动教育改革发展、实现教育兴国梦作出更大的贡献。

（四）法制化

党的十八大指出，依法治国是党领导人民治理国家的基本方略，法治是治国理政的基本方式。工会是党领导下的重要人民团体。工会组织覆盖面广，会员遍布各行各业，是全面落实依法治国方略的重要力量。依法治国要求依法治会，依法治会是依法治国的重要组成部分。工会严格按照《工会法》、《劳动法》、《劳动合同法》等相关法律法规开展工作，不断提高法制化水平，是落实依法治国方略的实际行动和主动担当。

工会法制化，就是指工会开展工作要受到法律法规的规范和约束，在法律法规的范围内开展工作，依法建会、依法管会、依法履职、依法维权。中国工会十六大报告指出，必须弘扬社会主义法治精神，运用法治思维和法治方式协调劳动关系、参与各项改革，引领和依靠职工群众支持参与改革、促进经济社会发展、维护社会稳定。因此，教育工会要将教职工权益维护和教育工会工作逐步纳入法制化建设的轨道，在工作内容和活动方式上，同《教师法》、《教育法》、《高等教育法》、《劳动法》等以及由此延伸或派生的其他相关的教职工劳动法制建设紧密结合，提高工会工作者的法律素质，使教职工和教育工会的权益通过不断完善立法得到应有的保障。

实现教育工会工作法制化，就要坚持依法治会。第一，依法维护教职工的合法权益。即维护法律法规规定的教职工应享有的各种政治、经济和劳动等项权利。为此，要依法建立健全以教职工代表大会为基本形式的学校民主管理制度，保障教职工的主人翁地位和民主权利；建立健全平等协商和集体合同制度，参与劳动争议的调处化解。第二，依法维护教育工会的合法权益。一是依法保障教育工会组织的社团法人资格地位，维护教育工会组织体系的完整统一。二是切实保障教育工会依法履行维护、建设、参与、教育等社会职能，行使并履行法律规定的权利和义务。三是依法维护教育工会的财产权益，依法规范工会自身行为。第三，积极参与法律、政策的制定。随着全面深化改革的进一步推进，教育工会工作中已经遇到或必将更多地遇到一些新情况和新问题，需要通过修改完善原有的法律或制定新的法律及时调整或解决；需要通过加强教育工会参与立法，将教育工会在改革与发展中的要求反映在法律中，使有关教职工合法权益的维护和教育工会自身的维护，通过立法在法规中成为国家意志加以体现。要通过源头的、前期的参与，力争使教育工会和教职工的意见和要求在法律、法规和政策中体现出来。第四，开展法制宣传教育，引导教职工群众学法遵法守法用法，依法维护自身权益，履行法律义务。

二、教育工会改革创新的目标

建设成为学习型、服务型、创新型工会是教育工会改革创新的目标。建设学习型、服务型、创新型工会是工会组织适应经济关系、劳动关系变化，主动迎接新机遇、新挑战的必然选择，是工会在继承传统工作优势的基础上更加注重工作理念、工作方法、工作品牌的创新实践，使工会工作保持旺盛的生机与活力的内在需要。其本质是工会组织的转型，服务型是核心、是目的，学习型是基础、是前提，创新型是途径、是动力。

（一）建设学习型教育工会

习近平同志指出："好学才能上进，中国共产党人依靠学习走到今天，也必然要依靠学习走向未来，我们的干部要上进，我们的党要上进，我们的国家要上进，我们的民族要上进，就必须大兴学习之风，坚持学习、学习、再学习，坚持实践、实践、再实践。""工会干部要加强学习、增强本领，努力走在时代前列、走在职工群众前列。"重视和加强学习，建设学习型社会、学习型组织，已经成为世界潮流。重视学习，善于学习，是我们党的优良传统和优势，也是工会和职工群众的光荣传统。教育工会要更好地肩负起团结带领广大教职工推动教育改革发展的任务、完成工会十六大赋予的崇高使命，就必须不断加强学习，建设学习型教育工会。

建设学习型教育工会，是指教育工会根据学习型组织建设的理念和要求，通过各种学习活动，提升教职工的专业水平和能力，提高教职工整体素质。创建学习型教育工会是建设学习型校园的基础工程，是提高教职工学习力、创造力和竞争力，推进教育教学质量全面上水平的现实需要。第一，要发挥教育工会"大学校"作用，培育和践行"富强、民主、文明、和谐，自由、平等、公正、法治，爱国、敬业、诚信、友善"的社会主义核心价值观。通过开展教育工作和组织教育活动，充分发挥教职工教书育人的主体作用，发挥好教育引导作用，调动广大教职工的工作积极性，增强教职工教书育人的责任感和事业心，全面提高教职工的整体素质，促进教育事业的改革与发展，完成好教书育人这一根本任务。第二，通过职业道德学习，加强教师职业道德的建设。"德乃师之魂。"师德是教师素质的核心和灵魂，是教师和一切教育工作者必须遵循的道德规范和行为准则。通过组织师德先进事迹报告会、师德建设经验交流会、师德演讲会等活动，引导广大教职工自觉树立正确的人生观、价值观和道德观。第三，加强教育工会的先进文化建设，促进文明和谐校园的形成。当前，人类社会飞速迈入信息化、网络化时代，互联网已渗透到广大师生学习工作生活的方方面面，他们的思想观念和思维模式发生了深刻变化，教育工会应不断创新和丰富工作手段和方式方法，积极利用网络资源如微博等广大教职工喜闻乐见的先进文化活动，主动开辟网络宣传阵地去弘扬先进文化，促进文明和谐校园的形成。

（二）建设服务型教育工会

中国工会十六大工作报告指出，着眼于更好地满足职工群众多层次需求，努力构建服务职工工作体系；要进一步深化“面对面、心贴心、实打实服务职工在基层”活动，扩大服务对象，拓展服务领域，创新服务手段，夯实服务基础，形成服务职工群众长效机制。

建设服务型教育工会，必须把竭诚服务教职工、发展教职工利益作为一切工作的出发点和落脚点，扎扎实实为教职工群众做好事、办实事、解难事，在服务中增进广大教职工的福祉，在服务中构建和谐校园，在服务中形成蓬勃向上的校园氛围。

建设服务型教育工会，第一，转变观念，必须树立为教职工服务的意识。牢固树立群众观点，一切为了教职工群众、一切依靠教职工群众，始终把教职工群众放在心中最高位置，关心教职工疾苦，维护教职工利益，真正在感情上贴近教职工、行动上深入教职工、工作上依靠教职工。这是教育工会的立会之本，也体现了党的密切联系群众的工作作风。第二，加强自身建设，提升教育工会的服务能力。以维护为主线，以参与为主体，以组织建设、制度建设、干部能力建设为抓手，在全面履行教育工会自身职能和职责的基础上加强组织建设、制度建设和干部能力建设，不断提升教育工会干部工作的职业化、专业化水平。第三，创新体制机制，提升教育工会服务工作的有效性。将服务教职工放到教育改革和学校发展的大局中去思考、部署和落实，形成党委领导、政府重视、社会各方支持、教育工会运作、教职工全员参与的工作格局，服务教育改革、服务学校发展、服务广大教职工。

（三）建设创新型教育工会

创新是教育工会不断发展、不断开创新事业的源泉和动力。打造创新型教育工会，是指要积极探索市场经济条件下教育工会工作面临的新问题，需要寻找新规律、新特点和新模式去解决这些新问题，在教育工会工作实践中推进思想理论创新、体制机制创新和工作方式方法创新。

建设创新型教育工会，第一，要创新工作思路。在当前深化教育改革的新形势和背景下，如何创新教育工会工作，增强教育工会的时代气息，从自身的特点和实际出发，解决新问题，是教育工会面临的一个重大课题。教育工会应在维护教育教学改革大局的同时，确定新的工作切入点，根据教职工的总体利益、思想困惑点、需求点以及参与学校发展、改革和管理等方面的需要，大胆探索和创新，把教职工的力量融合并凝聚到学校的改革和建设之中。第二，要创新工作方式方法。改变过去硬性灌输模式，向科学引导、文化熏陶、示范和自我教育等方面转变，工作方式和方法真正贴近教职工。加强源头参与，工作有针对性，注重分析难点、热点，找准切入点，从而提高教育工会工作的预见性、主动性和有效性。第三，要创新工作内容。一是创新维权内容和途径。坚持以教职工为本，主动依法科学维权，旗帜鲜明地维护教职工群众的经济、政治、文化、社会和生态文明权益，突出维护教职工群众的劳动经济权益。二是充分发挥工会“大学校”作用，完善教职工成长成才机制，不断提升教职工素质，运用各种形式和活动载体，组织和动员教职工开创教育工作新局面。三是改变“活动工会”和“福利工会”印象，引导教职工在各种健康活泼的精神文明活动中陶冶情操，寓教于乐，提升教职工的思想道德水平和科学文化素质。

附录

相关法律法规

中华人民共和国工会法

（1992 年 4 月 3 日第七届全国人民代表大会第五次会议通过　根据 2001 年 10 月 27 日第九届全国人民代表大会常务委员会第二十四次会议《关于修改〈中华人民共和国工会法〉的决定》修正）

第一章　总　则

第一条　为保障工会在国家政治、经济和社会生活中的地位，确定工会的权利与义务，发挥工会在社会主义现代化建设事业中的作用，根据宪法，制定本法。

第二条　工会是职工自愿结合的工人阶级的群众组织。

中华全国总工会及其各工会组织代表职工的利益，依法维护职工的合法权益。

第三条　在中国境内的企业、事业单位、机关中以工资收入为主要生活来源的体力劳动者和脑力劳动者，不分民族、种族、性别、职业、宗教信仰、教育程度，都有依法参加和组织工会的权利。任何组织和个人不得阻挠和限制。

第四条　工会必须遵守和维护宪法，以宪法为根本的活动准则，以经济建设为中心，坚持社会主义道路、坚持人民民主专政、坚持中国共产党的领导、坚持马克思列宁主义毛泽东思想邓小平理论，坚持改革开放，依照工会章程独立自主地开展工作。

工会会员全国代表大会制定或者修改《中国工会章程》，章程不得与宪法和法律相抵触。

国家保护工会的合法权益不受侵犯。

第五条 工会组织和教育职工依照宪法和法律的规定行使民主权利，发挥国家主人翁的作用，通过各种途径和形式，参与管理国家事务、管理经济和文化事业、管理社会事务；协助人民政府开展工作，维护工人阶级领导的、以工农联盟为基础的人民民主专政的社会主义国家政权。

第六条 维护职工合法权益是工会的基本职责。工会在维护全国人民总体利益的同时，代表和维护职工的合法权益。

工会通过平等协商和集体合同制度，协调劳动关系，维护企业职工劳动权益。

工会依照法律规定通过职工代表大会或者其他形式，组织职工参与本单位的民主决策、民主管理和民主监督。

工会必须密切联系职工，听取和反映职工的意见和要求，关心职工的生活，帮助职工解决困难，全心全意为职工服务。

第七条 工会动员和组织职工积极参加经济建设，努力完成生产任务和工作任务。教育职工不断提高思想道德、技术业务和科学文化素质，建设有理想、有道德、有文化、有纪律的职工队伍。

第八条 中华全国总工会根据独立、平等、互相尊重、互不干涉内部事务的原则，加强同各国工会组织的友好合作关系。

第二章　工会组织

第九条 工会各级组织按照民主集中制原则建立。

各级工会委员会由会员大会或者会员代表大会民主选举产生。企业主要负责人的近亲属不得作为本企业基层工会委员会成员的人选。

各级工会委员会向同级会员大会或者会员代表大会负责并报告工作，接受其监督。

工会会员大会或者会员代表大会有权撤换或者罢免其所选举的代表

或者工会委员会组成人员。

上级工会组织领导下级工会组织。

第十条 企业、企业单位、机关有会员二十五人以上的，应当建立基层工会委员会；不足二十五人的，可以单独建立基层工会委员会，也可以由两个以上单位的会员联合建立基层工会委员会，也可以选举组织员一人，组织会员开展活动。女职工人数较多的，可以建立工会女职工委员会，在同级工会领导下开展工作；女职工人数较少的，可以在工会委员会中设女职工委员。

企业职工较多的乡镇、城市街道，可以建立基层工会的联合会。

县级以上地方建立地方各级总工会。

同一行业或者性质相近的几个行业，可以根据需要建立全国的或者地方的产业工会。

全国建立统一的中华全国总工会。

第十一条 基层工会、地方各级总工会、全国或者地方产业工会组织的建立，必须报上一级工会批准。

上级工会可以派员帮助和指导企业职工组建工会，任何单位和个人不得阻挠。

第十二条 任何组织和个人不得随意撤销、合并工会组织。

基层工会所在的企业终止或者所在的事业单位、机关被撤销，该工会组织相应撤销，并报告上一级工会。

依前款规定被撤销的工会，其会员的会籍可以继续保留，具体管理办法由中华全国总工会制定。

第十三条 职工二百人以上的企业、事业单位的工会，可以设专职工会主席。工会专职工作人员的人数由工会和企业、事业单位协商解决。

第十四条 中华全国总工会、地方总工会、产业工会具有社会团体法人资格。

基层工会组织具备民法通则规定的法人条件的，依法取得社会团体法人资格。

第十五条 基层工会委员会每届任期三年或者五年。各级地方总工会委员会和产业工会委员会每届任期五年。

第十六条 基层工会委员会定期召开会员大会或者会员代表大会，

讨论决定工会工作的重大问题。经基层工会委员会或者三分之一以上的工会会员提议，可以临时召开会员大会或者会员代表大会。

第十七条 工会主席、副主席任期未满时，不得随意调动其工作。因工作需要调动时，应当征得本级工会委员会和上一级工会的同意。

罢免工会主席、副主席必须召开会员大会或者会员代表大会讨论，非经会员大会全体会员或者会员代表大会全体代表过半数通过，不得罢免。

第十八条 基层工会专职主席、副主席或者委员自任职之日起，其劳动合同期限自动延长，延长期限相当于其任职期间；非专职主席、副主席或者委员自任职之日起，尚未履行的劳动合同期限短于任期的，劳动合同期限自动延长至任期期满。但是，任职期间个人严重过失或者达到法定退休年龄的除外。

第三章　工会的权利和义务

第十九条 企业、事业单位违反职工代表大会制度和其他民主管理制度，工会有权要求纠正，保障职工依法行使民主管理的权利。

法律、法规规定应当提交职工大会或者职工代表大会审议、通过、决定的事项，企业、事业单位应当依法办理。

第二十条 工会帮助、指导职工与企业以及实行企业化管理的事业单位签订劳动合同。

工会代表职工与企业以及实行企业化管理的事业单位进行平等协商，签订集体合同。集体合同草案应当提交职工代表大会或者全体职工讨论通过。

工会签订集体合同，上级工会应当给予支持和帮助。

企业违反集体合同，侵犯职工劳动权益的，工会可以依法要求企业承担责任；因履行集体合同发生争议，经协商解决不成的，工会可以向劳动争议仲裁机构提请仲裁，仲裁机构不予受理或者对仲裁裁决不服的，可以向人民法院提起诉讼。

第二十一条 企业、事业单位处分职工，工会认为不适当的，有权提出意见。

企业单方面解除职工劳动合同时，应当事先将理由通知工会，工会认为企业违反法律、法规和有关合同，要求重新研究处理时，企业应当研究工会的意见，并将处理结果书面通知工会。

职工认为企业侵犯其劳动权益而申请劳动争议仲裁或者向人民法院提起诉讼的，工会应当给予支持和帮助。

第二十二条 企业、事业单位违反劳动法律、法规规定，有下列侵犯职工劳动权益情形，工会应当代表职工与企业、事业单位交涉，要求企业、事业单位采取措施予以改正；企业、事业单位应当予以研究处理，并向工会作出答复；企业、事业单位拒不改正的，工会可以请求当地人民政府依法作出处理：

（一）克扣职工工资的；

（二）不提供劳动安全卫生条件的；

（三）随意延长劳动时间的；

（四）侵犯女职工和未成年工特殊权益的；

（五）其他严重侵犯职工劳动权益的。

第二十三条 工会依照国家规定对新建、扩建企业和技术改造工程中的劳动条件和安全卫生设施与主体工程同时设计、同时施工、同时投产使用进行监督。对工会提出的意见，企业或者主管部门应当认真处理，并将处理结果书面通知工会。

第二十四条 工会发现企业违章指挥、强令工人冒险作业，或者在生产过程中发现明显重大事故隐患和职业危害，有权提出解决的建议，企业应当及时研究答复；发现危及职工生命安全的情况时，工会有权向企业建议组织职工撤离危险现场，企业必须及时作出处理决定。

第二十五条 工会有权对企业、事业单位侵犯职工合法权益的问题进行调查，有关单位应当予以协助。

第二十六条 职工因伤亡事故和其他严重危害职工健康问题的调查处理，必须有工会参加。工会应当向有关部门提出处理意见，并有权要求追究直接负责的主管人员和有关责任人员的责任。对工会提出的意见，应当及时研究，给予答复。

第二十七条 企业、事业单位发生停工、怠工事件，工会应当代表职工同企业、事业单位或者有关方面协商，反映职工的意见和要求并提出解决意见。对于职工的合理要求，企业、事业单位应当予以解决。工会协助企业、事业单位做好工作，尽快恢复生产、工作秩序。

第二十八条 工会参加企业的劳动争议调解工作。

地方劳动争议仲裁组织应当有同级工会代表参加。

第二十九条 县级以上各级总工会可以为所属工会和职工提供法律服务。

第三十条 工会协助企业、事业单位、机关办好职工集体福利事业，做好工资、劳动安全卫生和社会保险工作。

第三十一条 工会会同企业、事业单位教育职工以国家主人翁态度对待劳动，爱护国家和企业的财产，组织职工开展群众性的合理化建议、技术革新活动，进行业余文化学习和职工培训，组织职工开展文娱、体育活动。

第三十二条 根据政府委托，工会与有关部门共同做好劳动模范和先进生产（工作）者的评选、表彰、培养的管理工作。

第三十三条 国家机关在组织起草或者修改直接涉及职工切身利益的法律、法规、规章时，应当听取工会意见。

县级以上各级人民政府制定国民经济和社会发展计划，对涉及职工利益的重大问题，应当听取同级工会的意见。

县级以上各级人民政府及其有关部门研究制定劳动就业、工资、劳动安全卫生、社会保险等涉及职工切身利益的政策、措施时，应当吸收同级工会参加研究，听取工会意见。

第三十四条 县级以上地方各级人民政府可以召开会议或者采取适当方式，向同级工会通报政府的重要工作部署和与工会工作有关的行政措施，研究解决工会反映的职工群众的意见和要求。

各级人民政府劳动行政部门应当会同同级工会和企业方面代表，建立劳动关系三方协商机制，共同研究解决劳动关系方面的重大问题。

第四章 基层工会组织

第三十五条 国有企业职工代表大会是企业实行民主管理的基本形式，是职工行使民主管理权力的机构，依照法律规定行使职权。

国有企业的工会委员会是职工代表大会的工作机构，负责职工代表大会的日常工作，检查、督促职工代表大会决议的执行。

第三十六条 集体企业的工会委员会，应当支持和组织职工参加民主管理和民主监督，维护职工选举和罢免管理人员、决定经营管理的重大问题的权力。

第三十七条 本法第三十五条、第三十条规定以外的其他企业、事业单位的工会委员会，依照法律规定组织职工采取与企业、事业单位相适应的形式，参与企业、事业单位民主管理。

第三十八条 企业、事业单位研究经营管理和发展的重大问题应当听取工会的意见；召开讨论有关工资、福利、劳动安全卫生、社会保险等涉及职工切身利益的会议，必须有工会代表参加。

企业、事业单位应当支持工会依法开展工作，工会应当支持企业、事业单位依法行使经营管理权。

第三十九条 公司的董事会、监事会中职工代表的产生，依照公司法有关规定执行。

第四十条 基层工会委员会召开会议或者组织职工活动，应当在生产或者工作时间以外进行，需要占用生产或者工作时间的，应当事先征得企业、事业单位的同意。

基层工会的非专职委员占用生产或者工作时间参加会议或者从事工会工作，每月不超过三个工作日，其工资照发，其他待遇不受影响。

第四十一条 企业、事业单位、机关工会委员会的专职工作人员的工资、奖励、补贴，由所在单位支付。社会保险和其他福利待遇等，享受本单位职工同等待遇。

第五章 工会的经费和财产

第四十二条 工会经费的来源：

（一）工会会员缴纳的会费；

（二）建立工会组织的企业、事业单位、机关按每月全部职工工资总额的百分之二向工会拨缴的经费；

（三）工会所属的企业、事业单位上缴的收入；

（四）人民政府的补助；

（五）其他收入。

前款第二项规定的企业、事业单位拨缴的经费在税前列支。

工会经费主要用于为职工服务和工会活动。经费使用的具体办法由中华全国总工会制定。

第四十三条 企业、事业单位无正当理由拖延或者拒不拨缴工会经费，基层工会或者上级工会可以向当地人民政府法院申请支付令；拒不执行支付令的，工会可以依法申请人民法院强制执行。

第四十四条 工会应当根据经费独立原则，建立预算、决算和经费审查监督制度。

各级工会建立经费审查委员会。

各级工会经费收支情况应当由同级工会经费审查委员会审查，并且定期向会员大会或者会员代表大会报告，接受监督。工会会员大会或者会员代表大会有权对经费使用情况提出意见。

工会经费的使用应当依法接受国家的监督。

第四十五条 各级人民政府的企业、事业单位、机关应当为工会办公和开展活动，提供必要的设施和活动场所等物质条件。

第四十六条 工会的财产、经费和国家拨给工会使用的不动产，任何组织和个人不得侵占、挪用和任意调拨。

第四十七条 工会所属的为职工服务的企业、事业单位，其隶属关系不得随意改变。

第四十八条 县级以上各级工会的离休、退休人员的待遇，与国家机关工作人员同等对待。

第六章　法律责任

第四十九条 工会对违反本法规定侵犯其合法权益的，有权提请人民政府或者有关部门予以处理，或者向人民法院提起诉讼。

第五十条 违反本法第三条、第十一条规定，阻挠职工依法参加和组织工会或者阻挠上级工会帮助、指导职工筹建工会的，由劳动行政部门责令其改正；拒不改正的，由劳动行政部门提请县级以上人民政府处理；以暴力、威胁等手段阻挠造成严重后果，构成犯罪的，依法追究刑事责任。

第五十一条 违反本法规定，对依法履行职责的工会工作人员无正当理由调动工作岗位，进行打击报复的，由劳动行政部门责令改正、恢复原工作；造成损失的，给予赔偿。

对依法履行职责的工会工作人员进行侮辱、诽谤或者进行人身伤害，构成犯罪的，依法追究刑事责任；尚未构成犯罪的，由公安机关依照治安管理处罚条例的规定处罚。

第五十二条 违反本法规定，有下列情形之一的，由劳动行政部门责令恢复其工作，并补发被解除劳动合同期间应得的报酬，或者责令给予本人年收入二倍的赔偿：

（一）职工因参加工会活动而被解除劳动合同的；

（二）工会工作人员因履行本法规定的职责而被解除劳动合同的。

第五十三条 违反本法规定的，有下列情形之一的，由县级以上人民政府责令改正，依法处理：

（一）妨碍工会组织通过职工代表大会和其他形式依法行使民主权利的；

（二）非法撤销、合并工会组织的；

（三）妨碍工会参加职工因工伤亡事故以及其他侵犯职工合法权益问题的调查处理的；

（四）无正当理由拒绝进行平等协商的。

第五十四条 违反本法第四十六条规定，侵占工会经费和财产拒不返还的，工会可以向人民法院提起诉讼，要求返还，并赔偿损失。

第五十五条 工会工作人员违反本法规定，损害职工或者工会权益的，由同级工会或者上级工会责令改正，或者予以处分；情节严重的，依照《中国工会章程》予以罢免；造成损失的，应当承担赔偿责任；构成犯罪的，依法追究刑事责任。

第七章　附　则

第五十六条 中华全国总工会会同有关国家机关制定机关工会实施本法的具体办法。

第五十七条 本法自公布之日起施行。1950 年 6 月 29 日中央人民政府颁布的《中华人民共和国工会法》同时废止。

中华人民共和国劳动合同法

（2007 年 6 月 29 日第十届全国人民代表大会常务委员会第二十八次会议通过）

第一章　总　则

第一条　为了完善劳动合同制度，明确劳动合同双方当事人的权利和义务，保护劳动者的合法权益，构建和发展和谐稳定的劳动关系，制定本法。

第二条　中华人民共和国境内的企业、个体经济组织、民办非企业单位等组织（以下称用人单位）与劳动者建立劳动关系，订立、履行、变更、解除或者终止劳动合同，适用本法。

国家机关、事业单位、社会团体和与其建立劳动关系的劳动者，订立、履行、变更、解除或者终止劳动合同，依照本法执行。

第三条　订立劳动合同，应当遵循合法、公平、平等自愿、协商一致、诚实信用的原则。

依法订立的劳动合同具有约束力，用人单位与劳动者应当履行劳动合同约定的义务。

第四条　用人单位应当依法建立和完善劳动规章制度，保障劳动者享有劳动权利、履行劳动义务。

用人单位在制定、修改或者决定有关劳动报酬、工作时间、休息休假、劳动安全卫生、保险福利、职工培训、劳动纪律以及劳动定额管理等直接涉及劳动者切身利益的规章制度或者重大事项时，应当经职工代表大会或者全体职工讨论，提出方案和意见，与工会或者职工代表平等协商确定。

在规章制度和重大事项决定实施过程中，工会或者职工认为不适当的，有权向用人单位提出，通过协商予以修改完善。

用人单位应当将直接涉及劳动者切身利益的规章制度和重大事项决定公示，或者告知劳动者。

第五条 县级以上人民政府劳动行政部门会同工会和企业方面代表，建立健全协调劳动关系三方机制，共同研究解决有关劳动关系的重大问题。

第六条 工会应当帮助、指导劳动者与用人单位依法订立和履行劳动合同，并与用人单位建立集体协商机制，维护劳动者的合法权益。

第二章 劳动合同的订立

第七条 用人单位自用工之日起即与劳动者建立劳动关系。用人单位应当建立职工名册备查。

第八条 用人单位招用劳动者时，应当如实告知劳动者工作内容、工作条件、工作地点、职业危害、安全生产状况、劳动报酬，以及劳动者要求了解的其他情况；用人单位有权了解劳动者与劳动合同直接相关的基本情况，劳动者应当如实说明。

第九条 用人单位招用劳动者，不得扣押劳动者的居民身份证和其他证件，不得要求劳动者提供担保或者以其他名义向劳动者收取财物。

第十条 建立劳动关系，应当订立书面劳动合同。

已建立劳动关系，未同时订立书面劳动合同的，应当自用工之日起一个月内订立书面劳动合同。

用人单位与劳动者在用工前订立劳动合同的，劳动关系自用工之日起建立。

第十一条 用人单位未在用工的同时订立书面劳动合同，与劳动者约定的劳动报酬不明确的，新招用的劳动者的劳动报酬按照集体合同规定的标准执行；没有集体合同或者集体合同未规定的，实行同工同酬。

第十二条 劳动合同分为固定期限劳动合同、无固定期限劳动合同和以完成一定工作任务为期限的劳动合同。

第十三条 固定期限劳动合同，是指用人单位与劳动者约定合同终止时间的劳动合同。

用人单位与劳动者协商一致，可以订立固定期限劳动合同。

第十四条 无固定期限劳动合同，是指用人单位与劳动者约定无确定终止时间的劳动合同。

用人单位与劳动者协商一致，可以订立无固定期限劳动合同。有下列情形之一，劳动者提出或者同意续订、订立劳动合同的，除劳动者提出订立固定期限劳动合同外，应当订立无固定期限劳动合同：

（一）劳动者在该用人单位连续工作满十年的；

（二）用人单位初次实行劳动合同制度或者国有企业改制重新订立劳动合同时，劳动者在该用人单位连续工作满十年且距法定退休年龄不足十年的；

（三）连续订立二次固定期限劳动合同，且劳动者没有本法第三十九条和第四十条第一项、第二项规定的情形，续订劳动合同的。

用人单位自用工之日起满一年不与劳动者订立书面劳动合同的，视为用人单位与劳动者已订立无固定期限劳动合同。

第十五条 以完成一定工作任务为期限的劳动合同，是指用人单位与劳动者约定以某项工作的完成为合同期限的劳动合同。

用人单位与劳动者协商一致，可以订立以完成一定工作任务为期限的劳动合同。

第十六条 劳动合同由用人单位与劳动者协商一致，并经用人单位与劳动者在劳动合同文本上签字或者盖章生效。

劳动合同文本由用人单位和劳动者各执一份。

第十七条 劳动合同应当具备以下条款：

（一）用人单位的名称、住所和法定代表人或者主要负责人；

（二）劳动者的姓名、住址和居民身份证或者其他有效身份证件号码；

（三）劳动合同期限；

（四）工作内容和工作地点；

（五）工作时间和休息休假；

（六）劳动报酬；

（七）社会保险；

（八）劳动保护、劳动条件和职业危害防护；

（九）法律、法规规定应当纳入劳动合同的其他事项。

劳动合同除前款规定的必备条款外，用人单位与劳动者可以约定试用期、培训、保守秘密、补充保险和福利待遇等其他事项。

第十八条 劳动合同对劳动报酬和劳动条件等标准约定不明确，引发争议的，用人单位与劳动者可以重新协商；协商不成的，适用集体合同规定；没有集体合同或者集体合同未规定劳动报酬的，实行同工同酬；没有集体合同或者集体合同未规定劳动条件等标准的，适用国家有关规定。

第十九条 劳动合同期限三个月以上不满一年的，试用期不得超过一个月；劳动合同期限一年以上不满三年的，试用期不得超过二个月；三年以上固定期限和无固定期限的劳动合同，试用期不得超过六个月。

同一用人单位与同一劳动者只能约定一次试用期。

以完成一定工作任务为期限的劳动合同或者劳动合同期限不满三个月的，不得约定试用期。

试用期包含在劳动合同期限内。劳动合同仅约定试用期的，试用期不成立，该期限为劳动合同期限。

第二十条 劳动者在试用期的工资不得低于本单位相同岗位最低档工资或者劳动合同约定工资的百分之八十，并不得低于用人单位所在地的最低工资标准。

第二十一条 在试用期中，除劳动者有本法第三十九条和第四十条第一项、第二项规定的情形外，用人单位不得解除劳动合同。用人单位在试用期解除劳动合同的，应当向劳动者说明理由。

第二十二条 用人单位为劳动者提供专项培训费用，对其进行专业技术培训的，可以与该劳动者订立协议，约定服务期。

劳动者违反服务期约定的，应当按照约定向用人单位支付违约金。违约金的数额不得超过用人单位提供的培训费用。用人单位要求劳动者支付的违约金不得超过服务期尚未履行部分所应分摊的培训费用。

用人单位与劳动者约定服务期的，不影响按照正常的工资调整机制提高劳动者在服务期期间的劳动报酬。

第二十三条 用人单位与劳动者可以在劳动合同中约定保守用人单位的商业秘密和与知识产权相关的保密事项。

对负有保密义务的劳动者，用人单位可以在劳动合同或者保密协议中与劳动者约定竞业限制条款，并约定在解除或者终止劳动合同后，在竞业限制期限内按月给予劳动者经济补偿。劳动者违反竞业限制约定的，应当按照约定向用人单位支付违约金。

第二十四条 竞业限制的人员限于用人单位的高级管理人员、高级技术人员和其他负有保密义务的人员。竞业限制的范围、地域、期限由用人单位与劳动者约定，竞业限制的约定不得违反法律、法规的规定。

在解除或者终止劳动合同后，前款规定的人员到与本单位生产或者经营同类产品、从事同类业务的有竞争关系的其他用人单位，或者自己开业生产或者经营同类产品、从事同类业务的竞业限制期限，不得超过二年。

第二十五条 除本法第二十二条和第二十三条规定的情形外，用人单位不得与劳动者约定由劳动者承担违约金。

第二十六条 下列劳动合同无效或者部分无效：

（一）以欺诈、胁迫的手段或者乘人之危，使对方在违背真实意思的情况下订立或者变更劳动合同的；

（二）用人单位免除自己的法定责任、排除劳动者权利的；

（三）违反法律、行政法规强制性规定的。

对劳动合同的无效或者部分无效有争议的，由劳动争议仲裁机构或者人民法院确认。

第二十七条 劳动合同部分无效，不影响其他部分效力的，其他部分仍然有效。

第二十八条 劳动合同被确认无效，劳动者已付出劳动的，用人单位应当向劳动者支付劳动报酬。劳动报酬的数额，参照本单位相同或者相近岗位劳动者的劳动报酬确定。

第三章 劳动合同的履行和变更

第二十九条 用人单位与劳动者应当按照劳动合同的约定，全面履行各自的义务。

第三十条 用人单位应当按照劳动合同约定和国家规定，向劳动者及时足额支付劳动报酬。

用人单位拖欠或者未足额支付劳动报酬的，劳动者可以依法向当地人民法院申请支付令，人民法院应当依法发出支付令。

第三十一条 用人单位应当严格执行劳动定额标准，不得强迫或者变相强迫劳动者加班。用人单位安排加班的，应当按照国家有关规定向劳动者支付加班费。

第三十二条 劳动者拒绝用人单位管理人员违章指挥、强令冒险作业的，不视为违反劳动合同。

劳动者对危害生命安全和身体健康的劳动条件，有权对用人单位提出批评、检举和控告。

第三十三条 用人单位变更名称、法定代表人、主要负责人或者投资人等事项，不影响劳动合同的履行。

第三十四条 用人单位发生合并或者分立等情况，原劳动合同继续有效，劳动合同由承继其权利和义务的用人单位继续履行。

第三十五条 用人单位与劳动者协商一致，可以变更劳动合同约定的内容。变更劳动合同，应当采用书面形式。

变更后的劳动合同文本由用人单位和劳动者各执一份。

第四章 劳动合同的解除和终止

第三十六条 用人单位与劳动者协商一致，可以解除劳动合同。

第三十七条 劳动者提前三十日以书面形式通知用人单位，可以解除劳动合同。劳动者在试用期内提前三日通知用人单位，可以解除劳动合同。

第三十八条 用人单位有下列情形之一的，劳动者可以解除劳动合同：

（一）未按照劳动合同约定提供劳动保护或者劳动条件的；

（二）未及时足额支付劳动报酬的；

（三）未依法为劳动者缴纳社会保险费的；

（四）用人单位的规章制度违反法律、法规的规定，损害劳动者权益的；

（五）因本法第二十六条第一款规定的情形致使劳动合同无效的；

（六）法律、行政法规规定劳动者可以解除劳动合同的其他情形。

用人单位以暴力、威胁或者非法限制人身自由的手段强迫劳动者劳动的，或者用人单位违章指挥、强令冒险作业危及劳动者人身安全的，劳动者可以立即解除劳动合同，不需事先告知用人单位。

第三十九条 劳动者有下列情形之一的，用人单位可以解除劳动合同：

（一）在试用期间被证明不符合录用条件的；

（二）严重违反用人单位的规章制度的；

（三）严重失职，营私舞弊，给用人单位造成重大损害的；

（四）劳动者同时与其他用人单位建立劳动关系，对完成本单位的工作任务造成严重影响，或者经用人单位提出，拒不改正的；

（五）因本法第二十六条第一款第一项规定的情形致使劳动合同无效的；

（六）被依法追究刑事责任的。

第四十条 有下列情形之一的，用人单位提前三十日以书面形式通知劳动者本人或者额外支付劳动者一个月工资后，可以解除劳动合同：

（一）劳动者患病或者非因工负伤，在规定的医疗期满后不能从事原工作，也不能从事由用人单位另行安排的工作的；

（二）劳动者不能胜任工作，经过培训或者调整工作岗位，仍不能胜任工作的；

（三）劳动合同订立时所依据的客观情况发生重大变化，致使劳动合同无法履行，经用人单位与劳动者协商，未能就变更劳动合同内容达成协议的。

第四十一条 有下列情形之一，需要裁减人员二十人以上或者裁减不足二十人但占企业职工总数百分之十以上的，用人单位提前三十日向工会或者全体职工说明情况，听取工会或者职工的意见后，裁减人员方案经向劳动行政部门报告，可以裁减人员：

（一）依照企业破产法规定进行重整的；

（二）生产经营发生严重困难的；

（三）企业转产、重大技术革新或者经营方式调整，经变更劳动合同后，仍需裁减人员的；

（四）其他因劳动合同订立时所依据的客观经济情况发生重大变化，致使劳动合同无法履行的。

裁减人员时，应当优先留用下列人员：

（一）与本单位订立较长期限的固定期限劳动合同的；

（二）与本单位订立无固定期限劳动合同的；

（三）家庭无其他就业人员，有需要扶养的老人或者未成年人的。

用人单位依照本条第一款规定裁减人员，在六个月内重新招用人员的，应当通知被裁减的人员，并在同等条件下优先招用被裁减的人员。

第四十二条 劳动者有下列情形之一的，用人单位不得依照本法第四十条、第四十一条的规定解除劳动合同：

（一）从事接触职业病危害作业的劳动者未进行离岗前职业健康检查，或者疑似职业病病人在诊断或者医学观察期间的；

（二）在本单位患职业病或者因工负伤并被确认丧失或者部分丧失劳动能力的；

（三）患病或者非因工负伤，在规定的医疗期内的；

（四）女职工在孕期、产期、哺乳期的；

（五）在本单位连续工作满十五年，且距法定退休年龄不足五年的；

（六）法律、行政法规规定的其他情形。

第四十三条 用人单位单方解除劳动合同，应当事先将理由通知工会。用人单位违反法律、行政法规规定或者劳动合同约定的，工会有权要求用人单位纠正。用人单位应当研究工会的意见，并将处理结果书面通知工会。

第四十四条 有下列情形之一的，劳动合同终止：

（一）劳动合同期满的；

（二）劳动者开始依法享受基本养老保险待遇的；

（三）劳动者死亡，或者被人民法院宣告死亡或者宣告失踪的；

（四）用人单位被依法宣告破产的；

（五）用人单位被吊销营业执照、责令关闭、撤销或者用人单位决定提前解散的；

（六）法律、行政法规规定的其他情形。

第四十五条 劳动合同期满，有本法第四十二条规定情形之一的，劳动合同应当续延至相应的情形消失时终止。但是，本法第四十二条第二项规定丧失或者部分丧失劳动能力劳动者的劳动合同的终止，按照国家有关工伤保险的规定执行。

第四十六条 有下列情形之一的，用人单位应当向劳动者支付经济补偿：

（一）劳动者依照本法第三十八条规定解除劳动合同的；

（二）用人单位依照本法第三十六条规定向劳动者提出解除劳动合同并与劳动者协商一致解除劳动合同的；

（三）用人单位依照本法第四十条规定解除劳动合同的；

（四）用人单位依照本法第四十一条第一款规定解除劳动合同的；

（五）除用人单位维持或者提高劳动合同约定条件续订劳动合同，劳动者不同意续订的情形外，依照本法第四十四条第一项规定终止固定期限劳动合同的；

（六）依照本法第四十四条第四项、第五项规定终止劳动合同的；

（七）法律、行政法规规定的其他情形。

第四十七条 经济补偿按劳动者在本单位工作的年限，每满一年支付一个月工资的标准向劳动者支付。六个月以上不满一年的，按一年计算；不满六个月的，向劳动者支付半个月工资的经济补偿。

劳动者月工资高于用人单位所在直辖市、设区的市级人民政府公布的本地区上年度职工月平均工资三倍的，向其支付经济补偿的标准按职工月平均工资三倍的数额支付，向其支付经济补偿的年限最高不超过十二年。

本条所称月工资是指劳动者在劳动合同解除或者终止前十二个月的平均工资。

第四十八条 用人单位违反本法规定解除或者终止劳动合同，劳动者要求继续履行劳动合同的，用人单位应当继续履行；劳动者不要求继续履行劳动合同或者劳动合同已经不能继续履行的，用人单位应当依照本法第八十七条规定支付赔偿金。

第四十九条 国家采取措施，建立健全劳动者社会保险关系跨地区转移接续制度。

第五十条 用人单位应当在解除或者终止劳动合同时出具解除或者终止劳动合同的证明，并在十五日内为劳动者办理档案和社会保险关系转移手续。

劳动者应当按照双方约定，办理工作交接。用人单位依照本法有关规定应当向劳动者支付经济补偿的，在办结工作交接时支付。

用人单位对已经解除或者终止的劳动合同的文本，至少保存二年备查。

第五章　特别规定

第一节　集体合同

第五十一条　企业职工一方与用人单位通过平等协商，可以就劳动报酬、工作时间、休息休假、劳动安全卫生、保险福利等事项订立集体合同。集体合同草案应当提交职工代表大会或者全体职工讨论通过。

集体合同由工会代表企业职工一方与用人单位订立；尚未建立工会的用人单位，由上级工会指导劳动者推举的代表与用人单位订立。

第五十二条　企业职工一方与用人单位可以订立劳动安全卫生、女职工权益保护、工资调整机制等专项集体合同。

第五十三条　在县级以下区域内，建筑业、采矿业、餐饮服务业等行业可以由工会与企业方面代表订立行业性集体合同，或者订立区域性集体合同。

第五十四条　集体合同订立后，应当报送劳动行政部门；劳动行政部门自收到集体合同文本之日起十五日内未提出异议的，集体合同即行生效。

依法订立的集体合同对用人单位和劳动者具有约束力。行业性、区域性集体合同对当地本行业、本区域的用人单位和劳动者具有约束力。

第五十五条　集体合同中劳动报酬和劳动条件等标准不得低于当地人民政府规定的最低标准；用人单位与劳动者订立的劳动合同中劳动报酬和劳动条件等标准不得低于集体合同规定的标准。

第五十六条　用人单位违反集体合同，侵犯职工劳动权益的，工会可以依法要求用人单位承担责任；因履行集体合同发生争议，经协商解决不成的，工会可以依法申请仲裁、提起诉讼。

第二节　劳务派遣

第五十七条　劳务派遣单位应当依照公司法的有关规定设立，注册资本不得少于五十万元。

第五十八条 劳务派遣单位是本法所称用人单位，应当履行用人单位对劳动者的义务。劳务派遣单位与被派遣劳动者订立的劳动合同，除应当载明本法第十七条规定的事项外，还应当载明被派遣劳动者的用工单位以及派遣期限、工作岗位等情况。

劳务派遣单位应当与被派遣劳动者订立二年以上的固定期限劳动合同，按月支付劳动报酬；被派遣劳动者在无工作期间，劳务派遣单位应当按照所在地人民政府规定的最低工资标准，向其按月支付报酬。

第五十九条 劳务派遣单位派遣劳动者应当与接受以劳务派遣形式用工的单位（以下称用工单位）订立劳务派遣协议。劳务派遣协议应当约定派遣岗位和人员数量、派遣期限、劳动报酬和社会保险费的数额与支付方式以及违反协议的责任。

用工单位应当根据工作岗位的实际需要与劳务派遣单位确定派遣期限，不得将连续用工期限分割订立数个短期劳务派遣协议。

第六十条 劳务派遣单位应当将劳务派遣协议的内容告知被派遣劳动者。

劳务派遣单位不得克扣用工单位按照劳务派遣协议支付给被派遣劳动者的劳动报酬。

劳务派遣单位和用工单位不得向被派遣劳动者收取费用。

第六十一条 劳务派遣单位跨地区派遣劳动者的，被派遣劳动者享有的劳动报酬和劳动条件，按照用工单位所在地的标准执行。

第六十二条 用工单位应当履行下列义务：

（一）执行国家劳动标准，提供相应的劳动条件和劳动保护；

（二）告知被派遣劳动者的工作要求和劳动报酬；

（三）支付加班费、绩效奖金，提供与工作岗位相关的福利待遇；

（四）对在岗被派遣劳动者进行工作岗位所必需的培训；

（五）连续用工的，实行正常的工资调整机制。

用工单位不得将被派遣劳动者再派遣到其他用人单位。

第六十三条 被派遣劳动者享有与用工单位的劳动者同工同酬的权利。用工单位无同类岗位劳动者的，参照用工单位所在地相同或者相近岗位劳动者的劳动报酬确定。

第六十四条 被派遣劳动者有权在劳务派遣单位或者用工单位依法参加或者组织工会，维护自身的合法权益。

第六十五条 被派遣劳动者可以依照本法第三十六条、第三十八条的规定与劳务派遣单位解除劳动合同。

被派遣劳动者有本法第三十九条和第四十条第一项、第二项规定情形的，用工单位可以将劳动者退回劳务派遣单位，劳务派遣单位依照本法有关规定，可以与劳动者解除劳动合同。

第六十六条 劳务派遣一般在临时性、辅助性或者替代性的工作岗位上实施。

第六十七条 用人单位不得设立劳务派遣单位向本单位或者所属单位派遣劳动者。

第三节 非全日制用工

第六十八条 非全日制用工，是指以小时计酬为主，劳动者在同一用人单位一般平均每日工作时间不超过四小时，每周工作时间累计不超过二十四小时的用工形式。

第六十九条 非全日制用工双方当事人可以订立口头协议。

从事非全日制用工的劳动者可以与一个或者一个以上用人单位订立劳动合同；但是，后订立的劳动合同不得影响先订立的劳动合同的履行。

第七十条 非全日制用工双方当事人不得约定试用期。

第七十一条 非全日制用工双方当事人任何一方都可以随时通知对方终止用工。终止用工，用人单位不向劳动者支付经济补偿。

第七十二条 非全日制用工小时计酬标准不得低于用人单位所在地人民政府规定的最低小时工资标准。

非全日制用工劳动报酬结算支付周期最长不得超过十五日。

第六章 监督检查

第七十三条 国务院劳动行政部门负责全国劳动合同制度实施的监督管理。

县级以上地方人民政府劳动行政部门负责本行政区域内劳动合同制度实施的监督管理。

县级以上各级人民政府劳动行政部门在劳动合同制度实施的监督管理工作中，应当听取工会、企业方面代表以及有关行业主管部门的意见。

第七十四条 县级以上地方人民政府劳动行政部门依法对下列实施劳动合同制度的情况进行监督检查：

（一）用人单位制定直接涉及劳动者切身利益的规章制度及其执行的情况；

（二）用人单位与劳动者订立和解除劳动合同的情况；

（三）劳务派遣单位和用工单位遵守劳务派遣有关规定的情况；

（四）用人单位遵守国家关于劳动者工作时间和休息休假规定的情况；

（五）用人单位支付劳动合同约定的劳动报酬和执行最低工资标准的情况；

（六）用人单位参加各项社会保险和缴纳社会保险费的情况；

（七）法律、法规规定的其他劳动监察事项。

第七十五条 县级以上地方人民政府劳动行政部门实施监督检查时，有权查阅与劳动合同、集体合同有关的材料，有权对劳动场所进行实地检查，用人单位和劳动者都应当如实提供有关情况和材料。

劳动行政部门的工作人员进行监督检查，应当出示证件，依法行使职权，文明执法。

第七十六条 县级以上人民政府建设、卫生、安全生产监督管理等有关主管部门在各自职责范围内，对用人单位执行劳动合同制度的情况进行监督管理。

第七十七条 劳动者合法权益受到侵害的，有权要求有关部门依法处理，或者依法申请仲裁、提起诉讼。

第七十八条 工会依法维护劳动者的合法权益，对用人单位履行劳动合同、集体合同的情况进行监督。用人单位违反劳动法律、法规和劳动合同、集体合同的，工会有权提出意见或者要求纠正；劳动者申请仲裁、提起诉讼的，工会依法给予支持和帮助。

第七十九条 任何组织或者个人对违反本法的行为都有权举报，县级以上人民政府劳动行政部门应当及时核实、处理，并对举报有功人员给予奖励。

第七章　法律责任

第八十条　用人单位直接涉及劳动者切身利益的规章制度违反法律、法规规定的，由劳动行政部门责令改正，给予警告；给劳动者造成损害的，应当承担赔偿责任。

第八十一条　用人单位提供的劳动合同文本未载明本法规定的劳动合同必备条款或者用人单位未将劳动合同文本交付劳动者的，由劳动行政部门责令改正；给劳动者造成损害的，应当承担赔偿责任。

第八十二条　用人单位自用工之日起超过一个月不满一年未与劳动者订立书面劳动合同的，应当向劳动者每月支付二倍的工资。

用人单位违反本法规定不与劳动者订立无固定期限劳动合同的，自应当订立无固定期限劳动合同之日起向劳动者每月支付二倍的工资。

第八十三条　用人单位违反本法规定与劳动者约定试用期的，由劳动行政部门责令改正；违法约定的试用期已经履行的，由用人单位以劳动者试用期满月工资为标准，按已经履行的超过法定试用期的期间向劳动者支付赔偿金。

第八十四条　用人单位违反本法规定，扣押劳动者居民身份证等证件的，由劳动行政部门责令限期退还劳动者本人，并依照有关法律规定给予处罚。

用人单位违反本法规定，以担保或者其他名义向劳动者收取财物的，由劳动行政部门责令限期退还劳动者本人，并以每人五百元以上二千元以下的标准处以罚款；给劳动者造成损害的，应当承担赔偿责任。

劳动者依法解除或者终止劳动合同，用人单位扣押劳动者档案或者其他物品的，依照前款规定处罚。

第八十五条　用人单位有下列情形之一的，由劳动行政部门责令限期支付劳动报酬、加班费或者经济补偿；劳动报酬低于当地最低工资标准的，应当支付其差额部分；逾期不支付的，责令用人单位按应付金额百分之五十以上百分之一百以下的标准向劳动者加付赔偿金：

（一）未按照劳动合同的约定或者国家规定及时足额支付劳动者劳动报酬的；

（二）低于当地最低工资标准支付劳动者工资的；

（三）安排加班不支付加班费的；

（四）解除或者终止劳动合同，未依照本法规定向劳动者支付经济补偿的。

第八十六条 劳动合同依照本法第二十六条规定被确认无效，给对方造成损害的，有过错的一方应当承担赔偿责任。

第八十七条 用人单位违反本法规定解除或者终止劳动合同的，应当依照本法第四十七条规定的经济补偿标准的二倍向劳动者支付赔偿金。

第八十八条 用人单位有下列情形之一的，依法给予行政处罚；构成犯罪的，依法追究刑事责任；给劳动者造成损害的，应当承担赔偿责任：

（一）以暴力、威胁或者非法限制人身自由的手段强迫劳动的；

（二）违章指挥或者强令冒险作业危及劳动者人身安全的；

（三）侮辱、体罚、殴打、非法搜查或者拘禁劳动者的；

（四）劳动条件恶劣、环境污染严重，给劳动者身心健康造成严重损害的。

第八十九条 用人单位违反本法规定未向劳动者出具解除或者终止劳动合同的书面证明，由劳动行政部门责令改正；给劳动者造成损害的，应当承担赔偿责任。

第九十条 劳动者违反本法规定解除劳动合同，或者违反劳动合同中约定的保密义务或者竞业限制，给用人单位造成损失的，应当承担赔偿责任。

第九十一条 用人单位招用与其他用人单位尚未解除或者终止劳动合同的劳动者，给其他用人单位造成损失的，应当承担连带赔偿责任。

第九十二条 劳务派遣单位违反本法规定的，由劳动行政部门和其他有关主管部门责令改正；情节严重的，以每人一千元以上五千元以下的标准处以罚款，并由工商行政管理部门吊销营业执照；给被派遣劳动者造成损害的，劳务派遣单位与用工单位承担连带赔偿责任。

第九十三条 对不具备合法经营资格的用人单位的违法犯罪行为，依法追究法律责任；劳动者已经付出劳动的，该单位或者其出资人应当依照本法有关规定向劳动者支付劳动报酬、经济补偿、赔偿金；给劳动者造成损害的，应当承担赔偿责任。

第九十四条 个人承包经营违反本法规定招用劳动者，给劳动者造成损害的，发包的组织与个人承包经营者承担连带赔偿责任。

第九十五条 劳动行政部门和其他有关主管部门及其工作人员玩忽职守、不履行法定职责，或者违法行使职权，给劳动者或者用人单位造成损害的，应当承担赔偿责任；对直接负责的主管人员和其他直接责任人员，依法给予行政处分；构成犯罪的，依法追究刑事责任。

第八章 附 则

第九十六条 事业单位与实行聘用制的工作人员订立、履行、变更、解除或者终止劳动合同，法律、行政法规或者国务院另有规定的，依照其规定；未作规定的，依照本法有关规定执行。

第九十七条 本法施行前已依法订立且在本法施行之日存续的劳动合同，继续履行；本法第十四条第二款第三项规定连续订立固定期限劳动合同的次数，自本法施行后续订固定期限劳动合同时开始计算。

本法施行前已建立劳动关系，尚未订立书面劳动合同的，应当自本法施行之日起一个月内订立。

本法施行之日存续的劳动合同在本法施行后解除或者终止，依照本法第四十六条规定应当支付经济补偿的，经济补偿年限自本法施行之日起计算；本法施行前按照当时有关规定，用人单位应当向劳动者支付经济补偿的，按照当时有关规定执行。

第九十八条 本法自2008年1月1日起施行。

中华人民共和国劳动争议调解仲裁法

（2007年12月29日第十届全国人民代表大会常务委员会第三十一次会议通过）

第一章 总 则

第一条 为了公正及时解决劳动争议，保护当事人合法权益，促进劳动关系和谐稳定，制定本法。

第二条 中华人民共和国境内的用人单位与劳动者发生的下列劳动争议，适用本法：

（一）因确认劳动关系发生的争议；

（二）因订立、履行、变更、解除和终止劳动合同发生的争议；

（三）因除名、辞退和辞职、离职发生的争议；

（四）因工作时间、休息休假、社会保险、福利、培训以及劳动保护发生的争议；

（五）因劳动报酬、工伤医疗费、经济补偿或者赔偿金等发生的争议；

（六）法律、法规规定的其他劳动争议。

第三条 解决劳动争议，应当根据事实，遵循合法、公正、及时、着重调解的原则，依法保护当事人的合法权益。

第四条 发生劳动争议，劳动者可以与用人单位协商，也可以请工会或者第三方共同与用人单位协商，达成和解协议。

第五条 发生劳动争议，当事人不愿协商、协商不成或者达成和解协议后不履行的，可以向调解组织申请调解；不愿调解、调解不成或者达成调解协议后不履行的，可以向劳动争议仲裁委员会申请仲裁；对仲裁裁决不服的，除本法另有规定的外，可以向人民法院提起诉讼。

第六条 发生劳动争议，当事人对自己提出的主张，有责任提供证据。与争议事项有关的证据属于用人单位掌握管理的，用人单位应当提供；用人单位不提供的，应当承担不利后果。

第七条 发生劳动争议的劳动者一方在十人以上，并有共同请求的，可以推举代表参加调解、仲裁或者诉讼活动。

第八条 县级以上人民政府劳动行政部门会同工会和企业方面代表建立协调劳动关系三方机制，共同研究解决劳动争议的重大问题。

第九条 用人单位违反国家规定，拖欠或者未足额支付劳动报酬，或者拖欠工伤医疗费、经济补偿或者赔偿金的，劳动者可以向劳动行政部门投诉，劳动行政部门应当依法处理。

第二章 调 解

第十条 发生劳动争议，当事人可以到下列调解组织申请调解：

（一）企业劳动争议调解委员会；

（二）依法设立的基层人民调解组织；

（三）在乡镇、街道设立的具有劳动争议调解职能的组织。

企业劳动争议调解委员会由职工代表和企业代表组成。职工代表由工会成员担任或者由全体职工推举产生，企业代表由企业负责人指定。企业劳动争议调解委员会主任由工会成员或者双方推举的人员担任。

第十一条 劳动争议调解组织的调解员应当由公道正派、联系群众、热心调解工作，并具有一定法律知识、政策水平和文化水平的成年公民担任。

第十二条 当事人申请劳动争议调解可以书面申请，也可以口头申请。口头申请的，调解组织应当当场记录申请人基本情况、申请调解的争议事项、理由和时间。

第十三条 调解劳动争议，应当充分听取双方当事人对事实和理由的陈述，耐心疏导，帮助其达成协议。

第十四条 经调解达成协议的，应当制作调解协议书。

调解协议书由双方当事人签名或者盖章，经调解员签名并加盖调解组织印章后生效，对双方当事人具有约束力，当事人应当履行。

自劳动争议调解组织收到调解申请之日起十五日内未达成调解协议的，当事人可以依法申请仲裁。

第十五条 达成调解协议后，一方当事人在协议约定期限内不履行调解协议的，另一方当事人可以依法申请仲裁。

第十六条 因支付拖欠劳动报酬、工伤医疗费、经济补偿或者赔偿金事项达成调解协议，用人单位在协议约定期限内不履行的，劳动者可以持调解协议书依法向人民法院申请支付令。人民法院应当依法发出支付令。

第三章 仲 裁

第一节 一般规定

第十七条 劳动争议仲裁委员会按照统筹规划、合理布局和适应实际需要的原则设立。省、自治区人民政府可以决定在市、县设立；直辖市人民政府可以决定在区、县设立。直辖市、设区的市也可以设立一个或者若干个劳动争议仲裁委员会。劳动争议仲裁委员会不按行政区划层层设立。

第十八条 国务院劳动行政部门依照本法有关规定制定仲裁规则。省、自治区、直辖市人民政府劳动行政部门对本行政区域的劳动争议仲裁工作进行指导。

第十九条 劳动争议仲裁委员会由劳动行政部门代表、工会代表和企业方面代表组成。劳动争议仲裁委员会组成人员应当是单数。

劳动争议仲裁委员会依法履行下列职责：

（一）聘任、解聘专职或者兼职仲裁员；

（二）受理劳动争议案件；

（三）讨论重大或者疑难的劳动争议案件；

（四）对仲裁活动进行监督。

劳动争议仲裁委员会下设办事机构，负责办理劳动争议仲裁委员会的日常工作。

第二十条 劳动争议仲裁委员会应当设仲裁员名册。

仲裁员应当公道正派并符合下列条件之一：

（一）曾任审判员的；

（二）从事法律研究、教学工作并具有中级以上职称的；

（三）具有法律知识、从事人力资源管理或者工会等专业工作满五年的；

（四）律师执业满三年的。

第二十一条 劳动争议仲裁委员会负责管辖本区域内发生的劳动争议。

劳动争议由劳动合同履行地或者用人单位所在地的劳动争议仲裁委员会管辖。双方当事人分别向劳动合同履行地和用人单位所在地的劳动争议仲裁委员会申请仲裁的，由劳动合同履行地的劳动争议仲裁委员会管辖。

第二十二条 发生劳动争议的劳动者和用人单位为劳动争议仲裁案件的双方当事人。

劳务派遣单位或者用工单位与劳动者发生劳动争议的，劳务派遣单位和用工单位为共同当事人。

第二十三条 与劳动争议案件的处理结果有利害关系的第三人，可以申请参加仲裁活动或者由劳动争议仲裁委员会通知其参加仲裁活动。

第二十四条 当事人可以委托代理人参加仲裁活动。委托他人参加仲裁活动，应当向劳动争议仲裁委员会提交有委托人签名或者盖章的委托书，委托书应当载明委托事项和权限。

第二十五条 丧失或者部分丧失民事行为能力的劳动者，由其法定代理人代为参加仲裁活动；无法定代理人的，由劳动争议仲裁委员会为其指定代理人。劳动者死亡的，由其近亲属或者代理人参加仲裁活动。

第二十六条 劳动争议仲裁公开进行，但当事人协议不公开进行或者涉及国家秘密、商业秘密和个人隐私的除外。

第二节 申请和受理

第二十七条 劳动争议申请仲裁的时效期间为一年。仲裁时效期间从当事人知道或者应当知道其权利被侵害之日起计算。

前款规定的仲裁时效，因当事人一方向对方当事人主张权利，或者向有关部门请求权利救济，或者对方当事人同意履行义务而中断。从中断时起，仲裁时效期间重新计算。

因不可抗力或者有其他正当理由，当事人不能在本条第一款规定的仲裁时效期间申请仲裁的，仲裁时效中止。从中止时效的原因消除之日起，仲裁时效期间继续计算。

劳动关系存续期间因拖欠劳动报酬发生争议的，劳动者申请仲裁不受本条第一款规定的仲裁时效期间的限制；但是，劳动关系终止的，应当自劳动关系终止之日起一年内提出。

第二十八条 申请人申请仲裁应当提交书面仲裁申请，并按照被申请人人数提交副本。

仲裁申请书应当载明下列事项：

（一）劳动者的姓名、性别、年龄、职业、工作单位和住所，用人单位的名称、住所和法定代表人或者主要负责人的姓名、职务；

（二）仲裁请求和所根据的事实、理由；

（三）证据和证据来源、证人姓名和住所。

书写仲裁申请确有困难的，可以口头申请，由劳动争议仲裁委员会记入笔录，并告知对方当事人。

第二十九条 劳动争议仲裁委员会收到仲裁申请之日起五日内，认为符合受理条件的，应当受理，并通知申请人；认为不符合受理条件的，应当书面通知申请人不予受理，并说明理由。对劳动争议仲裁委员会不予受理或者逾期未作出决定的，申请人可以就该劳动争议事项向人民法院提起诉讼。

第三十条 劳动争议仲裁委员会受理仲裁申请后，应当在五日内将仲裁申请书副本送达被申请人。

被申请人收到仲裁申请书副本后，应当在十日内向劳动争议仲裁委员会提交答辩书。劳动争议仲裁委员会收到答辩书后，应当在五日内将答辩书副本送达申请人。被申请人未提交答辩书的，不影响仲裁程序的进行。

第三节 开庭和裁决

第三十一条 劳动争议仲裁委员会裁决劳动争议案件实行仲裁庭制。仲裁庭由三名仲裁员组成，设首席仲裁员。简单劳动争议案件可以由一名仲裁员独任仲裁。

第三十二条 劳动争议仲裁委员会应当在受理仲裁申请之日起五日内将仲裁庭的组成情况书面通知当事人。

第三十三条 仲裁员有下列情形之一，应当回避，当事人也有权以口头或者书面方式提出回避申请：

（一）是本案当事人或者当事人、代理人的近亲属的；

（二）与本案有利害关系的；

（三）与本案当事人、代理人有其他关系，可能影响公正裁决的；

（四）私自会见当事人、代理人，或者接受当事人、代理人的请客送礼的。

劳动争议仲裁委员会对回避申请应当及时作出决定，并以口头或者书面方式通知当事人。

第三十四条 仲裁员有本法第三十三条第四项规定情形，或者有索贿受贿、徇私舞弊、枉法裁决行为的，应当依法承担法律责任。劳动争议仲裁委员会应当将其解聘。

第三十五条 仲裁庭应当在开庭五日前，将开庭日期、地点书面通知双方当事人。当事人有正当理由的，可以在开庭三日前请求延期开庭。是否延期，由劳动争议仲裁委员会决定。

第三十六条 申请人收到书面通知，无正当理由拒不到庭或者未经仲裁庭同意中途退庭的，可以视为撤回仲裁申请。

被申请人收到书面通知，无正当理由拒不到庭或者未经仲裁庭同意中途退庭的，可以缺席裁决。

第三十七条 仲裁庭对专门性问题认为需要鉴定的，可以交由当事人约定的鉴定机构鉴定；当事人没有约定或者无法达成约定的，由仲裁庭指定的鉴定机构鉴定。

根据当事人的请求或者仲裁庭的要求，鉴定机构应当派鉴定人参加开庭。当事人经仲裁庭许可，可以向鉴定人提问。

第三十八条 当事人在仲裁过程中有权进行质证和辩论。质证和辩论终结时，首席仲裁员或者独任仲裁员应当征询当事人的最后意见。

第三十九条 当事人提供的证据经查证属实的，仲裁庭应当将其作为认定事实的根据。

劳动者无法提供由用人单位掌握管理的与仲裁请求有关的证据，仲裁庭可以要求用人单位在指定期限内提供。用人单位在指定期限内不提供的，应当承担不利后果。

第四十条 仲裁庭应当将开庭情况记入笔录。当事人和其他仲裁参加人认为对自己陈述的记录有遗漏或者差错的，有权申请补正。如果不予补正，应当记录该申请。

笔录由仲裁员、记录人员、当事人和其他仲裁参加人签名或者盖章。

第四十一条 当事人申请劳动争议仲裁后，可以自行和解。达成和解协议的，可以撤回仲裁申请。

第四十二条 仲裁庭在作出裁决前，应当先行调解。

调解达成协议的，仲裁庭应当制作调解书。

调解书应当写明仲裁请求和当事人协议的结果。调解书由仲裁员签名，加盖劳动争议仲裁委员会印章，送达双方当事人。调解书经双方当事人签收后，发生法律效力。

调解不成或者调解书送达前，一方当事人反悔的，仲裁庭应当及时作出裁决。

第四十三条 仲裁庭裁决劳动争议案件，应当自劳动争议仲裁委员会受理仲裁申请之日起四十五日内结束。案情复杂需要延期的，经劳动争议仲裁委员会主任批准，可以延期并书面通知当事人，但是延长期限不得超过十五日。逾期未作出仲裁裁决的，当事人可以就该劳动争议事项向人民法院提起诉讼。

仲裁庭裁决劳动争议案件时，其中一部分事实已经清楚，可以就该部分先行裁决。

第四十四条 仲裁庭对追索劳动报酬、工伤医疗费、经济补偿或者赔偿金的案件，根据当事人的申请，可以裁决先予执行，移送人民法院执行。

仲裁庭裁决先予执行的，应当符合下列条件：

（一）当事人之间权利义务关系明确；

（二）不先予执行将严重影响申请人的生活。

劳动者申请先予执行的，可以不提供担保。

第四十五条 裁决应当按照多数仲裁员的意见作出，少数仲裁员的不同意见应当记入笔录。仲裁庭不能形成多数意见时，裁决应当按照首席仲裁员的意见作出。

第四十六条 裁决书应当载明仲裁请求、争议事实、裁决理由、裁决结果和裁决日期。裁决书由仲裁员签名，加盖劳动争议仲裁委员会印章。对裁决持不同意见的仲裁员，可以签名，也可以不签名。

第四十七条 下列劳动争议，除本法另有规定的外，仲裁裁决为终局裁决，裁决书自作出之日起发生法律效力：

（一）追索劳动报酬、工伤医疗费、经济补偿或者赔偿金，不超过当地月最低工资标准十二个月金额的争议；

（二）因执行国家的劳动标准在工作时间、休息休假、社会保险等方面发生的争议。

第四十八条 劳动者对本法第四十七条规定的仲裁裁决不服的，可以自收到仲裁裁决书之日起十五日内向人民法院提起诉讼。

第四十九条 用人单位有证据证明本法第四十七条规定的仲裁裁决

有下列情形之一，可以自收到仲裁裁决书之日起三十日内向劳动争议仲裁委员会所在地的中级人民法院申请撤销裁决：

（一）适用法律、法规确有错误的；

（二）劳动争议仲裁委员会无管辖权的；

（三）违反法定程序的；

（四）裁决所根据的证据是伪造的；

（五）对方当事人隐瞒了足以影响公正裁决的证据的；

（六）仲裁员在仲裁该案时有索贿受贿、徇私舞弊、枉法裁决行为的。

人民法院经组成合议庭审查核实裁决有前款规定情形之一的，应当裁定撤销。

仲裁裁决被人民法院裁定撤销的，当事人可以自收到裁定书之日起十五日内就该劳动争议事项向人民法院提起诉讼。

第五十条 当事人对本法第四十七条规定以外的其他劳动争议案件的仲裁裁决不服的，可以自收到仲裁裁决书之日起十五日内向人民法院提起诉讼；期满不起诉的，裁决书发生法律效力。

第五十一条 当事人对发生法律效力的调解书、裁决书，应当依照规定的期限履行。一方当事人逾期不履行的，另一方当事人可以依照民事诉讼法的有关规定向人民法院申请执行。受理申请的人民法院应当依法执行。

第四章 附 则

第五十二条 事业单位实行聘用制的工作人员与本单位发生劳动争议的，依照本法执行；法律、行政法规或者国务院另有规定的，依照其规定。

第五十三条 劳动争议仲裁不收费。劳动争议仲裁委员会的经费由财政予以保障。

第五十四条 本法自2008年5月1日起施行。

中华人民共和国教育法

（1995年3月18日第八届全国人民代表大会第三次会议通过　1995年3月18日中华人民共和国主席令第四十五号公布　自1995年9月1起施行）

第一章　总　则

第一条　为了发展教育事业，提高全民族的素质，促进社会主义物质文明和精神文明建设，根据宪法，制定本法。

第二条　在中华人民共和国境内的各级各类教育，适用本法。

第三条　国家坚持以马克思列宁主义、毛泽东思想和建设有中国特色社会主义理论为指导，遵循宪法确定的基本原则，发展社会主义的教育事业。

第四条　教育是社会主义现代化建设的基础，国家保障教育事业优先发展。

全社会应当关心和支持教育事业的发展。

全社会应当尊重教师。

第五条　教育必须为社会主义现代化建设服务，必须与生产劳动相结合，培养德、智、体等方面全面发展的社会主义事业的建设者和接班人。

第六条　国家在受教育者中进行爱国主义、集体主义、社会主义的教育，进行理想、道德、纪律、法制、国防和民族团结的教育。

第七条　教育应当继承和弘扬中华民族优秀的历史文化传统，吸收人类文明发展的一切优秀成果。

第八条　教育活动必须符合国家和社会公共利益。

国家实行教育与宗教相分离。任何组织和个人不得利用宗教进行妨碍国家教育制度的活动。

第九条　中华人民共和国公民有受教育的权利和义务。

公民不分民族、种族、性别、职业、财产状况、宗教信仰等，依法享有平等的受教育机会。

第十条 国家根据各少数民族的特点和需要，帮助各少数民族地区发展教育事业。

国家扶持边远贫困地区发展教育事业。

国家扶持和发展残疾人教育事业。

第十一条 国家适应社会主义市场经济发展和社会进步的需要，推进教育改革，促进各级各类教育协调发展，建立和完善终身教育体系。

国家支持、鼓励和组织教育科学研究，推广教育科学研究成果，促进教育质量提高。

第十二条 汉语言文字为学校及其他教育机构的基本教学语言文字。少数民族学生为主的学校及其他教育机构，可以使用本民族或者当地民族通用的语言文字进行教学。

学校及其他教育机构进行教学，应当推广使用全国通用的普通话和规范字。

第十三条 国家对发展教育事业做出突出贡献的组织和个人，给予奖励。

第十四条 国务院和地方各级人民政府根据分级管理、分工负责的原则，领导和管理教育工作。

中等及中等以下教育在国务院领导下，由地方人民政府管理。

高等教育由国务院和省、自治区、直辖市人民政府管理。

第十五条 国务院教育行政部门主管全国教育工作，统筹规划、协调管理全国的教育事业。

县级以上地方各级人民政府教育行政部门主管本行政区域内的教育工作。

县级以上各级人民政府其他有关部门在各自的职责范围内，负责有关的教育工作。

第十六条 国务院和县级以上地方各级人民政府应当向本级人民代表大会或者其常务委员会报告教育工作和教育经费预算、决算情况，接受监督。

第二章　教育基本制度

第十七条　国家实行学前教育、初等教育、中等教育、高等教育的学校教育制度。

国家建立科学的学制系统。学制系统内的学校和其他教育机构的设置、教育形式、修业年限、招生对象、培养目标等，由国务院或者由国务院授权教育行政部门规定。

第十八条　国家实行九年制义务教育制度。

各级人民政府采取各种措施保障适龄儿童、少年就学。

适龄儿童、少年的父母或者其他监护人以及有关社会组织和个人有义务使适龄儿童、少年接受并完成规定年限的义务教育。

第十九条　国家实行职业教育制度和成人教育制度。

各级人民政府、有关行政部门以及企业事业组织应当采取措施，发展并保障公民接受职业学校教育或者各种形式的职业培训。

国家鼓励发展多种形式的成人教育，使公民接受适当形式的政治、经济、文化、科学、技术、业务教育和终身教育。

第二十条　国家实行国家教育考试制度。

国家教育考试由国务院教育行政部门确定种类，并由国家批准的实施教育考试的机构承办。

第二十一条　国家实行学业证书制度。

经国家批准设立或者认可的学校及其他教育机构按照国家有关规定，颁发学历证书或者其他学业证书。

第二十二条　国家实行学位制度。

学位授予单位依法对达到一定学术水平或者专业技术水平的人员授予相应的学位，颁发学位证书。

第二十三条　各级人民政府、基层群众性自治组织和企业事业组织应当采取各种措施，开展扫除文盲的教育工作。

按照国家规定具有接受扫除文盲教育能力的公民，应当接受扫除文盲的教育。

第二十四条　国家实行教育督导制度和学校及其他教育机构教育评估制度。

第三章　学校及其他教育机构

第二十五条　国家制定教育发展规划，并举办学校及其他教育机构。

国家鼓励企业事业组织、社会团体、其他社会组织及公民个人依法举办学校及其他教育机构。

任何组织和个人不得以营利为目的举办学校及其他教育机构。

第二十六条　设立学校及其他教育机构，必须具备下列基本条件：

（一）有组织机构和章程；

（二）有合格的教师；

（三）有符合规定标准的教学场所及设施、设备等；

（四）有必备的办学资金和稳定的经费来源。

第二十七条　学校及其他教育机构的设立、变更和终止，应当按照国家有关规定办理审核、批准、注册或者备案手续。

第二十八条　学校及其他教育机构行使下列权利：

（一）按照章程自主管理；

（二）组织实施教育教学活动；

（三）招收学生或者其他受教育者；

（四）对受教育者进行学籍管理，实施奖励或者处分；

（五）对受教育者颁发相应的学业证书；

（六）聘任教师及其他职工，实施奖励或者处分；

（七）管理、使用本单位的设施和经费；

（八）拒绝任何组织和个人对教育教学活动的非法干涉；

（九）法律、法规规定的其他权利。

国家保护学校及其他教育机构的合法权益不受侵犯。

第二十九条　学校及其他教育机构应当履行下列义务：

（一）遵守法律、法规；

（二）贯彻国家的教育方针，执行国家教育教学标准，保证教育教学质量；

（三）维护受教育者、教师及其他职工的合法权益；

（四）以适当方式为受教育者及其监护人了解受教育者的学业成绩及其他有关情况提供便利；

（五）遵照国家有关规定收取费用并公开收费项目；

（六）依法接受监督。

第三十条 学校及其他教育机构的举办者按照国家有关规定，确定其所举办的学校或者其他教育机构的管理体制。

学校及其他教育机构的校长或者主要行政负责人必须由具有中华人民共和国国籍、在中国境内定居、并具备国家规定任职条件的公民担任，其任免按照国家有关规定办理。学校的教学及其他行政管理，由校长负责。

学校及其他教育机构应当按照国家有关规定，通过以教师为主体的教职工代表大会等组织形式，保障教职工参与民主管理和监督。

第三十一条 学校及其他教育机构具备法人条件的，自批准设立或者登记注册之日起取得法人资格。

学校及其他教育机构在民事活动中依法享有民事权利，承担民事责任。

学校及其他教育机构中的国有资产属于国家所有。

学校及其他教育机构兴办的校办产业独立承担民事责任。

第四章　教师和其他教育工作者

第三十二条 教师享有法律规定的权利，履行法律规定的义务，忠诚于人民的教育事业。

第三十三条 国家保护教师的合法权益，改善教师的工作条件和生活条件，提高教师的社会地位。

教师的工资报酬、福利待遇，依照法律、法规的规定办理。

第三十四条 国家实行教师资格、职务、聘任制度，通过考核、奖励、培养和培训，提高教师素质，加强教师队伍建设。

第三十五条 学校及其他教育机构中的管理人员，实行教育职员制度。

学校及其他教育机构中的教学辅助人员和其他专业技术人员，实行专业技术职务聘任制度。

第五章　受教育者

第三十六条 受教育者在入学、升学、就业等方面依法享有平等权利。

学校和有关行政部门应当按照国家有关规定，保障女子在入学、升学、就业、授予学位、派出留学等方面享有同男子平等的权利。

第三十七条 国家、社会对符合入学条件、家庭经济困难的儿童、少年、青年，提供各种形式的资助。

第三十八条 国家、社会、学校及其他教育机构应当根据残疾人身心特性和需要实施教育，并为其提供帮助和便利。

第三十九条 国家、社会、家庭、学校及其他教育机构应当为有违法犯罪行为的未成年人接受教育创造条件。

第四十条 从业人员有依法接受职业培训和继续教育的权利和义务。

国家机关、企业事业组织和其他社会组织，应当为本单位职工的学习和培训提供条件和便利。

第四十一条 国家鼓励学校及其他教育机构、社会组织采取措施，为公民接受终身教育创造条件。

第四十二条 受教育者享有下列权利：

（一）参加教育教学计划安排的各种活动，使用教育教学设施、设备、图书资料；

（二）按照国家有关规定获得奖学金、贷学金、助学金；

（三）在学业成绩和品行上获得公正评价，完成规定的学业后获得相应的学业证书、学位证书；

（四）对学校给予的处分不服向有关部门提出申诉，对学校、教师侵犯其人身权、财产权等合法权益，提出申诉或者依法提起诉讼；

（五）法律、法规规定的其他权利。

第四十三条 受教育者应当履行下列义务：

（一）遵守法律、法规；

（二）遵守学生行为规范，尊敬师长，养成良好的思想品德和行为习惯；

（三）努力学习，完成规定的学习任务；

（四）遵守所在学校或者其他教育机构的管理制度。

第四十四条 教育、体育、卫生行政部门和学校及其他教育机构应当完善体育、卫生保健设施，保护学生的身心健康。

第六章　教育与社会

第四十五条　国家机关、军队、企业事业组织、社会团体及其他社会组织和个人，应当依法为儿童、少年、青年学生的身心健康成长创造良好的社会环境。

第四十六条　国家鼓励企业事业组织、社会团体及其他社会组织同高等学校、中等职业学校在教学、科研、技术开发和推广等方面进行多种形式的合作。

企业事业组织、社会团体及其他社会组织和个人，可以通过适当形式，支持学校的建设，参与学校管理。

第四十七条　国家机关、军队、企业事业组织及其他社会组织应当为学校组织的学生实习、社会实践活动提供帮助和便利。

第四十八条　学校及其他教育机构在不影响正常教育教学活动的前提下，应当积极参加当地的社会公益活动。

第四十九条　未成年人的父母或者其他监护人应当为其未成年子女或者其他被监护人受教育提供必要条件。

未成年人的父母或者其他监护人应当配合学校及其他教育机构，对其未成年子女或者其他被监护人进行教育。

学校、教师可以对学生家长提供家庭教育指导。

第五十条　图书馆、博物馆、科技馆、文化馆、美术馆、体育馆（场）等社会公共文化体育设施，以及历史文化古迹和革命纪念馆（地），应当对教师、学生实行优待，为受教育者接受教育提供便利。

广播、电视台（站）应当开设教育节目，促进受教育者思想品德、文化和科学技术素质的提高。

第五十一条　国家、社会建立和发展对未成年人进行校外教育的设施。

学校及其他教育机构应当同基层群众性自治组织、企业事业组织、社会团体相互配合，加强对未成年人的校外教育工作。

第五十二条　国家鼓励社会团体、社会文化机构及其他社会组织和个人开展有益于受教育者身心健康的社会文化教育活动。

第七章　教育投入与条件保障

第五十三条　国家建立以财政拨款为主、其他多种渠道筹措教育经费为辅的体制，逐步增加对教育的投入，保证国家举办的学校教育经费的稳定来源。

企业事业组织、社会团体及其他社会组织和个人依法举办的学校及其他教育机构，办学经费由举办者负责筹措，各级人民政府可以给予适当支持。

第五十四条　国家财政性教育经费支出占国民生产总值的比例应当随着国民经济的发展和财政收入的增长逐步提高。具体比例和实施步骤由国务院规定。

全国各级财政支出总额中教育经费所占比例应当随着国民经济的发展逐步提高。

第五十五条　各级人民政府的教育经费支出，按照事权和财权相统一的原则，在财政预算中单独列项。

各级人民政府教育财政拨款的增长应当高于财政经常性收入的增长，并使按在校学生人数平均的教育费用逐步增长，保证教师工资和学生人均公用经费逐步增长。

第五十六条　国务院及县级以上地方各级人民政府应当设立教育专项资金，重点扶持边远贫困地区、少数民族地区实施义务教育。

第五十七条　税务机关依法足额征收教育费附加，由教育行政部门统筹管理，主要用于实施义务教育。

省、自治区、直辖市人民政府根据国务院的有关规定，可以决定开征用于教育的地方附加费，专款专用。

农村乡统筹中的教育费附加，由乡人民政府组织收取，由县级人民政府教育行政部门代为管理或者由乡人民政府管理，用于本乡范围内乡、村两级教育事业。农村教育费附加在乡统筹中所占具体比例和具体管理办法，由省、自治区、直辖市人民政府规定。

第五十八条　国家采取优惠措施，鼓励和扶持学校在不影响正常教育教学的前提下开展勤工俭学和社会服务，兴办校办产业。

第五十九条　经县级人民政府批准，乡、民族乡、镇的人民政府根据自愿、量力的原则，可以在本行政区域内集资办学，用于实施义务教育学校的危房改造和修缮、新建校舍，不得挪作他用。

第六十条 国家鼓励境内、境外社会组织和个人捐资助学。

第六十一条 国家财政性教育经费、社会组织和个人对教育的捐赠，必须用于教育，不得挪用、克扣。

第六十二条 国家鼓励运用金融、信贷手段，支持教育事业的发展。

第六十三条 各级人民政府及其教育行政部门应当加强对学校及其他教育机构教育经费的监督管理，提高教育投资效益。

第六十四条 地方各级人民政府及其有关行政部门必须把学校的基本建设纳入城乡建设规划，统筹安排学校的基本建设用地及所需物资，按照国家有关规定实行优先、优惠政策。

第六十五条 各级人民政府对教科书及教学用图书资料的出版发行，对教学仪器、设备的生产和供应，对用于学校教育教学和科学研究的图书资料、教学仪器、设备的进口，按照国家有关规定实行优先、优惠政策。

第六十六条 县级以上人民政府应当发展卫星电视教育和其他现代化教学手段，有关行政部门应当优先安排，给予扶持。

国家鼓励学校及其他教育机构推广运用现代化教学手段。

第八章 教育对外交流与合作

第六十七条 国家鼓励开展教育对外交流与合作。

教育对外交流与合作坚持独立自主、平等互利、相互尊重的原则，不得违反中国法律，不得损害国家主权、安全和社会公共利益。

第六十八条 中国境内公民出国留学、研究、进行学术交流或者任教，依照国家有关规定办理。

第六十九条 中国境外个人符合国家规定的条件并办理有关手续后，可以进入中国境内学校及其他教育机构学习、研究、进行学术交流或者任教，其合法权益受国家保护。

第七十条 中国对境外教育机构颁发的学位证书、学历证书及其他学业证书的承认，依照中华人民共和国缔结或者加入的国际条约办理，或者按照国家有关规定办理。

第九章　法律责任

第七十一条　违反国家有关规定，不按照预算核拨教育经费的，由同级人民政府限期核拨；情节严重的，对直接负责的主管人员和其他直接责任人员，依法给予行政处分。

违反国家财政制度、财务制度，挪用、克扣教育经费的，由上级机关责令限期归还被挪用、克扣的经费，并对直接负责的主管人员和其他直接责任人员，依法给予行政处分；构成犯罪的，依法追究刑事责任。

第七十二条　结伙斗殴、寻衅滋事，扰乱学校及其他教育机构教育教学秩序或者破坏校舍、场地及其他财产的，由公安机关给予治安管理处罚；构成犯罪的，依法追究刑事责任。

侵占学校及其他教育机构的校舍、场地及其他财产的，依法承担民事责任。

第七十三条　明知校舍或者教育教学设施有危险，而不采取措施，造成人员伤亡或者重大财产损失的，对直接负责的主管人员和其他直接责任人员，依法追究刑事责任。

第七十四条　违反国家有关规定，向学校或者其他教育机构收取费用的，由政府责令退还所收费用；对直接负责的主管人员和其他直接责任人员，依法给予行政处分。

第七十五条　违反国家有关规定，举办学校或者其他教育机构的，由教育行政部门予以撤销；有违法所得的，没收违法所得；对直接负责的主管人员和其他直接责任人员，依法给予行政处分。

第七十六条　违反国家有关规定招收学员的，由教育行政部门责令退回招收的学员，退还所收费用；对直接负责的主管人员和其他直接责任人员，依法给予行政处分。

第七十七条　在招收学生工作中徇私舞弊的，由教育行政部门责令退回招收的人员；对直接负责的主管人员和其他直接责任人员，依法给予行政处分；构成犯罪的，依法追究刑事责任。

第七十八条　学校及其他教育机构违反国家有关规定向受教育者收取费用的，由教育行政部门责令退还所收费用；对直接负责的主管人员和其他直接责任人员，依法给予行政处分。

第七十九条　在国家教育考试中作弊的，由教育行政部门宣布考试无效，对直接负责的主管人员和其他直接责任人员，依法给予行政处分。

非法举办国家教育考试的，由教育行政部门宣布考试无效；有违法所得的，没收违法所得；对直接负责的主管人员和其他直接责任人员，依法给予行政处分。

第八十条　违反本法规定，颁发学位证书、学历证书或者其他学业证书的，由 教育行政部门宣布证书无效，责令收回或者予以没收；有违法所得的，没收违法所得；情节严重的，取消其颁发证书的资格。

第八十一条　违反本法规定，侵犯教师、受教育者、学校或者其他教育机构的合法权益，造成损失、损害的，应当依法承担民事责任。

第十章　附　则

第八十二条　军事学校教育由中央军事委员会根据本法的原则规定。

宗教学校教育由国务院另行规定。

第八十三条　境外的组织和个人在中国境内办学和合作办学的办法，由国务院规定。

第八十四条　本法自 1995 年 9 月 1 日起施行。

中华人民共和国义务教育法

（1986 年 4 月 12 日第六届全国人民代表大会第四次会议通过　2006 年 6 月 29 日第十届全国人民代表大会常务委员会第二十二次会议修订）

第一章　总　则

第一条　为了保障适龄儿童、少年接受义务教育的权利，保证义务教育的实施，提高全民族素质，根据宪法和教育法，制定本法。

第二条　国家实行九年义务教育制度。

义务教育是国家统一实施的所有适龄儿童、少年必须接受的教育，是国家必须予以保障的公益性事业。

实施义务教育，不收学费、杂费。

国家建立义务教育经费保障机制，保证义务教育制度实施。

第三条 义务教育必须贯彻国家的教育方针，实施素质教育，提高教育质量，使适龄儿童、少年在品德、智力、体质等方面全面发展，为培养有理想、有道德、有文化、有纪律的社会主义建设者和接班人奠定基础。

第四条 凡具有中华人民共和国国籍的适龄儿童、少年，不分性别、民族、种族、家庭财产状况、宗教信仰等，依法享有平等接受义务教育的权利，并履行接受义务教育的义务。

第五条 各级人民政府及其有关部门应当履行本法规定的各项职责，保障适龄儿童、少年接受义务教育的权利。

适龄儿童、少年的父母或者其他法定监护人应当依法保证其按时入学接受并完成义务教育。

依法实施义务教育的学校应当按照规定标准完成教育教学任务，保证教育教学质量。

社会组织和个人应当为适龄儿童、少年接受义务教育创造良好的环境。

第六条 国务院和县级以上地方人民政府应当合理配置教育资源，促进义务教育均衡发展，改善薄弱学校的办学条件，并采取措施，保障农村地区、民族地区实施义务教育，保障家庭经济困难的和残疾的适龄儿童、少年接受义务教育。

国家组织和鼓励经济发达地区支援经济欠发达地区实施义务教育。

第七条 义务教育实行国务院领导，省、自治区、直辖市人民政府统筹规划实施，县级人民政府为主管理的体制。

县级以上人民政府教育行政部门具体负责义务教育实施工作；县级以上人民政府其他有关部门在各自的职责范围内负责义务教育实施工作。

第八条 人民政府教育督导机构对义务教育工作执行法律法规情况、教育教学质量以及义务教育均衡发展状况等进行督导，督导报告向社会公布。

第九条 任何社会组织或者个人有权对违反本法的行为向有关国家机关提出检举或者控告。

发生违反本法的重大事件，妨碍义务教育实施，造成重大社会影响的，负有领导责任的人民政府或者人民政府教育行政部门负责人应当引咎辞职。

第十条 对在义务教育实施工作中做出突出贡献的社会组织和个人，各级人民政府及其有关部门按照有关规定给予表彰、奖励。

第二章 学 生

第十一条 凡年满六周岁的儿童，其父母或者其他法定监护人应当送其入学接受并完成义务教育；条件不具备的地区的儿童，可以推迟到七周岁。

适龄儿童、少年因身体状况需要延缓入学或者休学的，其父母或者其他法定监护人应当提出申请，由当地乡镇人民政府或者县级人民政府教育行政部门批准。

第十二条 适龄儿童、少年免试入学。地方各级人民政府应当保障适龄儿童、少年在户籍所在地学校就近入学。

父母或者其他法定监护人在非户籍所在地工作或者居住的适龄儿童、少年，在其父母或者其他法定监护人工作或者居住地接受义务教育的，当地人民政府应当为其提供平等接受义务教育的条件。具体办法由省、自治区、直辖市规定。

县级人民政府教育行政部门对本行政区域内的军人子女接受义务教育予以保障。

第十三条 县级人民政府教育行政部门和乡镇人民政府组织和督促适龄儿童、少年入学，帮助解决适龄儿童、少年接受义务教育的困难，采取措施防止适龄儿童、少年辍学。

居民委员会和村民委员会协助政府做好工作，督促适龄儿童、少年入学。

第十四条 禁止用人单位招用应当接受义务教育的适龄儿童、少年。

根据国家有关规定经批准招收适龄儿童、少年进行文艺、体育等专业训练的社会组织，应当保证所招收的适龄儿童、少年接受义务教育；自行实施义务教育的，应当经县级人民政府教育行政部门批准。

第三章　学　校

第十五条　县级以上地方人民政府根据本行政区域内居住的适龄儿童、少年的数量和分布状况等因素，按照国家有关规定，制定、调整学校设置规划。新建居民区需要设置学校的，应当与居民区的建设同步进行。

第十六条　学校建设，应当符合国家规定的办学标准，适应教育教学需要；应当符合国家规定的选址要求和建设标准，确保学生和教职工安全。

第十七条　县级人民政府根据需要设置寄宿制学校，保障居住分散的适龄儿童、少年入学接受义务教育。

第十八条　国务院教育行政部门和省、自治区、直辖市人民政府根据需要，在经济发达地区设置接收少数民族适龄儿童、少年的学校（班）。

第十九条　县级以上地方人民政府根据需要设置相应的实施特殊教育的学校（班），对视力残疾、听力语言残疾和智力残疾的适龄儿童、少年实施义务教育。特殊教育学校（班）应当具备适应残疾儿童、少年学习、康复、生活特点的场所和设施。

普通学校应当接收具有接受普通教育能力的残疾适龄儿童、少年随班就读，并为其学习、康复提供帮助。

第二十条　县级以上地方人民政府根据需要，为具有预防未成年人犯罪法规定的严重不良行为的适龄少年设置专门的学校实施义务教育。

第二十一条　对未完成义务教育的未成年犯和被采取强制性教育措施的未成年人应当进行义务教育，所需经费由人民政府予以保障。

第二十二条　县级以上人民政府及其教育行政部门应当促进学校均衡发展，缩小学校之间办学条件的差距，不得将学校分为重点学校和非重点学校。学校不得分设重点班和非重点班。

县级以上人民政府及其教育行政部门不得以任何名义改变或者变相改变公办学校的性质。

第二十三条　各级人民政府及其有关部门依法维护学校周边秩序，保护学生、教师、学校的合法权益，为学校提供安全保障。

第二十四条 学校应当建立、健全安全制度和应急机制，对学生进行安全教育，加强管理，及时消除隐患，预防发生事故。

县级以上地方人民政府定期对学校校舍安全进行检查；对需要维修、改造的，及时予以维修、改造。

学校不得聘用曾经因故意犯罪被依法剥夺政治权利或者其他不适合从事义务教育工作的人担任工作人员。

第二十五条 学校不得违反国家规定收取费用，不得以向学生推销或者变相推销商品、服务等方式谋取利益。

第二十六条 学校实行校长负责制。校长应当符合国家规定的任职条件。校长由县级人民政府教育行政部门依法聘任。

第二十七条 对违反学校管理制度的学生，学校应当予以批评教育，不得开除。

第四章 教 师

第二十八条 教师享有法律规定的权利，履行法律规定的义务，应当为人师表，忠诚于人民的教育事业。

全社会应当尊重教师。

第二十九条 教师在教育教学中应当平等对待学生，关注学生的个体差异，因材施教，促进学生的充分发展。

教师应当尊重学生的人格，不得歧视学生，不得对学生实施体罚、变相体罚或者其他侮辱人格尊严的行为，不得侵犯学生合法权益。

第三十条 教师应当取得国家规定的教师资格。

国家建立统一的义务教育教师职务制度。教师职务分为初级职务、中级职务和高级职务。

第三十一条 各级人民政府保障教师工资福利和社会保险待遇，改善教师工作和生活条件；完善农村教师工资经费保障机制。

教师的平均工资水平应当不低于当地公务员的平均工资水平。

特殊教育教师享有特殊岗位补助津贴。在民族地区和边远贫困地区工作的教师享有艰苦贫困地区补助津贴。

第三十二条 县级以上人民政府应当加强教师培养工作，采取措施发展教师教育。

县级人民政府教育行政部门应当均衡配置本行政区域内学校师资力量，组织校长、教师的培训和流动，加强对薄弱学校的建设。

第三十三条 国务院和地方各级人民政府鼓励和支持城市学校教师和高等学校毕业生到农村地区、民族地区从事义务教育工作。

国家鼓励高等学校毕业生以志愿者的方式到农村地区、民族地区缺乏教师的学校任教。县级人民政府教育行政部门依法认定其教师资格，其任教时间计入工龄。

第五章 教育教学

第三十四条 教育教学工作应当符合教育规律和学生身心发展特点，面向全体学生，教书育人，将德育、智育、体育、美育等有机统一在教育教学活动中，注重培养学生独立思考能力、创新能力和实践能力，促进学生全面发展。

第三十五条 国务院教育行政部门根据适龄儿童、少年身心发展的状况和实际情况，确定教学制度、教育教学内容和课程设置，改革考试制度，并改进高级中等学校招生办法，推进实施素质教育。

学校和教师按照确定的教育教学内容和课程设置开展教育教学活动，保证达到国家规定的基本质量要求。

国家鼓励学校和教师采用启发式教育等教育教学方法，提高教育教学质量。

第三十六条 学校应当把德育放在首位，寓德育于教育教学之中，开展与学生年龄相适应的社会实践活动，形成学校、家庭、社会相互配合的思想道德教育体系，促进学生养成良好的思想品德和行为习惯。

第三十七条 学校应当保证学生的课外活动时间，组织开展文化娱乐等课外活动。社会公共文化体育设施应当为学校开展课外活动提供便利。

第三十八条 教科书根据国家教育方针和课程标准编写，内容力求精简，精选必备的基础知识、基本技能，经济实用，保证质量。

国家机关工作人员和教科书审查人员，不得参与或者变相参与教科书的编写工作。

第三十九条 国家实行教科书审定制度。教科书的审定办法由国务院教育行政部门规定。

未经审定的教科书，不得出版、选用。

第四十条 教科书由国务院价格行政部门会同出版行政部门按照微利原则确定基准价。省、自治区、直辖市人民政府价格行政部门会同出版行政部门按照基准价确定零售价。

第四十一条 国家鼓励教科书循环使用。

第六章 经费保障

第四十二条 国家将义务教育全面纳入财政保障范围，义务教育经费由国务院和地方各级人民政府依照本法规定予以保障。

国务院和地方各级人民政府将义务教育经费纳入财政预算，按照教职工编制标准、工资标准和学校建设标准、学生人均公用经费标准等，及时足额拨付义务教育经费，确保学校的正常运转和校舍安全，确保教职工工资按照规定发放。

国务院和地方各级人民政府用于实施义务教育财政拨款的增长比例应当高于财政经常性收入的增长比例，保证按照在校学生人数平均的义务教育费用逐步增长，保证教职工工资和学生人均公用经费逐步增长。

第四十三条 学校的学生人均公用经费基本标准由国务院财政部门会同教育行政部门制定，并根据经济和社会发展状况适时调整。制定、调整学生人均公用经费基本标准，应当满足教育教学基本需要。

省、自治区、直辖市人民政府可以根据本行政区域的实际情况，制定不低于国家标准的学校学生人均公用经费标准。

特殊教育学校（班）学生人均公用经费标准应当高于普通学校学生人均公用经费标准。

第四十四条 义务教育经费投入实行国务院和地方各级人民政府根据职责共同负担，省、自治区、直辖市人民政府负责统筹落实的体制。农村义务教育所需经费，由各级人民政府根据国务院的规定分项目、按比例分担。

各级人民政府对家庭经济困难的适龄儿童、少年免费提供教科书并补助寄宿生生活费。

义务教育经费保障的具体办法由国务院规定。

第四十五条 地方各级人民政府在财政预算中将义务教育经费单列。

县级人民政府编制预算，除向农村地区学校和薄弱学校倾斜外，应当均衡安排义务教育经费。

第四十六条 国务院和省、自治区、直辖市人民政府规范财政转移支付制度，加大一般性转移支付规模和规范义务教育专项转移支付，支持和引导地方各级人民政府增加对义务教育的投入。地方各级人民政府确保将上级人民政府的义务教育转移支付资金按照规定用于义务教育。

第四十七条 国务院和县级以上地方人民政府根据实际需要，设立专项资金，扶持农村地区、民族地区实施义务教育。

第四十八条 国家鼓励社会组织和个人向义务教育捐赠，鼓励按照国家有关基金会管理的规定设立义务教育基金。

第四十九条 义务教育经费严格按照预算规定用于义务教育；任何组织和个人不得侵占、挪用义务教育经费，不得向学校非法收取或者摊派费用。

第五十条 县级以上人民政府建立健全义务教育经费的审计监督和统计公告制度。

第七章 法律责任

第五十一条 国务院有关部门和地方各级人民政府违反本法第六章的规定，未履行对义务教育经费保障职责的，由国务院或者上级地方人民政府责令限期改正；情节严重的，对直接负责的主管人员和其他直接责任人员依法给予行政处分。

第五十二条 县级以上地方人民政府有下列情形之一的，由上级人民政府责令限期改正；情节严重的，对直接负责的主管人员和其他直接责任人员依法给予行政处分：

（一）未按照国家有关规定制定、调整学校的设置规划的；

（二）学校建设不符合国家规定的办学标准、选址要求和建设标准的；

（三）未定期对学校校舍安全进行检查，并及时维修、改造的；

（四）未依照本法规定均衡安排义务教育经费的。

第五十三条 县级以上人民政府或者其教育行政部门有下列情形之一

的，由上级人民政府或者其教育行政部门责令限期改正、通报批评；情节严重的，对直接负责的主管人员和其他直接责任人员依法给予行政处分：

（一）将学校分为重点学校和非重点学校的；

（二）改变或者变相改变公办学校性质的。

县级人民政府教育行政部门或者乡镇人民政府未采取措施组织适龄儿童、少年入学或者防止辍学的，依照前款规定追究法律责任。

第五十四条 有下列情形之一的，由上级人民政府或者上级人民政府教育行政部门、财政部门、价格行政部门和审计机关根据职责分工责令限期改正；情节严重的，对直接负责的主管人员和其他直接责任人员依法给予处分：

（一）侵占、挪用义务教育经费的；

（二）向学校非法收取或者摊派费用的。

第五十五条 学校或者教师在义务教育工作中违反教育法、教师法规定的，依照教育法、教师法的有关规定处罚。

第五十六条 学校违反国家规定收取费用的，由县级人民政府教育行政部门责令退还所收费用；对直接负责的主管人员和其他直接责任人员依法给予处分。

学校以向学生推销或者变相推销商品、服务等方式谋取利益的，由县级人民政府教育行政部门给予通报批评；有违法所得的，没收违法所得；对直接负责的主管人员和其他直接责任人员依法给予处分。

国家机关工作人员和教科书审查人员参与或者变相参与教科书编写的，由县级以上人民政府或者其教育行政部门根据职责权限责令限期改正，依法给予行政处分；有违法所得的，没收违法所得。

第五十七条 学校有下列情形之一的，由县级人民政府教育行政部门责令限期改正；情节严重的，对直接负责的主管人员和其他直接责任人员依法给予处分：

（一）拒绝接收具有接受普通教育能力的残疾适龄儿童、少年随班就读的；

（二）分设重点班和非重点班的；

（三）违反本法规定开除学生的；

（四）选用未经审定的教科书的。

第五十八条 适龄儿童、少年的父母或者其他法定监护人无正当理由未依照本法规定送适龄儿童、少年入学接受义务教育的，由当地乡镇人民政府或者县级人民政府教育行政部门给予批评教育，责令限期改正。

第五十九条 有下列情形之一的，依照有关法律、行政法规的规定予以处罚：

（一）胁迫或者诱骗应当接受义务教育的适龄儿童、少年失学、辍学的；

（二）非法招用应当接受义务教育的适龄儿童、少年的；

（三）出版未经依法审定的教科书的。

第六十条 违反本法规定，构成犯罪的，依法追究刑事责任。

第八章 附 则

第六十一条 对接受义务教育的适龄儿童、少年不收杂费的实施步骤，由国务院规定。

第六十二条 社会组织或者个人依法举办的民办学校实施义务教育的，依照民办教育促进法有关规定执行；民办教育促进法未作规定的，适用本法。

第六十三条 本法自2006年9月1日起施行。

中华人民共和国高等教育法

（1998年8月29日第九届全国人民代表大会常务委员会第四次会议通过 1998年8月29日中华人民共和国主席令第七号公布 自1999年1月1日起施行）

第一章 总 则

第一条 为了发展高等教育事业，实施科教兴国战略，促进社会主义物质文明和精神文明建设，根据宪法和教育法，制定本法。

第二条 在中华人民共和国境内从事高等教育活动，适用本法。

本法所称高等教育，是指在完成高级中等教育基础上实施的教育。

第三条 国家坚持以马克思列宁主义、毛泽东思想、邓小平理论为指导，遵循宪法确定的基本原则，发展社会主义的高等教育事业。

第四条 高等教育必须贯彻国家的教育方针，为社会主义现代化建设服务，与生产劳动相结合，使受教育者成为德、智、体等方面全面发展的社会主义事业的建设者和接班人。

第五条 高等教育的任务是培养具有创新精神和实践能力的高级专门人才，发展科学技术文化，促进社会主义现代化建设。

第六条 国家根据经济建设和社会发展的需要，制定高等教育发展规划，举办高等学校，并采取多种形式积极发展高等教育事业。

国家鼓励企业事业组织、社会团体及其他社会组织和公民等社会力量依法举办高等学校，参与和支持高等教育事业的改革和发展。

第七条 国家按照社会主义现代化建设和发展社会主义市场经济的需要，根据不同类型、不同层次高等学校的实际，推进高等教育体制改革和高等教育教学改革，优化高等教育结构和资源配置，提高高等教育的质量和效益。

第八条 国家根据少数民族的特点和需要，帮助和支持少数民族地区发展高等教育事业，为少数民族培养高级专门人才。

第九条 公民依法享有接受高等教育的权利。

国家采取措施，帮助少数民族学生和经济困难的学生接受高等教育。

高等学校必须招收符合国家规定的录取标准的残疾学生入学，不得因其残疾而拒绝招收。

第十条 国家依法保障高等学校中的科学研究，文学艺术创作和其他文化活动的自由。

在高等学校中从事科学研究、文学艺术创作和其他文化活动，应当遵守法律。

第十一条 高等学校应当面向社会，依法自主办学，实行民主管理。

第十二条 国家鼓励高等学校之间、高等学校与科学研究机构以及企业事业组织之间开展协作，实行优势互补，提高教育资源的使用效益。

国家鼓励和支持高等教育事业的国际交流与合作。

第十三条 国务院统一领导和管理全国高等教育事业。

省、自治区、直辖市人民政府统筹协调本行政区域内的高等教育事业，管理主要为地方培养人才和国务院授权管理的高等学校。

第十四条 国务院教育行政部门主管全国高等教育工作，管理由国务院确定的主要为全国培养人才的高等学校。国务院其他有关部门在国务院规定的职责范围内，负责有关的高等教育工作。

第二章 高等教育基本制度

第十五条 高等教育包括学历教育和非学历教育。

高等教育采用全日制和非全日制教育形式。

国家支持采用广播、电视、函授及其他远程教育方式实施高等教育。

第十六条 高等学历教育分为专科教育、本科教育和研究生教育。

高等学历教育应当符合下列学业标准：

（一）专科教育应当使学生掌握本专业必备的基础理论、专门知识，具有从事本专业实际工作的基本技能和初步能力；

（二）本科教育应当使学生比较系统地掌握本学科、专业必需的基础理论、基本知识，掌握本专业必要的基本技能、方法和相关知识，具有从事本专业实际工作和研究工作的初步能力；

（三）硕士研究生教育应当使学生掌握本学科坚实的基础理论、系统的专业知识，掌握相应的技能、方法和相关知识，具有从事本专业实际工作和科学研究工作的能力。博士研究生教育应当使学生掌握本学科坚实宽广的基础理论、系统深入的专业知识、相应的技能和方法，具有独立从事本学科创造性科学研究工作和实际工作的能力。

第十七条 专科教育的基本修业年限为二至三年，本科教育的基本修业年限为四至五年，硕士研究生教育的基本修业年限为二至三年，博士研究生教育的基本修业年限为三至四年。非全日制高等学历教育的修业年限应当适当延长。高等学校根据实际需要，报主管的教育行政部门批准，可以对本学校的修业年限作出调整。

第十八条 高等教育由高等学校和其他高等教育机构实施。

大学、独立设置的学院主要实施本科及本科以上教育。高等专科学校实施专科教育。经国务院教育行政部门批准，科学研究机构可以承担研究生教育的任务。

其他高等教育机构实施非学历高等教育。

第十九条 高级中等教育毕业或者具有同等学力的，经考试合格，由实施相应学历教育的高等学校录取，取得专科生或者本科生入学资格。

本科毕业或者具有同等学力的，经考试合格，由实施相应学历教育的高等学校或者经批准承担研究生教育任务的科学研究机构录取，取得硕士研究生入学资格。

硕士研究生毕业或者具有同等学力的，经考试合格，由实施相应学历教育的高等学校或者经批准承担研究生教育任务的科学研究机构录取，取得博士研究生入学资格。

允许特定学科和专业的本科毕业生直接取得博士研究生入学资格，具体办法由国务院教育行政部门规定。

第二十条 接受高等学历教育的学生，由所在高等学校或者经批准承担研究生教育任务的科学研究机构根据其修业年限、学业成绩等，按照国家有关规定，发给相应的学历证书或者其他学业证书。

接受非学历高等教育的学生，由所在高等学校或者其他高等教育机构发给相应的结业证书。结业证书应当载明修业年限和学业内容。

第二十一条 国家实行高等教育自学考试制度，经考试合格的，发给相应的学历证书或者其他学业证书。

第二十二条 国家实行学位制度。学位分为学士、硕士和博士。

公民通过接受高等教育或者自学，其学业水平达到国家规定的学位标准，可以向学位授予单位申请授予相应的学位。

第二十三条 高等学校和其他高等教育机构应当根据社会需要和自身办学条件，承担实施继续教育的工作。

第三章　高等学校的设立

第二十四条 设立高等学校，应当符合国家高等教育发展规划，符合国家利益和社会公共利益，不得以营利为目的。

第二十五条 设立高等学校，应当具备教育法规定的基本条件。

大学或者独立设置的学院还应当具有较强的教学、科学研究力量，较高的教学、科学研究水平和相应规模，能够实施本科及本科以上教育。

大学还必须设有三个以上国家规定的学科门类为主要学科。设立高等学校的具体标准由国务院制定。

设立其他高等教育机构的具体标准，由国务院授权的有关部门或者省、自治区、直辖市人民政府根据国务院规定的原则制定。

第二十六条 设立高等学校，应当根据其层次、类型、所设学科类别、规模、教学和科学研究水平，使用相应的名称。

第二十七条 申请设立高等学校的，应当向审批机关提交下列材料：

（一）申办报告；

（二）可行性论证材料；

（三）章程；

（四）审批机关依照本法规定要求提供的其他材料。

第二十八条 高等学校的章程应当规定以下事项：

（一）学校名称、校址；

（二）办学宗旨；

（三）办学规模；

（四）学科门类的设置；

（五）教育形式；

（六）内部管理体制；

（七）经费来源、财产和财务制度；

（八）举办者与学校之间的权利、义务；

（九）章程修改程序；

（十）其他必须由章程规定的事项。

第二十九条 设立高等学校由国务院教育行政部门审批，其中设立实施专科教育的高等学校，经国务院授权，也可以由省、自治区、直辖市人民政府审批；设立其他高等教育机构，由国务院授权的有关部门或者省、自治区、直辖市人民政府审批。对不符合规定条件审批设立的高等学校和其他高等教育机构，国务院教育行政部门有权予以撤销。

审批高等学校的设立，应当聘请由专家组成的评议机构评议。

高等学校和其他高等教育机构分立、合并、终止，变更名称、类别和其他重要事项，由原审批机关审批；章程的修改，应当报原审批机关核准。

第四章　高等学校的组织和活动

第三十条　高等学校自批准设立之日起取得法人资格。高等学校的校长为高等学校的法定代表人。

高等学校在民事活动中依法享有民事权利，承担民事责任。

第三十一条　高等学校应当以培养人才为中心，开展教学、科学研究和社会服务，保证教育教学质量达到国家规定的标准。

第三十二条　高等学校根据社会需求、办学条件和国家核定的办学规模，制定招生方案，自主调节系科招生比例。

第三十三条　高等学校依法自主设置和调整学科、专业。

第三十四条　高等学校根据教学需要，自主制定教学计划、选编教材、组织实施教学活动。

第三十五条　高等学校根据自身条件，自主开展科学研究、技术开发和社会服务。

国家鼓励高等学校同企业事业组织、社会团体及其他社会组织在科学研究、技术开发和推广等方面进行多种形式的合作。

国家支持具备条件的高等学校成为国家科学研究基地。

第三十六条　高等学校按照国家有关规定，自主开展与境外高等学校之间的科学技术文化交流与合作。

第三十七条　高等学校根据实际需要和精简、效能的原则，自主确定教学、科学研究、行政职能部门等内部组织机构的设置和人员配备；按照国家有关规定，评聘教师和其他专业技术人员的职务，调整津贴及工资分配。

第三十八条　高等学校对举办者提供的财产、国家财政性资助、受捐赠财产依法自主管理和使用。

高等学校不得将用于教学和科学研究活动的财产挪作他用。

第三十九条　国家举办的高等学校实行中国共产党高等学校基层委员会领导下的校长负责制。中国共产党高等学校基层委员会按照中国共产党章程和有关规定，统一领导学校工作，支持校长独立负责地行使职权，其领导职责主要是：执行中国共产党的路线、方针、政策，坚持社会主义办学方向，领导学校的思想政治工作和德育工作，讨论决定学校内部组织机构的设置和内部组织机构负责人的人选，讨论决定学校的改革、发展和基本管理制度等重大事项，保证以培养人才为中心的各项任务的完成。

社会力量举办的高等学校的内部管理体制按照国家有关社会力量办学的规定确定。

第四十条 高等学校的校长，由符合教育法规定的任职条件的公民担任。高等学校的校长、副校长按照国家有关规定任免。

第四十一条 高等学校的校长全面负责本学校的教学、科学研究和其他行政管理工作，行使下列职权：

（一）拟订发展规划，制定具体规章制度和年度工作计划并组织实施；

（二）组织教学活动、科学研究和思想品德教育；

（三）拟订内部组织机构的设置方案，推荐副校长人选，任免内部组织机构的负责人；

（四）聘任与解聘教师以及内部其他工作人员，对学生进行学籍管理并实施奖励或者处分；

（五）拟订和执行年度经费预算方案，保护和管理校产，维护学校的合法权益；

（六）章程规定的其他职权。

高等学校的校长主持校长办公会议或者校务会议，处理前款规定的有关事项。

第四十二条 高等学校设立学术委员会，审议学科、专业的设置，教学、科学研究计划方案，评定教学、科学研究成果等有关学术事项。

第四十三条 高等学校通过以教师为主体的教职工代表大会等组织形式，依法保障教职工参与民主管理和监督，维护教职工合法权益。

第四十四条 高等学校的办学水平、教育质量，接受教育行政部门的监督和由其组织的评估。

第五章 高等学校教师和其他教育工作者

第四十五条 高等学校的教师及其他教育工作者享有法律规定的权利，履行法律规定的义务，忠诚于人民的教育事业。

第四十六条 高等学校实行教师资格制度。中国公民凡遵守宪法和法律，热爱教育事业，具有良好的思想品德，具备研究生或者大学本科毕业学历，有相应的教育教学能力，经认定合格，可以取得高等学校教师资格。不具备研究生或者大学本科毕业学历的公民，学有所长，通过国家教师资格考试，经认定合格，也可以取得高等学校教师资格。

第四十七条 高等学校实行教师职务制度。高等学校教师职务根据学校所承担的教学、科学研究等任务的需要设置。教师职务设助教、讲师、副教授、教授。

高等学校的教师取得前款规定的职务应当具备下列基本条件：

（一）取得高等学校教师资格；

（二）系统地掌握本学科的基础理论；

（三）具备相应职务的教育教学能力和科学研究能力；

（四）承担相应职务的课程和规定课时的教学任务。

教授、副教授除应当具备以上基本任职条件外，还应当对本学科具有系统而坚实的基础理论和比较丰富的教学、科学研究经验，教学成绩显著，论文或者著作达到较高水平或者有突出的教学、科学研究成果。

高等学校教师职务的具体任职条件由国务院规定。

第四十八条 高等学校实行教师聘任制。教师经评定具备任职条件的，由高等学校按照教师职务的职责、条件和任期聘任。

高等学校的教师的聘任，应当遵循双方平等自愿的原则，由高等学校校长与受聘教师签订聘任合同。

第四十九条 高等学校的管理人员，实行教育职员制度。高等学校的教学辅助人员及其他专业技术人员，实行专业技术职务聘任制度。

第五十条 国家保护高等学校教师及其他教育工作者的合法权益，采取措施改善高等学校教师及其他教育工作者的工作条件和生活条件。

第五十一条 高等学校应当为教师参加培训、开展科学研究和进行学术交流提供便利条件。

高等学校应当对教师、管理人员和教学辅助人员及其他专业技术人员的思想政治表现、职业道德、业务水平和工作实绩进行考核，考核结果作为聘任或者解聘、晋升、奖励或者处分的依据。

第五十二条 高等学校的教师、管理人员和教学辅助人员及其他专业技术人员，应当以教学和培养人才为中心做好本职工作。

第六章　高等学校的学生

第五十三条　高等学校的学生应当遵守法律、法规，遵守学生行为规范和学校的各项管理制度，尊敬师长，刻苦学习，增强体质，树立爱国主义、集体主义和社会主义思想，努力学习马克思列宁主义、毛泽东思想、邓小平理论，具有良好的思想品德，掌握较高的科学文化知识和专业技能。

高等学校学生的合法权益，受法律保护。

第五十四条　高等学校的学生应当按照国家规定缴纳学费。

家庭经济困难的学生，可以申请补助或者减免学费。

第五十五条　国家设立奖学金，并鼓励高等学校、企业事业组织、社会团体以及其他社会组织和个人按照国家有关规定设立各种形式的奖学金，对品学兼优的学生、国家规定的专业的学生以及到国家规定的地区工作的学生给予奖励。

国家设立高等学校学生勤工助学基金和贷学金，并鼓励高等学校、企业事业组织、社会团体以及其他社会组织和个人设立各种形式的助学金，对家庭经济困难的学生提供帮助。

获得贷学金及助学金的学生，应当履行相应的义务。

第五十六条　高等学校的学生在课余时间可以参加社会服务和勤工助学活动，但不得影响学业任务的完成。

高等学校应当对学生的社会服务和勤工助学活动给予鼓励和支持，并进行引导和管理。

第五十七条　高等学校的学生，可以在校内组织学生团体。学生团体在法律、法规规定的范围内活动，服从学校的领导和管理。

第五十八条　高等学校的学生思想品德合格，在规定的修业年限内学完规定的课程，成绩合格或者修满相应的学分，准予毕业。

第五十九条　高等学校应当为毕业生、结业生提供就业指导和服务。

国家鼓励高等学校毕业生到边远、艰苦地区工作。

第七章　高等教育投入和条件保障

第六十条　国家建立以财政拨款为主、其他多种渠道筹措高等教育经费为辅的体制，使高等教育事业的发展同经济、社会发展的水平相适应。

国务院和省、自治区、直辖市人民政府依照教育法第五十五条的规定，保证国家举办的高等教育的经费逐步增长。

国家鼓励企业事业组织、社会团体及其他社会组织和个人向高等教育投入。

第六十一条 高等学校的举办者应当保证稳定的办学经费来源，不得抽回其投入的办学资金。

第六十二条 国务院教育行政部门会同国务院其他有关部门根据在校学生年人均教育成本，规定高等学校年经费开支标准和筹措的基本原则；省、自治区、直辖市人民政府教育行政部门会同有关部门制订本行政区域内高等学校年经费开支标准和筹措办法，作为举办者和高等学校筹措办学经费的基本依据。

第六十三条 国家对高等学校进口图书资料、教学科研设备以及校办产业实行优惠政策。高等学校所办产业或者转让知识产权以及其他科学技术成果获得的收益，用于高等学校办学。

第六十四条 高等学校收取的学费应当按照国家有关规定管理和使用，其他任何组织和个人不得挪用。

第六十五条 高等学校应当依法建立、健全财务管理制度，合理使用、严格管理教育经费，提高教育投资效益。

高等学校的财务活动应当依法接受监督。

第八章 附 则

第六十六条 对高等教育活动中违反教育法规定的，依照教育法的有关规定给予处罚。

第六十七条 中国境外个人符合国家规定的条件并办理有关手续后，可以进入中国境内高等学校学习、研究、进行学术交流或者任教，其合法权益受国家保护。

第六十八条 本法所称高等学校是指大学、独立设置的学院和高等专科学校，其中包括高等职业学校和成人高等学校。

本法所称其他高等教育机构是指除高等学校和经批准承担研究生教

育任务的科学研究机构以外的从事高等教育活动的组织。

本法有关高等学校的规定适用于其他高等教育机构和经批准承担研究生教育任务的科学研究机构，但是对高等学校专门适用的规定除外。

第六十九条 本法自1999年1月1日起施行。

中华人民共和国教师法

（1993年10月31日第八届全国人民代表大会常务委员会第四次会议通过 1993年10月31日中华人民共和国主席令第十五号公布 自1994年1月1日起施行）

第一章 总 则

第一条 为了保障教师的合法权益，建设具有良好思想品德修养和业务素质的教师队伍，促进社会主义教育事业的发展，制定本法。

第二条 本法适用于在各级各类学校和其他教育机构中专门从事教育教学工作的教师。

第三条 教师是履行教育教学职责的专业人员，承担教书育人，培养社会主义事业建设者和接班人、提高民族素质的使命。教师应当忠诚于人民的教育事业。

第四条 各级人民政府应当采取措施，加强教师的思想政治教育和业务培训，改善教师的工作条件和生活条件，保障教师的合法权益，提高教师的社会地位。

全社会都应当尊重教师。

第五条 国务院教育行政部门主管全国的教师工作。

国务院有关部门在各自职权范围内负责有关的教师工作。

学校和其他教育机构根据国家规定，自主进行教师管理工作。

第六条 每年九月十日为教师节。

第二章　权利和义务

第七条　教师享有下列权利：

（一）进行教育教学活动，开展教育教学改革和实验；

（二）从事科学研究、学术交流，参加专业的学术团体，在学术活动中充分发表意见；

（三）指导学生的学习和发展，评定学生的品行和学业成绩；

（四）按时获取工资报酬，享受国家规定的福利待遇以及寒暑假期的带薪休假；

（五）对学校教育教学、管理工作和教育行政部门的工作提出意见和建议，通过教职工代表大会或者其他形式，参与学校的民主管理；

（六）参加进修或者其他方式的培训。

第八条　教师应当履行下列义务：

（一）遵守宪法、法律和职业道德，为人师表；

（二）贯彻国家的教育方针，遵守规章制度，执行学校的教学计划，履行教师聘约，完成教育教学工作任务；

（三）对学生进行宪法所确定的基本原则的教育和爱国主义、民族团结的教育，法制教育以及思想品德、文化、科学技术教育，组织、带领学生开展有益的社会活动；

（四）关心、爱护全体学生，尊重学生人格，促进学生在品德、智力、体质等方面全面发展；

（五）制止有害于学生的行为或者其他侵犯学生合法权益的行为，批评和抵制有害于学生健康成长的现象；

（六）不断提高思想政治觉悟和教育教学业务水平。

第九条　为保障教师完成教育教学任务，各级人民政府、教育行政部门、有关部门、学校和其他教育机构应当履行下列职责：

（一）提供符合国家安全标准的教育教学设施和设备；

（二）提供必需的图书、资料及其他教育教学用品；

（三）对教师在教育教学、科学研究中的创造性工作给以鼓励和帮助；

（四）支持教师制止有害于学生的行为或者其他侵犯学生合法权益的行为。

第三章　资格和任用

第十条　国家实行教师资格制度。

中国公民凡遵守宪法和法律，热爱教育事业，具有良好的思想品德，具备本法规定的学历或者经国家教师资格考试合格，有教育教学能力，经认定合格的，可以取得教师资格。

第十一条　取得教师资格应当具备的相应学历是：

（一）取得幼儿园教师资格，应当具备幼儿师范学校毕业及其以上学历；

（二）取得小学教师资格，应当具备中等师范学校毕业及其以上学历；

（三）取得初级中学教师、初级职业学校文化、专业课教师资格，应当具备高等师范专科学校或者其他大学专科毕业及其以上学历；

（四）取得高级中学教师资格和中等专业学校、技工学校、职业高中文化课、专业课教师资格，应当具备高等师范院校本科或者其他大学本科毕业及其以上学历；取得中等专业学校、技工学校和职业高中学生实习指导教师资格应当具备的学历，由国务院教育行政部门规定；

（五）取得高等学校教师资格，应当具备研究生或者大学本科毕业学历；

（六）取得成人教育教师资格，应当按照成人教育的层次、类别，分别具备高等、中等学校毕业及其以上学历。

不具备本法规定的教师资格学历的公民，申请获取教师资格，必须通过国家教师资格考试。国家教师资格考试制度由国务院规定。

第十二条　本法实施前已经在学校或者其他教育机构中任教的教师，未具备本法规定学历的，由国务院教育行政部门规定教师资格过渡办法。

第十三条　中小学教师资格由县级以上地方人民政府教育行政部门认定。中等专业学校、技工学校的教师资格由县级以上地方人民政府教育行政部门组织有关主管部门认定。普通高等学校的教师资格由国务院或者省、自治区、直辖市教育行政部门或者由其委托的学校认定。

具备本法规定的学历或者经国家教师资格考试合格的公民，要求有关部门认定其教师资格的，有关部门应当依照本法规定的条件予以认定。

取得教师资格的人员首次任教时，应当有试用期。

第十四条 受到剥夺政治权利或者故意犯罪受到有期徒刑以上刑事处罚的，不能取得教师资格；已经取得教师资格的，丧失教师资格。

第十五条 各级师范学校毕业生，应当按照国家有关规定从事教育教学工作。

国家鼓励非师范高等学校毕业生到中小学或者职业学校任教。

第十六条 国家实行教师职务制度，具体办法由国务院规定。

第十七条 学校和其他教育机构应当逐步实行教师聘任制。教师的聘任应当遵循双方地位平等的原则，由学校和教师签订聘任合同，明确规定双方的权利、义务和责任。

实施教师聘任制的步骤、办法由国务院教育行政部门规定。

第四章 培养和培训

第十八条 各级人民政府和有关部门应当办好师范教育，并采取措施，鼓励优秀青年进入各级师范学校学习。各级教师进修学校承担培训中小学教师的任务。

非师范学校应当承担培养和培训中小学教师的任务。

各级师范学校学生享受专业奖学金。

第十九条 各级人民政府教育行政部门、学校主管部门和学校应当制定教师培训规划，对教师进行多种形式的思想政治、业务培训。

第二十条 国家机关、企业事业单位和其他社会组织应当为教师的社会调查和社会实践提供方便，给予协助。

第二十一条 各级人民政府应当采取措施，为少数民族地区和边远贫困地区培养、培训教师。

第五章 考 核

第二十二条 学校或者其他教育机构应当对教师的政治思想、业务水平、工作态度和工作成绩进行考核。

教育行政部门对教师的考核工作进行指导、监督。

第二十三条 考核应当客观、公正、准确，充分听取教师本人、其他教师以及学生的意见。

第二十四条　教师考核结果是受聘任教、晋升工资、实施奖惩的依据。

第六章　待　遇

第二十五条　教师的平均工资水平应当不低于或者高于国家公务员的平均工资水平，并逐步提高。建立正常晋级增薪制度，具体办法由国务院规定。

第二十六条　中小学教师和职业学校教师享受教龄津贴和其他津贴，具体办法由国务院教育行政部门会同有关部门制定。

第二十七条　地方各级人民政府对教师以及具有中专以上学历的毕业生到少数民族地区和边远贫困地区从事教育教学工作的，应当予以补贴。

第二十八条　地方各级人民政府和国务院有关部门，对城市教师住房的建设、租赁、出售实行优先、优惠。

县、乡两级人民政府应当为农村中小学教师解决住房提供方便。

第二十九条　教师的医疗同当地国家公务员享受同等的待遇；定期对教师进行身体健康检查，并因地制宜安排教师进行休养。

医疗机构应当对当地教师的医疗提供方便。

第三十条　教师退休或者退职后，享受国家规定的退休或者退职待遇。

县级以上地方人民政府可以适当提高长期从事教育教学工作的中小学退休教师的退休金比例。

第三十一条　各级人民政府应当采取措施，改善国家补助、集体支付工资的中小学教师的待遇，逐步做到在工资收入上与国家支付工资的教师同工同酬，具体办法由地方各级人民政府根据本地区的实际情况规定。

第三十二条　社会力量所办学校的教师的待遇，由举办者自行确定并予以保障。

第七章　奖　励

第三十三条　教师在教育教学、培养人才、科学研究、教学改革、学校建设、社会服务、勤工俭学等方面成绩优异的，由所在学校予以表彰、奖励。

国务院和地方各级人民政府及其有关部门对有突出贡献的教师，应当予以表彰、奖励。

对有重大贡献的教师，依照国家有关规定授予荣誉称号。

第三十四条 国家支持和鼓励社会组织或者个人向依法成立的奖励教师的基金组织捐助资金，对教师进行奖励。

第八章 法律责任

第三十五条 侮辱、殴打教师的，根据不同情况，分别给予行政处分或者行政处罚；造成损害的，责令赔偿损失；情节严重，构成犯罪的，依法追究刑事责任。

第三十六条 对依法提出申诉、控告、检举的教师进行打击报复的，由其所在单位或者上级机关责令改正；情节严重的，可以根据具体情况给予行政处分。

国家工作人员对教师打击报复构成犯罪的，依照刑法第一百四十六条的规定追究刑事责任。

第三十七条 教师有下列情形之一的，由所在学校、其他教育机构或者教育行政部门给予行政处分或者解聘：

（一）故意不完成教育教学任务给教育教学工作造成损失的；

（二）体罚学生，经教育不改的；

（三）品行不良、侮辱学生，影响恶劣的。

教师有前款第（二）项、第（三）项所列情形之一，情节严重，构成犯罪的，依法追究刑事责任。

第三十八条 地方人民政府对违反本法规定，拖欠教师工资或者侵犯教师其他合法权益的，应当责令其限期改正。

违反国家财政制度、财务制度，挪用国家财政用于教育的经费，严重妨碍教育教学工作，拖欠教师工资，损害教师合法权益的，由上级机关责令限期归还被挪用的经费，并对直接责任人员给予行政处分；情节严重，构成犯罪的，依法追究刑事责任。

第三十九条 教师对学校或者其他教育机构侵犯其合法权益的，或者对学校或者其他教育机构作出的处理不服的，可以向教育行政部门提出申诉，教育行政部门应当在接到申诉的三十日内，作出处理。

教师认为当地人民政府有关行政部门侵犯其根据本法规定享有的权利的，可以向同级人民政府或者上一级人民政府有关部门提出申诉，同级人民政府或者上一级人民政府有关部门应当作出处理。

第九章　附　则

第四十条　本法下列用语的含义是：

（一）各级各类学校，是指实施学前教育、普通初等教育、普通中等教育、职业教育、普通高等教育以及特殊教育、成人教育的学校。

（二）其他教育机构，是指少年宫以及地方教研室、电化教育机构等。

（三）中小学教师，是指幼儿园、特殊教育机构、普通中小学、成人初等中等教育机构、职业中学以及其他教育机构的教师。

第四十一条　学校和其他教育机构中的教育教学辅助人员，其他类型的学校的教师和教育教学辅助人员，可以根据实际情况参照本法的有关规定执行。

军队所属院校的教师和教育教学辅助人员，由中央军事委员会依照本法制定有关规定。

第四十二条　外籍教师的聘任办法由国务院教育行政部门规定。

第四十三条　本法自 1994 年 1 月 1 日起施行。

中国工会章程

（中国工会第十六次全国代表大会部分修改，2013 年 10 月 22 日通过）

总　则

中国工会是中国共产党领导的职工自愿结合的工人阶级群众组织，是党联系职工群众的桥梁和纽带，是国家政权的重要社会支柱，是会员和职工利益的代表。

中国工会以宪法为根本活动准则，按照《中华人民共和国工会法》和本章程独立自主地开展工作，依法行使权利和履行义务。

工人阶级是我国的领导阶级，是先进生产力和生产关系的代表，是改革开放和社会主义现代化建设的主力军，是维护社会安定的强大而集中的社会力量。中国工会高举中国特色社会主义伟大旗帜，以马克思列宁主义、毛泽东思想、邓小平理论、"三个代表"重要思想、科学发展观为指导，贯彻执行党的以经济建设为中心，坚持四项基本原则，坚持改革开放的基本路线，坚定不移地走中国特色社会主义工会发展道路，推动党的全心全意依靠工人阶级的根本指导方针的贯彻落实，全面履行工会的社会职能，在维护全国人民总体利益的同时，更好地表达和维护职工的具体利益，团结和动员全国职工自力更生、艰苦创业，坚持和发展中国特色社会主义，为全面建成小康社会、把我国建设成为富强民主文明和谐的社会主义现代化国家、实现中华民族伟大复兴的中国梦而奋斗。

中国工会的基本职责是维护职工合法权益。

中国工会动员和组织职工积极参加建设和改革，努力促进经济、政治、文化、社会和生态文明建设；代表和组织职工参与国家和社会事务管理，参与企业、事业单位和机关的民主管理；教育职工不断提高思想道德素质和科学文化素质，建设有理想、有道德、有文化、有纪律的职工队伍，不断发展工人阶级先进性。

中国工会坚持组织起来、切实维权的工作方针，坚持以职工为本，主动依法科学维权的维权观，促进完善社会主义劳动法律，维护职工的经济、政治、文化和社会权利，参与协调劳动关系和社会利益关系，努力构建和谐劳动关系，促进经济发展和社会的长期稳定，为构建社会主义和谐社会作贡献。

中国工会维护工人阶级领导的、以工农联盟为基础的人民民主专政的社会主义国家政权，协助人民政府开展工作，依法发挥民主参与和社会监督作用。

中国工会在企业、事业单位中，按照促进企事业发展、维护职工权益的原则，支持行政依法行使管理权力，组织职工参加民主管理和民主监督，与行政方面建立协商制度，保障职工的合法权益，调动职工的积极性，促进企业、事业的发展。

中国工会实行产业和地方相结合的组织领导原则，坚持民主集中制。

中国工会坚持以改革创新精神加强自身建设，坚持群众化、民主化，保持同会员群众的密切联系，依靠会员群众开展工会工作。各级工会领导机关坚持把工作重点放到基层，全心全意为基层、为职工服务，增强基层工会的活力，把工会建设成为深受职工群众信赖的学习型、服务型、创新型“职工之家”。

工会兴办的企业、事业，坚持为改革开放和发展社会生产力服务，为职工群众服务，为推进工运事业服务。

中国工会努力巩固和发展工农联盟，坚持爱国统一战线，加强包括香港特别行政区同胞、澳门特别行政区同胞、台湾同胞和海外侨胞在内的全国各族人民的大团结，促进祖国的统一、繁荣和富强。

中国工会在国际事务中坚持独立自主、互相尊重、求同存异、加强合作、增进友谊的方针，在独立、平等、互相尊重、互不干涉内部事务的原则基础上，广泛建立和发展同国际和各国工会组织的友好关系，推动形成公正合理、民主和谐的国际工运新秩序，同全世界工人和工会一起，为世界的和平、发展、工人权益和社会进步而共同努力。

第一章　会　员

第一条　凡在中国境内的企业、事业单位、机关和其他社会组织中，以工资收入为主要生活来源或者与用人单位建立劳动关系的体力劳动者和脑力劳动者，不分民族、种族、性别、职业、宗教信仰、教育程度，承认工会章程，都可以加入工会为会员。

第二条　职工加入工会，由本人自愿申请，经工会基层委员会批准并发给会员证。

第三条　会员享有以下权利：

（一）选举权、被选举权和表决权。

（二）对工会工作进行监督，提出意见和建议，要求撤换或者罢免不称职的工会工作人员。

（三）对国家和社会生活问题及本单位工作提出批评与建议，要求工会组织向有关方面如实反映。

（四）在合法权益受到侵犯时，要求工会给予保护。

（五）工会提供的文化、教育、体育、旅游、疗休养事业、生活救助、法律服务、就业服务等优惠待遇；工会给予的各种奖励。

（六）在工会会议和工会媒体上，参加关于工会工作和职工关心问题的讨论。

第四条 会员履行下列义务：

（一）学习政治、经济、文化、法律、科学、技术和工会基本知识。

（二）积极参加民主管理，努力完成生产和工作任务。

（三）遵守宪法和法律，践行社会主义核心价值观，维护社会公德和职业道德，遵守劳动纪律。

（四）正确处理国家、集体、个人三者利益关系，向危害国家、社会利益的行为作斗争。

（五）维护中国工人阶级和工会组织的团结统一，发扬阶级友爱，搞好互助互济。

（六）遵守工会章程，执行工会决议，参加工会活动，按月交纳会费。

第五条 会员组织关系随劳动（工作）关系变动，凭会员证明接转。

第六条 会员有退会自由。会员退会由本人向工会小组提出，由工会基层委员会宣布其退会并收回会员证。

会员没有正当理由连续六个月不交纳会费、不参加工会组织生活，经教育拒不改正，应当视为自动退会。

第七条 对不执行工会决议、违反工会章程的会员，给予批评教育。对严重违法犯罪并受到刑事处分的会员，开除会籍。开除会员会籍，须经工会小组讨论，提出意见，由工会基层委员会决定，报上一级工会备案。

第八条 会员离休、退休和失业，可保留会籍。保留会籍期间免交会费。

工会组织要关心离休、退休和失业会员的生活，积极向有关方面反映他们的愿望和要求。

第二章 组织制度

第九条 中国工会实行民主集中制，主要内容是：

（一）个人服从组织，少数服从多数，下级组织服从上级组织。

（二）工会的各级领导机关，除它们派出的代表机关外，都由民主选举产生。

（三）工会的最高领导机关，是工会的全国代表大会和它所产生的中华全国总工会执行委员会。工会的地方各级领导机关，是工会的地方各级代表大会和它所产生的总工会委员会。

（四）工会各级委员会，向同级会员大会或者会员代表大会负责并报告工作，接受会员监督。会员大会和会员代表大会有权撤换或者罢免其所选举的代表和工会委员会组成人员。

（五）工会各级委员会，实行集体领导和分工负责相结合的制度。凡属重大问题由委员会民主讨论，作出决定，委员会成员根据集体的决定和分工，履行自己的职责。

（六）工会各级领导机关，经常向下级组织通报情况，听取下级组织和会员的意见，研究和解决他们提出的问题。下级组织向上级组织请示报告工作。

第十条 工会各级代表大会的代表和委员会的产生，要充分体现选举人的意志。候选人名单，要反复酝酿，充分讨论。选举采用无记名投票方式，可以直接采用候选人数多于应选人数的差额选举办法进行正式选举，也可以先采用差额选举办法进行预选，产生候选人名单，然后进行正式选举。任何组织和个人，不得以任何方式强迫选举人选举或不选举某个人。

第十一条 中国工会实行产业和地方相结合的组织领导原则。同一企业、事业单位、机关和其他社会组织中的会员，组织在一个工会基层组织中；同一行业或者性质相近的几个行业，根据需要建立全国的或者地方的产业工会组织。除少数行政管理体制实行垂直管理的产业，其产业工会实行产业工会和地方工会双重领导，以产业工会领导为主外，其他产业工会均实行以地方工会领导为主，同时接受上级产业工会领导的体制。各产业工会的领导体制，由中华全国总工会确定。

省、自治区、直辖市，设区的市和自治州，县（旗）、自治县、不设区的市建立地方总工会。地方总工会是当地地方工会组织和产业工会地方组织的领导机关。全国建立统一的中华全国总工会。中华全国总工会是各级地方总工会和各产业工会全国组织的领导机关。

中华全国总工会执行委员会委员和产业工会全国委员会委员实行替补制，各级地方总工会委员会委员和地方产业工会委员会委员，也可以实行替补制。

第十二条 县和县以上各级地方总工会委员会，根据工作需要可以派出代表机关。

县和县以上各级工会委员会，在两次代表大会之间，认为有必要时，可以召集代表会议，讨论和决定需要及时解决的重大问题。代表会议代表的名额和产生办法，由召集代表会议的总工会决定。

全国产业工会、各级地方产业工会、乡镇工会和城市街道工会的委员会，可以按照联合制、代表制原则，由下一级工会组织民主选举的主要负责人和适当比例的有关方面代表组成。

上级工会可以派员帮助和指导用人单位的职工组建工会。

第十三条 各级工会代表大会选举产生同级经费审查委员会。中华全国总工会经费审查委员会设常务委员会，省、自治区、直辖市总工会经费审查委员会和独立管理经费的全国产业工会经费审查委员会，应当设常务委员会。经费审查委员会负责审查同级工会组织及其直属企业、事业单位的经费收支和资产管理情况，监督财经法纪的贯彻执行和工会经费的使用，并接受上级工会经费审查委员会的指导。工会经费审查委员会向同级会员大会或会员代表大会负责并报告工作；在大会闭会期间，向同级工会委员会负责并报告工作。

上级经费审查委员会应当对下一级工会及其直属企业、事业单位的经费收支和资产管理情况进行审查。

中华全国总工会经费审查委员会委员实行替补制，各级地方总工会经费审查委员会委员和独立管理经费的产业工会经费审查委员会委员，也可以实行替补制。

第十四条 各级工会建立女职工委员会，表达和维护女职工的合法权益。女职工委员会由同级工会委员会提名，在充分协商的基础上组成或者选举产生，女职工委员会与工会委员会同时建立，在同级工会委员会领导下开展工作。企业工会女职工委员会是县或者县以上妇联的团体会员，通过县以上地方工会接受妇联的业务指导。

第十五条 县和县以上各级工会组织应当建立法律服务机构，为保护职工和工会组织的合法权益提供服务。

各级工会组织应当组织和代表职工开展劳动法律监督。

第十六条 成立或者撤销工会组织，必须经会员大会或者会员代表大会通过，并报上一级工会批准。工会基层组织所在的企业终止，或者所在的事业单位、机关和其他社会组织被撤销，该工会组织相应撤销，并报上级工会备案。其他组织和个人不得随意撤销工会组织，也不得把工会组织的机构撤销、合并或者归属其他工作部门。

第三章 全国组织

第十七条 中国工会全国代表大会，每五年举行一次，由中华全国总工会执行委员会召集。在特殊情况下，由中华全国总工会执行委员会主席团提议，经执行委员会全体会议通过，可以提前或者延期举行。代表名额和代表选举办法由中华全国总工会决定。

第十八条 中国工会全国代表大会的职权是：

（一）审议和批准中华全国总工会执行委员会的工作报告。

（二）审议和批准中华全国总工会执行委员会的经费收支情况报告和经费审查委员会的工作报告。

（三）修改中国工会章程。

（四）选举中华全国总工会执行委员会和经费审查委员会。

第十九条 中华全国总工会执行委员会，在全国代表大会闭会期间，负责贯彻执行全国代表大会的决议，领导全国工会工作。

执行委员会全体会议选举主席一人、副主席若干人、主席团委员若干人，组成主席团。

执行委员会全体会议由主席团召集，每年至少举行一次。

第二十条 中华全国总工会执行委员会全体会议闭会期间，由主席团行使执行委员会的职权。主席团全体会议，由主席召集。

主席团闭会期间，由主席、副主席组成的主席会议行使主席团职权。主席会议由中华全国总工会主席召集并主持。

主席团下设书记处，由主席团在主席团成员中推选第一书记一人，书记若干人组成。书记处在主席团领导下，主持中华全国总工会的日常工作。

第二十一条 产业工会全国组织的设置，由中华全国总工会根据需要确定。

产业工会全国委员会的建立，经中华全国总工会批准，可以按照联合制、代表制原则组成，也可以由产业工会全国代表大会选举产生。全国委员会每届任期五年。任期届满，应当如期召开会议，进行换届选举。在特殊情况下，经中华全国总工会批准，可以提前或者延期举行。

产业工会全国代表大会和按照联合制、代表制原则组成的产业工会全国委员会全体会议的职权是：审议和批准产业工会全国委员会的工作报告；选举产业工会全国委员会或者产业工会全国委员会常务委员会。独立管理经费的产业工会，选举经费审查委员会，并向产业工会全国代表大会或者委员会全体会议报告工作。产业工会全国委员会常务委员会由主席一人、副主席若干人、常务委员若干人组成。

第四章 地方组织

第二十二条 省、自治区、直辖市，设区的市和自治州，县（旗）、自治县、不设区的市的工会代表大会，由同级总工会委员会召集，每五年举行一次。在特殊情况下，由同级总工会委员会提议，经上一级工会批准，可以提前或者延期举行。工会的地方各级代表大会的职权是：

（一）审议和批准同级总工会委员会的工作报告。

（二）审议和批准同级总工会委员会的经费收支情况报告和经费审查委员会的工作报告。

（三）选举同级总工会委员会和经费审查委员会。

各级地方总工会委员会，在代表大会闭会期间，执行上级工会的决定和同级工会代表大会的决议，领导本地区的工会工作，定期向上级总工会委员会报告工作。

根据工作需要，省、自治区总工会可在地区设派出代表机关。直辖市和设区的市总工会可在区建立区一级工会组织或者设派出代表机关。

县和城市的区可在乡镇和街道建立乡镇工会和街道工会组织，具备条件的，建立总工会。

第二十三条 各级地方总工会委员会选举主席一人、副主席若干人、常务委员若干人，组成常务委员会。工会委员会、常务委员会和主席、副主席以及经费审查委员会的选举结果，报上一级总工会批准。

各级地方总工会委员会全体会议，每年至少举行一次，由常务委员会召集。各级地方总工会常务委员会，在委员会全体会议闭会期间，行使委员会的职权。

第二十四条 各级地方产业工会组织的设置，由同级地方总工会根据本地区的实际情况确定。

第五章 基层组织

第二十五条 企业、事业单位、机关和其他社会组织等基层单位，应当依法建立工会组织。社区和行政村可以建立工会组织。有会员二十五人以上的，应当成立工会基层委员会；不足二十五人的，可以单独建立工会基层委员会，也可以由两个以上单位的会员联合建立工会基层委员会，也可以选举组织员或者工会主席一人，主持基层工会工作。工会基层委员会有女会员十人以上的建立女职工委员会，不足十人的设女职工委员。

职工二百人以上企业、事业单位的工会设专职工会主席。工会专职工作人员的人数由工会与企业、事业单位协商确定。

基层工会具备法人条件，依法取得社团法人资格，工会主席为法定代表人。

第二十六条 工会基层组织的会员大会或者会员代表大会，每年至少召开一次。经基层工会委员会或者三分之一以上的工会会员提议，可以临时召开会员大会或者会员代表大会。工会会员在一百人以下的基层工会应当召开会员大会。

工会会员大会或者会员代表大会的职权是：

（一）审议和批准工会基层委员会的工作报告。

（二）审议和批准工会基层委员会的经费收支情况报告和经费审查委员会的工作报告。

（三）选举工会基层委员会和经费审查委员会。

（四）撤换或者罢免其所选举的代表或者工会委员会组成人员。

（五）讨论决定工会工作的重大问题。

工会基层委员会和经费审查委员会每届任期三年至五年，具体任期由会员大会或者会员代表大会决定。任期届满，应当如期召开会议，进行换届选举。在特殊情况下，经上一级工会批准，可以提前或者延期举行。

会员代表大会的代表实行常任制，任期与本单位工会委员会相同。

第二十七条 工会基层委员会的委员，应当在会员或者会员代表充分酝酿协商的基础上选举产生；主席、副主席，可以由会员大会或者会员代表大会直接选举产生，也可以由工会基层委员会选举产生。大型企业、事业单位的工会委员会，根据工作需要，经上级工会委员会批准，可以设立常务委员会。工会基层委员会、常务委员会和主席、副主席以及经费审查委员会的选举结果，报上一级工会批准。

第二十八条 工会基层委员会的基本任务是：

（一）执行会员大会或者会员代表大会的决议和上级工会的决定，主持基层工会的日常工作。

（二）代表和组织职工依照法律规定，通过职工代表大会、厂务公开和其他形式，参加本单位民主管理和民主监督。企业、事业单位工会委员会是职工代表大会工作机构，负责职工代表大会的日常工作，检查、督促职工代表大会决议的执行。

（三）参与协调劳动关系和调解劳动争议，与企业、事业单位行政方面建立协商制度，协商解决涉及职工切身利益问题。帮助和指导职工与企业、事业单位行政方面签订和履行劳动合同，代表职工与企业、事业单位行政方面签订集体合同或者其他专项协议，并监督执行。

（四）组织职工开展劳动竞赛、合理化建议、技术革新和技术协作等活动，总结推广先进经验。做好先进生产（工作）者和劳动模范的评选、表彰、培养和管理服务工作。

（五）对职工进行思想政治教育，鼓励支持职工学习文化科学技术和管理知识，开展健康的文化体育活动。推进企业文化职工文化建设，办好工会文化、教育、体育事业。

（六）监督有关法律、法规的贯彻执行。协助和督促行政方面做好工资、劳动安全卫生和社会保险等方面的工作，办好职工集体福利事业，改善职工生活，对困难职工开展帮扶。依法参与劳动安全卫生事故的调查处理。

（七）维护女职工的特殊利益，同歧视、虐待、摧残、迫害女职工的现象作斗争。

（八）搞好工会组织建设，健全民主制度和民主生活。建立和发展工会积极分子队伍。做好会员的发展、接收、教育和会籍管理工作。加强职工之家建设。

（九）收好、管好、用好工会经费，管理好工会资产和工会的企业、事业。

第二十九条 教育、科研、文化、卫生、体育等事业单位和机关工会，从脑力劳动者比较集中的特点出发开展工作，积极了解和关心职工的思想、工作和生活，推动党的知识分子政策的贯彻落实。组织职工搞好本单位的民主管理和民主监督，为发挥职工的聪明才智，创造良好的条件。

第三十条 工会基层委员会根据工作需要，可以在分厂、车间（科室）建立分厂、车间（科室）工会委员会。分厂、车间（科室）工会委员会由分厂、车间（科室）会员大会或者会员代表大会选举产生，任期和工会基层委员会相同。

工会基层委员会和分厂、车间（科室）委员会，可以根据需要设若干专门委员会或者专门小组。

按照生产（行政）班组建立工会小组，民主选举工会小组长，积极开展工会小组活动。

第六章　工会干部

第三十一条 各级工会组织按照革命化、年轻化、知识化、专业化的要求，努力建设一支坚持党的基本路线，熟悉本职业务，热爱工会工作，受到职工信赖的干部队伍。

第三十二条 工会干部要努力做到：

（一）认真学习马克思列宁主义、毛泽东思想、邓小平理论、“三个代表”重要思想和科学发展观，学习经济、法律和工会业务知识。

（二）执行党的基本路线和各项方针政策，遵守国家法律、法规，在改革开放和社会主义现代化建设中勇于开拓创新。

（三）忠于职守，勤奋工作，廉洁奉公，顾全大局，维护团结。

（四）坚持实事求是，认真调查研究，如实反映职工的意见、愿望和要求。

（五）坚持原则，不谋私利，热心为职工说话办事，依法维护职工的合法权益。

（六）作风民主，联系群众，自觉接受职工群众的批评和监督。

第三十三条 各级工会组织根据有关规定管理工会干部，重视培养和选拔青年干部、妇女干部、少数民族干部，成为培养干部的重要基地。

基层工会主席、副主席任期未满不得随意调动其工作。因工作需要调动时，应事先征得本级工会委员会和上一级工会同意。

第三十四条 各级工会组织建立与健全干部培训制度。办好工会干部院校和各种培训班。

第三十五条 各级工会组织关心工会干部的思想、学习和生活，督促落实相应的待遇，支持他们的工作，坚决同打击报复工会干部的行为作斗争。

县和县以上工会设立工会干部权益保障金，保障工会干部依法履行职责。

县和县以上工会可以为基层工会选派、聘用工作人员。

第七章 工会经费和资产

第三十六条 工会经费的来源：

（一）会员缴纳的会费。

（二）企业、事业单位、机关和其他社会组织按全部职工工资总额的百分之二向工会拨缴的经费或者建会筹备金。

（三）工会所属的企业、事业单位上缴的收入。

（四）人民政府和企业、事业单位、机关和其他社会组织的补助。

（五）其他收入。

第三十七条 县和县以上各级工会应当与税务、财政等有关部门合作，依照规定做好工会经费收缴和应当由财政负担的工会经费拨缴工作。

未成立工会的企业、事业单位、机关和其他社会组织，按工资总额的百分之二向上级工会拨缴工会建会筹备金。

具备社团法人资格的工会可以设立独立经费账户。

第三十八条 工会资产是社会团体资产，中华全国总工会对各级工会的资产拥有终极所有权。各级工会应当加强对工会资产的监督、管理，保护工会资产不受损害，促进工会资产保值增值。根据经费独立原则，建立预算、决算、资产监管和经费审查监督制度。实行“统一领导、分级管理”的财务体制、“统一所有、分级监管、单位使用”的资产监管体制和“统一领导、分级管理、分级负责”的经费审查监督体制。工会经费、资产的管理和使用办法以及工会经费审查监督制度，由中华全国总工会制定。

第三十九条　各级工会委员会按照规定编制和审批预算、决算，定期向会员大会或者会员代表大会和上一级工会委员会报告经费收支和资产管理情况，接受上级和同级工会经费审查委员会审查监督。

第四十条　工会经费、资产和国家及企业、事业单位等拨给工会的不动产和拨付资金形成的资产受法律保护，任何单位和个人不得侵占、挪用和任意调拨；不经批准，不得改变工会所属企业、事业单位的隶属关系和产权关系。

工会组织合并，其经费资产归合并后的工会所有；工会组织撤销或者解散，其经费资产由上级工会处置。

第八章　会　徽

第四十一条　中国工会会徽，选用汉字“中”、“工”两字，经艺术造型呈圆形重叠组成，并在两字外加一圆线，象征中国工会和中国工人阶级的团结统一。会徽的制作标准，由中华全国总工会规定。

第四十二条　中国工会会徽，可在工会办公地点、活动场所、会议会场悬挂，可作为纪念品、办公用品上的工会标志，也可以作为徽章佩戴。

第九章　附　则

第四十三条　本章程解释权属于中华全国总工会。

中华全国总工会关于进一步加强县级教育工会建设的意见

总工发〔2010〕46号

（2010年8月26日）

长期以来，县（市）（以下简称县级）教育工会在当地教育系统党组织和上级工会的直接领导以及行政的支持下，努力反映农村教职工的利益诉求，大力开展提高教师职业道德和业务素质等活动，切实推进学校民主管理和民主监督，在推进农村教育改革和发展的全局中发挥了重要作用。在新形势下，需要进一步加强县教育工会工作，充分发挥县级教育工会作用。

一、进一步提高对加强县级教育工会建设重要性的认识

县级教育工会是我国教育系统工会组织中十分重要的一级组织，直接面对基层，处于维护教职工合法权益、服务农村教育改革发展的第一线，是教育系统工会组织体制中承上启下的关键环节。全国80%以上的教育系统职工工作在全国县以下的广大农村地区，工作对象分布面广、组织链条长的特点，决定了县级教育工会承担着服务职工、指导基层工会组织的繁重任务。党中央、国务院于今年召开的全国教育工作会议和《国家中长期教育改革和发展规划纲要（2010－2020）》把发展农村教育事业，缩小城乡教育差距，推进教育均衡发展，加强农村教师队伍建设，作为完善中国特色社会主义教育体系、办好人民满意的教育、建设人力资源强国的重要内容。实现农村教育改革发展的目标任务，需要进一步发挥县级教育工会引导、组织、服务教职工和维护农村教师合法权益的作用。由于城乡经济发展的不平衡和教育发展的不均衡，农村教师的权益保障、生活条件和工作条件等方面存在着诸多问题，易引起教职工的思想波动，也需要县级教育工会在协助当地党政部门做好教职工思想工作、维护教职工合法权益、促进教职工队伍和社会稳定等方面发挥更大作用。

多年来，各级工会在教育行政部门的大力支持和帮助下，认真贯彻落实《中华全国总工会关于加强教育工会工作的若干意见》（总工发〔1999〕17号）精神，切实加强县级教育工会建设，较好地发挥了县级教育工会的作用。但县级教育工会建设还存在组织不健全、编制不到位、经费无保障、干部待遇不落实等突出问题，这些问题的长期存在，严重削弱了工会的组织基础，导致一些地方出现教育工会组织体系断层和功能缺位现象，影响了工会组织维护职能和桥梁纽带作用的充分发挥。各级教育工会要进一步提高认识、统一思想，采取切实措施，把县级教育工会建设成党组织信任、行政依靠、教职工信赖，能在教育改革发展全局中发挥应有作用的组织。

二、采取切实措施，建立健全县级教育工会组织体系

县级以上总工会要采取切实有效措施，建立健全县级教育工会组织体系。依据《工会法》，县级教育工会具有社会团体法人资格，任何组织和个人不得随意撤销、合并县级教育工会组织。坚决制止和纠正随意撤并县级教育工会和基层教育工会的现象，已被撤销或撤并的要限期恢复。县级以上总工会特别是县级总工会要加强与教育、组织、人事、编制管理等有关部门的协商沟通，创造条件帮助县级教育工会搞好机构设置、落实人员编制、配齐配强县级教育工会领导班子、配备好县级教育工会的专职工作人员。县级教育工会一般应配备相应职级的主席；暂时没有条件配备的，可由同级党委（党组）负责人兼任，同时配备专职副主席和工作人员。经济比较发达、教职工人数较多地区的县级教育工会，应增配一定数量的工作人员。加强对县级教育工会干部的培训。要积极协助各级党组织搞好教育工会干部的管理工作，落实好工会干部的政治经济待遇。凡是按照民主程序选举产生的县级教育工会领导人，任期未满，不得随意调动其工作。因工作需要调动时，必须征得县总工会和上一级教育工会的同意，并履行相应的民主程序。专职工会主席退休或因工作变动，要根据有关程序及时补充相应人选。

要加强县级教育工会领导班子建设，抓好工会干部协管工作，切实落实好县级教育工会主席的配备工作，进一步优化班子年龄、知识和专业结构，增强班子活力。要加大对县级教育工会干部培训教育的力度，

增加投入，特别是要加强对新任工会干部的业务培训，努力提高教育工会干部的整体素质，使教育工会在教育改革和发展的全局中发挥更大的作用。

上级工会要进一步支持县级教育工会加强乡镇教育工会建设，大力推进各类学校，特别是民办学校组建工会工作；做好教育系统吸收非在编人员、代课教师、农民工等特殊群体参加工会的工作，实现对教育系统职工的全覆盖。

三、加强经费扶持力度，切实解决县级教育工会的经费问题

各级总工会要继续执行《中华全国总工会关于加强教育工会工作的若干意见》（总工发〔1999〕17 号）关于按比例回拨县级教育工会活动经费的规定，进一步加大对县级教育工会的经费扶持力度，确保县级教育工会活动的正常开展。要保证具有工会法人资格的县级教育工会享有独立的经费管理权，加强经费审查，要做到使用合理，增收节支。各省级总工会应督促市（地）工会，采取切实措施解决所属市（地）、县级教育工会的工作活动经费，并建立督查制度。积极与当地政府及其教育行政部门沟通协商，共同加大对市（地）、县级教育工会的经费支持力度。

四、创新县级教育工会工作机制，切实加强对县级教育工会工作的领导

县级以上总工会要将加强县级教育工会建设当作工会自身建设的重要任务来抓。要坚持党委对县级教育工会的领导，将加强和改进县级教育工会工作，研究解决当前存在的突出问题，纳入工会基层组织建设和县级工会建设的总体规划，纳入上级总工会对县级工会标准化建设考核的总体目标，纳入地方产业工会、工会基层组织建设的重要内容。县级总工会应会同教育系统党组织适应新形势下县级教育工会工作对象、领域、内容、方式和环境的新变化，提高思想认识，高度重视和认真研究县级教育工会工作，定期听取县级教育工会的工作汇报，支持县级教育工会依法独立自主地、创造性地开展工作。要在活动开展、经费使用等方面向县级教育工会倾斜，帮助他们解决实际困难和问题。

要进一步帮助县级教育工会创新工作运行机制，进一步疏通县级教育工会源头参与的渠道，教育工会与同级教育行政部门应建立密切的协商制度和联席（联系）会议制度，吸收县级教育工会参与研究和协调解决涉及教职工切身利益的重大问题。各县级以上总工会要支持、帮助和指导县级教育工会依照《工会法》、《教育法》、《教师法》等法律法规的规定，依法维护教职工合法权益；加强学校民主管理工作，建立健全教职工代表大会（教职工大会）制度、校务公开制度和民主评议等制度；及时了解掌握教育系统劳动人事关系稳定状况，构建完善工会劳动人事关系预警、预防和调解机制，促进校园和谐和教职工队伍稳定。

要结合实际，探索和建立加强县级教育工会工作的有效载体。通过开展县级教育工会标准化建设、创建模范（先进）县级教育工会等活动，全面提升县级教育工会整体工作水平。指导和帮助县级教育工会积极研究和探索新形势下加强工会工作的思路和措施，并在实践中不断完善发展。支持教育工会充分发挥工会“大学校”作用，教育引导教职工提高思想道德素质和业务技术能力，通过开展以青年教师为重点的师德建设活动、青年教师基本功技能大赛活动以及其他形式多样、生动活泼的建功立业活动，深入学习劳模精神、大力弘扬中国工人阶级伟大品格，推进教师队伍建设，组织动员广大教职工投身教育改革和发展，积极为建设人力资源强国作贡献。

要建立健全县级教育工会向党组织汇报工作和加强同行政联系的制度。推动党政把县级教育工会工作纳入党和政府的重要议事日程，发挥好县级教育工会在县域教育事业发展和社会主义新农村建设中的作用。帮助支持县级教育工会争取党政给予更多的资源和手段，切实解决县级教育工会任务重、人员少、经费紧等瓶颈问题，努力做到有人干事、有钱办事，有章理事，为县级教育工会开展工作创造良好的条件和环境，使县级教育工会工作再上新台阶。

学校教职工代表大会规定

第一章 总 则

第一条 为依法保障教职工参与学校民主管理和监督，完善现代学校制度，促进学校依法治校，依据教育法、教师法、工会法等法律，制定本规定。

第二条 本规定适用于中国境内公办的幼儿园和各级各类学校（以下统称学校）。

民办学校、中外合作办学机构参照本规定执行。

第三条 学校教职工代表大会（以下简称教职工代表大会）是教职工依法参与学校民主管理和监督的基本形式。

学校应当建立和完善教职工代表大会制度。

第四条 教职工代表大会应当高举中国特色社会主义伟大旗帜，以马克思列宁主义、毛泽东思想、邓小平理论和“三个代表”重要思想为指导，深入贯彻落实科学发展观，全面贯彻执行党的基本路线和教育方针，认真参与学校民主管理和监督。

第五条 教职工代表大会和教职工代表大会代表应当遵守国家法律法规，遵守学校规章制度，正确处理国家、学校、集体和教职工的利益关系。

第六条 教职工代表大会在中国共产党学校基层组织的领导下开展工作。教职工代表大会的组织原则是民主集中制。

第二章 职 权

第七条 教职工代表大会的职权是：

（一）听取学校章程草案的制定和修订情况报告，提出修改意见和建议；

（二）听取学校发展规划、教职工队伍建设、教育教学改革、校园建设以及其他重大改革和重大问题解决方案的报告，提出意见和建议；

（三）听取学校年度工作、财务工作、工会工作报告以及其他专项工作报告，提出意见和建议；

（四）讨论通过学校提出的与教职工利益直接相关的福利、校内分配实施方案以及相应的教职工聘任、考核、奖惩办法；

（五）审议学校上一届（次）教职工代表大会提案的办理情况报告；

（六）按照有关工作规定和安排评议学校领导干部；

（七）通过多种方式对学校工作提出意见和建议，监督学校章程、规章制度和决策的落实，提出整改意见和建议；

（八）讨论法律法规规章规定的以及学校与学校工会商定的其他事项。

教职工代表大会的意见和建议，以会议决议的方式做出。

第八条 学校应当建立健全沟通机制，全面听取教职工代表大会提出的意见和建议，并合理吸收采纳；不能吸收采纳的，应当做出说明。

第三章 教职工代表大会代表

第九条 凡与学校签订聘任聘用合同、具有聘任聘用关系的教职工，均可当选为教职工代表大会代表。

教职工代表大会代表占全体教职工的比例，由地方省级教育等部门确定；地方省级教育等部门没有确定的，由学校自主确定。

第十条 教职工代表大会代表以学院、系（所、年级）、室（组）等为单位，由教职工直接选举产生。

教职工代表大会代表可以按照选举单位组成代表团（组），并推选出团（组）长。

第十一条 教职工代表大会代表以教师为主体，教师代表不得低于代表总数的60%，并应当根据学校实际，保证一定比例的青年教师和女教师代表。民族地区的学校和民族学校，少数民族代表应当占有一定比例。

教职工代表大会代表接受选举单位教职工的监督。

第十二条 教职工代表大会代表实行任期制，任期3年或5年，可以连选连任。

选举、更换和撤换教职工代表大会代表的程序，由学校根据相关规定，并结合本校实际予以明确规定。

第十三条 教职工代表大会代表享有以下权利：

（一）在教职工代表大会上享有选举权、被选举权和表决权；

（二）在教职工代表大会上充分发表意见和建议；

（三）提出提案并对提案办理情况进行询问和监督；

（四）就学校工作向学校领导和学校有关机构反映教职工的意见和要求；

（五）因履行职责受到压制、阻挠或者打击报复时，向有关部门提出申诉和控告。

第十四条 教职工代表大会代表应当履行以下义务：

（一）努力学习并认真执行党的路线方针政策、国家的法律法规、党和国家关于教育改革发展的方针政策，不断提高思想政治素质和参与民主管理的能力；

（二）积极参加教职工代表大会的活动，认真宣传、贯彻教职工代表大会决议，完成教职工代表大会交给的任务；

（三）办事公正，为人正派，密切联系教职工群众，如实反映群众的意见和要求；

（四）及时向本部门教职工通报参加教职工代表大会活动和履行职责的情况，接受评议监督；

（五）自觉遵守学校的规章制度和职业道德，提高业务水平，做好本职工作。

第四章 组织规则

第十五条 有教职工80人以上的学校，应当建立教职工代表大会制度；不足80人的学校，建立由全体教职工直接参加的教职工大会制度。

学校根据实际情况，可在其内部单位建立教职工代表大会制度或者教职工大会制度，在该范围内行使相应的职权。

教职工大会制度的性质、领导关系、组织制度、运行规则等，与教职工代表大会制度相同。

第十六条 学校应当遵守教职工代表大会的组织规则，定期召开教职工代表大会，支持教职工代表大会的活动。

第十七条 教职工代表大会每学年至少召开一次。

遇有重大事项，经学校、学校工会或1/3以上教职工代表大会代表提议，可以临时召开教职工代表大会。

第十八条 教职工代表大会每3年或5年为一届。期满应当进行换届选举。

第十九条 教职工代表大会须有2/3以上教职工代表大会代表出席。

教职工代表大会根据需要可以邀请离退休教职工等非教职工代表大会代表，作为特邀或列席代表参加会议。特邀或列席代表在教职工代表大会上不具有选举权、被选举权和表决权。

第二十条 教职工代表大会的议题，应当根据学校的中心工作、教职工的普遍要求，由学校工会提交学校研究确定，并提请教职工代表大会表决通过。

第二十一条 教职工代表大会的选举和表决，须经教职工代表大会代表总数半数以上通过方为有效。

第二十二条 教职工代表大会在教职工代表大会代表中推选人员，组成主席团主持会议。

主席团应当由学校各方面人员组成，其中包括学校、学校工会主要领导，教师代表应占多数。

第二十三条 教职工代表大会可根据实际情况和需要设立若干专门委员会（工作小组），完成教职工代表大会交办的有关任务。专门委员会（工作小组）对教职工代表大会负责。

第二十四条 教职工代表大会根据实际情况和需要，可以在教职工代表大会代表中选举产生执行委员会。执行委员会中，教师代表应占多数。

教职工代表大会闭会期间，遇有急需解决的重要问题，可由执行委员会联系有关专门委员会（工作小组）与学校有关机构协商处理。其结果向下一次教职工代表大会报告。

第五章　工作机构

第二十五条 学校工会为教职工代表大会的工作机构。

第二十六条 学校工会承担以下与教职工代表大会相关的工作职责：

（一）做好教职工代表大会的筹备工作和会务工作，组织选举教职工代表大会代表，征集和整理提案，提出会议议题、方案和主席团建议人选；

（二）教职工代表大会闭会期间，组织传达贯彻教职工代表大会精神，督促检查教职工代表大会决议的落实，组织各代表团（组）及专门委员会（工作小组）的活动，主持召开教职工代表团（组）长、专门委员会（工作小组）负责人联席会议；

（三）组织教职工代表大会代表的培训，接受和处理教职工代表大会代表的建议和申诉；

（四）就学校民主管理工作向学校党组织汇报，与学校沟通；

（五）完成教职工代表大会委托的其他任务。

选举产生执行委员会的学校，其执行委员会根据教职工代表大会的授权，可承担前款有关职责。

第二十七条 学校应当为学校工会承担教职工代表大会工作机构的职责提供必要的工作条件和经费保障。

第六章 附 则

第二十八条 学校可以在其下属单位建立教职工代表大会制度，在该单位范围内实行民主管理和监督。

第二十九条 省、自治区、直辖市人民政府教育行政部门，可以与本地区有关组织联合制定本行政区域内学校教职工代表大会的相关规定。

有关学校根据本规定和所在地区的相关规定，可以制定相应的教职工代表大会或者教职工大会的实施办法。

第三十条 本规定自2012年1月1日起施行。1985年1月28日教育部、原中国教育工会印发的《高等学校教职工代表大会暂行条例》同时废止。

劳务派遣暂行规定

第一章 总 则

第一条 为规范劳务派遣，维护劳动者的合法权益，促进劳动关系和谐稳定，依据《中华人民共和国劳动合同法》（以下简称劳动合同法）和《中华人民共和国劳动合同法实施条例》（以下简称劳动合同法实施条例）等法律、行政法规，制定本规定。

第二条 劳务派遣单位经营劳务派遣业务，企业（以下称用工单位）使用被派遣劳动者，适用本规定。

依法成立的会计师事务所、律师事务所等合伙组织和基金会以及民办非企业单位等组织使用被派遣劳动者，依照本规定执行。

第二章 用工范围和用工比例

第三条 用工单位只能在临时性、辅助性或者替代性的工作岗位上使用被派遣劳动者。

前款规定的临时性工作岗位是指存续时间不超过6个月的岗位；辅助性工作岗位是指为主营业务岗位提供服务的非主营业务岗位；替代性工作岗位是指用工单位的劳动者因脱产学习、休假等原因无法工作的一定期间内，可以由其他劳动者替代工作的岗位。

用工单位决定使用被派遣劳动者的辅助性岗位，应当经职工代表大会或者全体职工讨论，提出方案和意见，与工会或者职工代表平等协商确定，并在用工单位内公示。

第四条 用工单位应当严格控制劳务派遣用工数量，使用的被派遣劳动者数量不得超过其用工总量的10%。

前款所称用工总量是指用工单位订立劳动合同人数与使用的被派遣劳动者人数之和。

计算劳务派遣用工比例的用工单位是指依照劳动合同法和劳动合同法实施条例可以与劳动者订立劳动合同的用人单位。

第三章 劳动合同、劳务派遣协议的订立和履行

第五条 劳务派遣单位应当依法与被派遣劳动者订立2年以上的固定期限书面劳动合同。

第六条 劳务派遣单位可以依法与被派遣劳动者约定试用期。劳务派遣单位与同一被派遣劳动者只能约定一次试用期。

第七条 劳务派遣协议应当载明下列内容：

（一）派遣的工作岗位名称和岗位性质；

（二）工作地点；

（三）派遣人员数量和派遣期限；

（四）按照同工同酬原则确定的劳动报酬数额和支付方式；

（五）社会保险费的数额和支付方式；

（六）工作时间和休息休假事项；

（七）被派遣劳动者工伤、生育或者患病期间的相关待遇；

（八）劳动安全卫生以及培训事项；

（九）经济补偿等费用；

（十）劳务派遣协议期限；

（十一）劳务派遣服务费的支付方式和标准；

（十二）违反劳务派遣协议的责任；

（十三）法律、法规、规章规定应当纳入劳务派遣协议的其他事项。

第八条 劳务派遣单位应当对被派遣劳动者履行下列义务：

（一）如实告知被派遣劳动者劳动合同法第八条规定的事项、应遵守的规章制度以及劳务派遣协议的内容；

（二）建立培训制度，对被派遣劳动者进行上岗知识、安全教育培训；

（三）按照国家规定和劳务派遣协议约定，依法支付被派遣劳动者的劳动报酬和相关待遇；

（四）按照国家规定和劳务派遣协议约定，依法为被派遣劳动者缴纳社会保险费，并办理社会保险相关手续；

（五）督促用工单位依法为被派遣劳动者提供劳动保护和劳动安全卫生条件；

（六）依法出具解除或者终止劳动合同的证明；

（七）协助处理被派遣劳动者与用工单位的纠纷；

（八）法律、法规和规章规定的其他事项。

第九条 用工单位应当按照劳动合同法第六十二条规定，向被派遣劳动者提供与工作岗位相关的福利待遇，不得歧视被派遣劳动者。

第十条 被派遣劳动者在用工单位因工作遭受事故伤害的，劳务派遣单位应当依法申请工伤认定，用工单位应当协助工伤认定的调查核实工作。劳务派遣单位承担工伤保险责任，但可以与用工单位约定补偿办法。

被派遣劳动者在申请进行职业病诊断、鉴定时，用工单位应当负责处理职业病诊断、鉴定事宜，并如实提供职业病诊断、鉴定所需的劳动者职业史和职业危害接触史、工作场所职业病危害因素检测结果等资料，劳务派遣单位应当提供被派遣劳动者职业病诊断、鉴定所需的其他材料。

第十一条 劳务派遣单位行政许可有效期未延续或者《劳务派遣经营许可证》被撤销、吊销的，已经与被派遣劳动者依法订立的劳动合同应当履行至期限届满。双方经协商一致，可以解除劳动合同。

第十二条 有下列情形之一的，用工单位可以将被派遣劳动者退回劳务派遣单位：

（一）用工单位有劳动合同法第四十条第三项、第四十一条规定情形的；

（二）用工单位被依法宣告破产、吊销营业执照、责令关闭、撤销、决定提前解散或者经营期限届满不再继续经营的；

（三）劳务派遣协议期满终止的。

被派遣劳动者退回后在无工作期间，劳务派遣单位应当按照不低于所在地人民政府规定的最低工资标准，向其按月支付报酬。

第十三条 被派遣劳动者有劳动合同法第四十二条规定情形的，在派遣期限届满前，用工单位不得依据本规定第十二条第一款第一项规定将被派遣劳动者退回劳务派遣单位；派遣期限届满的，应当延续至相应情形消失时方可退回。

第四章 劳动合同的解除和终止

第十四条 被派遣劳动者提前30日以书面形式通知劳务派遣单位，

可以解除劳动合同。被派遣劳动者在试用期内提前3日通知劳务派遣单位，可以解除劳动合同。劳务派遣单位应当将被派遣劳动者通知解除劳动合同的情况及时告知用工单位。

第十五条 被派遣劳动者因本规定第十二条规定被用工单位退回，劳务派遣单位重新派遣时维持或者提高劳动合同约定条件，被派遣劳动者不同意的，劳务派遣单位可以解除劳动合同。

被派遣劳动者因本规定第十二条规定被用工单位退回，劳务派遣单位重新派遣时降低劳动合同约定条件，被派遣劳动者不同意的，劳务派遣单位不得解除劳动合同。但被派遣劳动者提出解除劳动合同的除外。

第十六条 劳务派遣单位被依法宣告破产、吊销营业执照、责令关闭、撤销、决定提前解散或者经营期限届满不再继续经营的，劳动合同终止。用工单位应当与劳务派遣单位协商妥善安置被派遣劳动者。

第十七条 劳务派遣单位因劳动合同法第四十六条或者本规定第十五条、第十六条规定的情形，与被派遣劳动者解除或者终止劳动合同的，应当依法向被派遣劳动者支付经济补偿。

第五章　跨地区劳务派遣的社会保险

第十八条 劳务派遣单位跨地区派遣劳动者的，应当在用工单位所在地为被派遣劳动者参加社会保险，按照用工单位所在地的规定缴纳社会保险费，被派遣劳动者按照国家规定享受社会保险待遇。

第十九条 劳务派遣单位在用工单位所在地设立分支机构的，由分支机构为被派遣劳动者办理参保手续，缴纳社会保险费。

劳务派遣单位未在用工单位所在地设立分支机构的，由用工单位代劳务派遣单位为被派遣劳动者办理参保手续，缴纳社会保险费。

第六章　法律责任

第二十条 劳务派遣单位、用工单位违反劳动合同法和劳动合同法实施条例有关劳务派遣规定的，按照劳动合同法第九十二条规定执行。

第二十一条 劳务派遣单位违反本规定解除或者终止被派遣劳动者劳动合同的，按照劳动合同法第四十八条、第八十七条规定执行。

第二十二条 用工单位违反本规定第三条第三款规定的，由人力资源社会保障行政部门责令改正，给予警告；给被派遣劳动者造成损害的，依法承担赔偿责任。

第二十三条 劳务派遣单位违反本规定第六条规定的，按照劳动合同法第八十三条规定执行。

第二十四条 用工单位违反本规定退回被派遣劳动者的，按照劳动合同法第九十二条第二款规定执行。

第七章 附 则

第二十五条 外国企业常驻代表机构和外国金融机构驻华代表机构等使用被派遣劳动者的，以及船员用人单位以劳务派遣形式使用国际远洋海员的，不受临时性、辅助性、替代性岗位和劳务派遣用工比例的限制。

第二十六条 用人单位将本单位劳动者派往境外工作或者派往家庭、自然人处提供劳动的，不属于本规定所称劳务派遣。

第二十七条 用人单位以承揽、外包等名义，按劳务派遣用工形式使用劳动者的，按照本规定处理。

第二十八条 用工单位在本规定施行前使用被派遣劳动者数量超过其用工总量10%的，应当制定调整用工方案，于本规定施行之日起2年内降至规定比例。但是，《全国人民代表大会常务委员会关于修改〈中华人民共和国劳动合同法〉的决定》公布前已依法订立的劳动合同和劳务派遣协议期限届满日期在本规定施行之日起2年后的，可以依法继续履行至期限届满。

用工单位应当将制定的调整用工方案报当地人力资源社会保障行政部门备案。

用工单位未将本规定施行前使用的被派遣劳动者数量降至符合规定比例之前，不得新用被派遣劳动者。

第二十九条 本规定自2014年3月1日起施行。

中小学教师职业道德规范（2008年修订）

一、爱国守法。热爱祖国，热爱人民，拥护中国共产党领导，拥护社会主义。全面贯彻国家教育方针，自觉遵守教育法律法规，依法履行教师职责权利。不得有违背党和国家方针政策的言行。

二、爱岗敬业。忠诚于人民教育事业，志存高远，勤恳敬业，甘为人梯，乐于奉献。对工作高度负责，认真备课上课，认真批改作业，认真辅导学生。不得敷衍塞责。

三、关爱学生。关心爱护全体学生，尊重学生人格，平等公正对待学生。对学生严慈相济，做学生良师益友。保护学生安全，关心学生健康，维护学生权益。不讽刺、挖苦、歧视学生，不体罚或变相体罚学生。

四、教书育人。遵循教育规律，实施素质教育。循循善诱，诲人不倦，因材施教。培养学生良好品行，激发学生创新精神，促进学生全面发展。不以分数作为评价学生的唯一标准。

五、为人师表。坚守高尚情操，知荣明耻，严于律己，以身作则。衣着得体，语言规范，举止文明。关心集体，团结协作，尊重同事，尊重家长。作风正派，廉洁奉公。自觉抵制有偿家教，不利用职务之便谋取私利。

六、终身学习。崇尚科学精神，树立终身学习理念，拓宽知识视野，更新知识结构。潜心钻研业务，勇于探索创新，不断提高专业素养和教育教学水平。

高等学校教师职业道德规范

（2011年12月23日）

一、爱国守法。热爱祖国，热爱人民，拥护中国共产党领导，拥护中国特色社会主义制度。遵守宪法和法律法规，贯彻党和国家教育方针，依法履行教师职责，维护社会稳定和校园和谐。不得有损害国家利益和不利于学生健康成长的言行。

二、敬业爱生。忠诚人民教育事业，树立崇高职业理想，以人才培养、科学研究、社会服务和文化传承创新为己任。恪尽职守，甘于奉献。终身学习，刻苦钻研。真心关爱学生，严格要求学生，公正对待学生，做学生良师益友。不得损害学生和学校的合法权益。

三、教书育人。坚持育人为本，立德树人。遵循教育规律，实施素质教育。注重学思结合，知行合一，因材施教，不断提高教育质量。严慈相济，教学相长，诲人不倦。尊重学生个性，促进学生全面发展。不拒绝学生的合理要求。不得从事影响教育教学工作的兼职。

四、严谨治学。弘扬科学精神，勇于探索，追求真理，修正错误，精益求精。实事求是，发扬民主，团结合作，协同创新。秉持学术良知，恪守学术规范。尊重他人劳动和学术成果，维护学术自由和学术尊严。诚实守信，力戒浮躁。坚决抵制学术失范和学术不端行为。

五、服务社会。勇担社会责任，为国家富强、民族振兴和人类进步服务。传播优秀文化，普及科学知识。热心公益，服务大众。主动参与社会实践，自觉承担社会义务，积极提供专业服务。坚决反对滥用学术资源和学术影响。

六、为人师表。学为人师，行为世范。淡泊名利，志存高远。树立优良学风教风，以高尚师德、人格魅力和学识风范教育感染学生。模范遵守社会公德，维护社会正义，引领社会风尚。言行雅正，举止文明。自尊自律，清廉从教，以身作则。自觉抵制有损教师职业声誉的行为。

中等职业学校教师职业道德规范（试行）

一、坚持正确方向。学习、宣传马列主义、毛泽东思想和邓小平理论，拥护党的路线、方针、政策，自觉遵守《教育法》、《教师法》、《职业教育法》等法律法规。全面贯彻党和国家的教育方针，积极实施素质教育，促进学生在德、智、体、美等方面全面主动地发展。

二、热爱职业教育。忠诚于职业教育事业，爱岗敬业，教书育人。树立正确教育思想，全面履行教师职责。自觉遵守学校规章制度，认真完成教育教学任务，积极参与教育教学改革。

三、关心爱护学生。热爱全体学生，尊重学生人格，公正对待学生，维护学生合法权益与身心健康。深入了解学生，严格要求学生，实行因材施教，实现教学相长。

四、刻苦钻研业务。树立优良学风，坚持终身学习。不断更新知识结构，努力增强实践能力。积极开展教育教学研究，努力改进教育教学方法，不断提高教育教学水平。探索职业教育教学规律，掌握现代教育教学手段，积极开拓，勇于创新。

五、善于团结协作。尊重同志，胸襟开阔，相互学习，相互帮助，正确处理竞争与合作的关系。维护集体荣誉，创建文明校风，优化育人环境。

六、自觉为人师表。注重言表风范，加强人格修养，维护教师形象，坚持以身作则。廉洁从教，作风正派，严于律己，乐于奉献。

参考书目

1.《中国工会读本》，中国工运研究所编，中国工人出版社，2009年1月版。

2.《工会基础知识读本》，本书编写组编，中国工人出版社，2010年11月版。

3.《教育工会工作概论》，卢其松主编，西安交通大学出版社，2002年8月版。

4.《中国教育工会60年大事记》，中国教科文卫体工会全国委员会编。

5.《工会基础理论概论》，中华全国总工会编，中国工人出版社，2006年11月版。

6.《简明中国工会史》，王永玺，何布峰，曹延平主编，中国工人出版社，2005年5月版。

7.《中国特色社会主义工会发展道路学习读本》，中华全国总工会编，中国工人出版社，2012年3月版。

8.《中国工会十六大文件汇编》，中国工会十六大文件组编，中国工人出版社，2013年10月版。

9.《教育工会工作简明教程》，李星万主编，北京语言学院出版社，1991年版。

10.《教育工会干部培训教材》，何晓劲主编，江苏教育出版社，2001年11月版。

11.《全国工会干部培训基础教材丛书》，中华全国总工会编，中国工人出版社，2013年2月版。

后　记

经过近两年的不断努力，《教育工会干部培训教程》终于编写完成了。这是一项带有开创性的工作，正是由于以下原因，给了我们不断克服困难的动力。一是广大教育系统工会干部对学习工会工作知识、提高自身素质的迫切要求；二是全总领导对工会干部培训工作的高度重视和支持；三是教科文卫体工会全委现任和前任主要领导的具体指导和亲历亲为。

本《教程》集中反映了教育工会多年特别是近年来的工作经验和探索研究成果，凝聚了教育系统工会干部、有关专家学者以及教育工会广大会员的集体智慧。我们真诚感谢所有对本书的策划、编写、出版提供过帮助与支持的人员，特别是全总组织部及各有关部门、全国各省市教育工会、有关大专院校及其他有关单位的同仁和各界朋友。

本《教程》在编写过程中参考了多种有关书籍，汲取和借鉴了其中的宝贵成果，在此对相关书籍的作者表示谢意。

本《教程》编写的主要人员分工如下：前言，万明东；绪论，王晓龙；第一章，庞洋、李建平；第二章，李斌；第三章，史利国、安丽；第四章，徐远火；第五章，陈志标、陈昭庆；第六章，万珍丽；第七章，孙焱；第八章，袁茂清；第九章，陈志标；第十章，周晓慧；第十一章，张元闽；第十二章，徐远火。刘伟承担了全书繁重的编务工作。另有一些人员参与了稿件的审阅与修改工作，不再一一列出。

由于《本教》程缺少先例可循，而内容涉及面广、编写要求又高，时间紧迫，虽经全体编写人员最大努力，相信疏漏与不足之处仍在所难免。我们真诚希望广大教育系统工会工作者在使用本《教程》的过程中，提出宝贵意见与建议，以便使本《教程》在修订时更加完善。

《教育工会干部培训教程》编委会
2014 年 3 月